创业基础

——理念·原理·技巧

杨哲旗　林海春　申珊珊◎编著

清华大学出版社
北　京

内 容 简 介

本书运用企业现代管理新观念，从人才培养机理与中小企业成长规律的角度出发，结合编者多年创业教育与企业家人才培养的成功经验编写而成，旨在培养学生积极进取、勇于挑战、善于创新、具备创业意识与创业能力，为大学生自主创业、拓展就业及开创事业等提供系统的理论与实践支持。

本书共分为九章，主要内容包括绪论、商机与创业项目、创业团队、创业财务基础、商业模式、创业风险、创业计划书、创办企业和项目运营技巧。

本书不仅适用于普通高等院校开设的创业必修课的教学，也适用于社会青年的创业就业培训。

图书在版编目（CIP）数据

创业基础：理念•原理•技巧/杨哲旗，林海春，申珊珊编著．—北京：清华大学出版社，2020.8
ISBN 978-7-302-55918-4

Ⅰ．①创…　Ⅱ．①杨…　②林…　③申…　Ⅲ．①大学生-创业-高等学校-教材　Ⅳ．①G647.38

中国版本图书馆 CIP 数据核字（2020）第 115535 号

责任编辑：杜春杰
封面设计：刘　超
版式设计：文森时代
责任校对：马军令
责任印制：杨　艳

出版发行：清华大学出版社
网　　址：http://www.tup.com.cn，http://www.wqbook.com
地　　址：北京清华大学学研大厦 A 座　　邮　　编：100084
社 总 机：010-62770175　　邮　　购：010-62786544
投稿与读者服务：010-62776969，c-service@tup.tsinghua.edu.cn
质量反馈：010-62772015，zhiliang@tup.tsinghua.edu.cn
印 装 者：北京国马印刷厂
经　　销：全国新华书店
开　　本：185mm×260mm　　印　　张：12.75　　字　　数：309 千字
版　　次：2020 年 8 月第 1 版　　印　　次：2020 年 8 月第 1 次印刷
定　　价：49.00 元

产品编号：087244-01

前 言

本书是在新时代中国特色社会主义市场经济与高校教育发展的大背景下，在汲取2009年教育部倡导的大学生“创业精英班”所用书籍《创业教育》（李小洲主编）、2014年教育部主导的面向高校所有专业开设的“创业普及”必修课所用书籍《大学生创业基础》（杨哲旗、尹清杰主编）及2018年出版的“高等学校大学生创新创业教育系列教材”《创业财务基础》（杨哲旗、杨全全编著）的精华的基础上，立足区域经济发展实际，运用企业现代管理的新观念，从创业人才培养机理与中小企业成长规律的角度出发，借鉴中外学者对高校培养创新创业人才的研究成果，结合编者二十多年创业教育与企业家人才培养的成功经验编写而成的，能够帮助读者掌握中小企业开办与管理全过程的原理与技巧。

本书以章、节及任务的形式展现，由杨哲旗、林海春、申姗姗承担主要编写工作，李连弟、施永川（温州大学）、蔡万盛、俞通海、谢姣连承担一定的编写任务，具体分工如下：第一章“绪论”（包含2节），由杨哲旗编写；第二章“商机与创业项目”（包含5节），由杨哲旗、俞通海编写；第三章“创业团队”（包含2节），由申珊珊编写；第四章“创业财务基础”（包含3节），由杨哲旗编写；第五章“商业模式”（包含4节），由杨哲旗编写；第六章“创业风险”（包含3节），由杨哲旗编写；第七章“创业计划书”（包含3节），由杨哲旗编写；第八章“创办企业”（包含2节），由李连弟编写；第九章“项目运营技巧”（包含3节），由杨哲旗、蔡万盛编写；本稿件由林海春负责组织审阅。

本书能帮助学生掌握创业的基础知识和基本理论，熟悉创业的基本流程和基本方法，基本把握小微企业初创的技能与技巧，帮助学生树立家国情怀，激发创业热情，提高创业意识，增强社会责任感与创新精神，提升创业实践能力，并培养学生成为自主创业、拓展就业、开创事业等全面发展的社会主义创业型高素质人才。

本课程是浙江省“十三五”新形态教材，可直接连接编者所在高校主持的教育部“创新创业教育”资源库“创业基础”子库建设——以独立课程的形式融入该库“创业基础”（杨哲旗主持）主干课程中，可供全国职业院校与创业型大学的学生、创业者、行业企业及社会人员学习与应用，为学生创业提供系统的理论与实践指导。本书不仅可以用于高等院校所有专业开设的创业必修课的基础教育教学，也可以作为社会青年创业就业培训的教材，更是大学生创业就业成功的宝典。同学们，你们想成为创业能手、就业高手吗？想在较短的时间里成就一番事业吗？那就请走进《创业基础》这本书学习吧！

创业基础课程

本书在编写过程中得到中国高等教育协会创新创业分会、清华大学及浙江大学等单位同仁们的大力帮助与支持，在此表示衷心感谢！另外，由于时间仓促，加之编写水平有限，书中难免出现疏漏与不足，恳请广大师生批评指正。

编 者

2020年3月

目　录

第一章　创 业 绪 论

教学内容

1. 创业的含义与动机。
2. 创业的意义与类型。
3. 创业者的含义、素质及要求。

教学目的

1. 了解创业的含义与动机。
2. 熟悉创业的意义与类型。
3. 掌握创业者的含义、素质及要求。

《2019 亿万富豪人口普查报告》显示，全球资产超过 10 亿美元的富豪共有 2 604 位，其中中国有 285 人，排在第二，他们的平均年龄是 56 岁，总财富近 9 960 亿美元，紧随其后的有德国、俄罗斯、英国、瑞士等。从全球造富的行业来看，银行金融、工业、房地产、食品饮料以及制造业依然是排在前五名的行业，白手起家的富豪占比达 62%！

第一节　创 业 概 述

任务 1　创业的含义与动机

案例导入

正泰集团创始人南存辉的创业故事

南存辉，1963 年 7 月出生，浙江温州人，现任全国工商联副主席、正泰集团股份有限公司董事长，是政协第十三届全国委员会经济委员会委员。2018 年 12 月 18 日，党中央、国务院授予南存辉同志改革先锋称号，颁授改革先锋奖章，并将其评为温州民营经济的优秀代表。南存辉被誉为“中国新兴民企代言人”，并被《中国青年》杂志评选为“可能影响中国 21 世纪的中国青年人物”之一。南存辉在“2019 福布斯全球亿万富豪榜”排名第 1 227 位，在“2019 年胡润百富榜”中排名第 224 位。

1984 年 7 月，南存辉把家里的几间老屋抵押贷款 5 万元，和同学合作办起了一家小工厂——乐清县求精开关厂。“刚开始办厂其实很难，因为自己什么都不懂。技术不懂、质量不懂，市场在哪里也不知道。没有设备、没有技术、没有人、没有资金，万事开头难，让

人伤透脑筋。”南存辉回忆说。刚办企业时，南存辉在“借”字上大做文章，请人才、借脑袋，并利用人家的设备来生产自己的产品。当时技术上要靠上海，于是南存辉去请了几个工程师来指导。经过多方努力，求精开关厂慢慢发展起来了。

“有人说，民营企业难过但必须过的三关就是分银饷、排座次、论荣辱。刚开始这种问题并不明显，但是企业有了知名度之后，地方政府为了鼓励发展经济，会给企业领导人评先进、给奖励，而企业是两个人办的，给谁好呢？”南存辉笑着说，“于是最初，我们想出了‘厂长轮流做’的办法，即我今年当厂长，你当法人代表，明年你当厂长，我当法人代表，较好地解决了这些问题。”1993 年，正泰瞄准国际市场，打造低压电器知名品牌，其年销售收入达到 5 000 多万元。南存辉意识到，正泰要想继续做大，必须进行一次脱胎换骨的变革。于是，南存辉充分利用正泰这张牌，走上了联合的资本扩张之路。

1998 年，南存辉突破阻力，决定弱化南氏家族的股权绝对数，对家族控制的集团公司核心层（即低压电器主业）进行股份制改造，把家族核心利益让出来，并在集团内推行股权配送制度，将最优良的资本配送给企业最优秀的人才。就这样，正泰的股东由原来的 10 个增加到 100 多个。南存辉的股份下降了 20%，资产却膨胀了数十倍，同时诞生了数十位百万“资本”富翁。南存辉认为：“分享不是慷慨，对创业者来说，分享是一种明智。”

资料来源：张云山，南存辉. 坚守实业，并非意味着一成不变[EB/OL].（2018-10-26）. http:// zjnews. zjol. com.cn/zjnews/zjxw/201810/t20181026_8572966. shtml. 经重新整理.

课堂思考：

如何理解创业？

一、创业的概念

人们对于创业有着不同的看法和理解，对创业的定义也有不同的观点。下面主要罗列一些比较受人们认可的观点。

观点 1：创业是创业者对自己拥有的资源或通过努力对能够拥有的资源进行优化整合，从而创造出更大经济或社会价值的过程。创业是一种需要创业者组织经营管理、运用服务、技术、器物作业的思考、推理和判断的行为。

观点 2：创业是一种劳动方式，是一种需要创业者组织、运营，运用服务、技术、器物作业的思考、推理和判断的行为。

观点 3：创业是一种思考、推理结合运气的行为，它为运气带来的机会所驱动，而创业者需要在方法上全盘考虑的领导能力。

观点 4：创业简单来说是开创事业，是指人们凭借自身的智慧与勇气，通过对资源的有效整合与利用，以实现创造价值、开拓事业的一种社会活动。

二、创业的含义

创业一般是指一种思考、品行素质结合杰出才干的行为方式，需要在方法上全盘考虑并拥有比较高超的领导能力。创业包括广义的创业与狭义的创业两个方面。

1. 广义的创业

广义的创业是指创办企业、投资项目、自由职业和岗位就业等开拓事业的活动。

（1）创办企业。创办企业的特点是拥有生产资料或实体，由客户付款，其优点是可以使创业者实现人生价值；缺点是实现目标的难度较大。

（2）投资项目。投资项目的特点是可以通过货币运作方式让自己的财富增值，其优点是可以实现人生价值。缺点是创业门槛很高，需要大量的资金支持和精准的眼光。

（3）自由职业。自由职业的特点是出卖劳动成果，买方支付报酬，其优点是相对自由，收获与付出成正比；缺点是受技能因素、人际关系因素的限制非常大，而且某些工种受年龄的限制很大。

（4）岗位就业。岗位就业的特点是出租劳动时间，获得薪酬收入，其优点是相对省心，收入较稳定；缺点是不自由，有些时候付出与获得不成正比。

2. 狭义的创业

狭义的创业是指创办实体企业，如创办工厂、开设公司等自主创业活动。这里主要介绍广义的创业。

三、创业动机

创业动机是指创业者愿意冒各种风险去创立新的企业的激励因素。这些因素中最普遍的是独立性，即不愿意为别人工作。它是鼓励和引导个体为实现创业成功而行动的内在力量。

1. 创业的具体动机

创业的具体动机主要体现在以下几个方面。

（1）最大限度地实现自身价值，获得成功的满足感。一些掌握一定的专业技能或者管理经验的专门人才不满足现状，为了最大限度地发挥自己的潜能和特长，实现自身价值，获得个人在事业上的成功从而创办企业、谋求发展。

（2）争取更高的收入，改善生活状况。为了改善生活状况，有些下岗或无业人员创办小微企业；还有一些雇员不满足现状，为了获取更高的收入而创业。

（3）拥有自己的企业，可以按照自己的意愿行动。一些人因为性格因素，不愿受他人支配，主张自我支配生活而选择创业。

（4）争取较大的自由度和灵活的工作时间。创业可以为自己争取较自由、较灵活的时间和空间，可以无拘无束地享受生活，这也是一部分创业者创办小企业的动机之一。

2. 创业动机的特征

创业动机一般具有以下特征。

（1）独立性，不愿当雇员。

（2）敢冒险，能承受压力，敢闯敢干。

（3）志向高，有目标，有韧性，能吃苦。

任务 2　创业的意义

案例导入

把财富看得太重，很难走得更远

开始创业时，如果创业者把财富看得太重，很难走得更远。沈南鹏在做如家连锁酒店时，碰到这样一件事：刚开始做经济型酒店时，因为有一个非常强的经营团队，所以有很多人来找他们，希望他们管理一些酒店。但是，他们的定位是 100 多元的经济型酒店，而这些酒店与他们的定位不同，有些甚至是三星、四星级酒店，因此他们最后决定不做。当然，如果做的话，肯定会赚钱的，所以从传统观念看来，拒绝做是不可思议的，而要做这样的决策也是很难的。对此，沈南鹏不后悔，因为他要把如家连锁酒店当成一个事业做大，而不是挣眼前的一点钱。

瓯塑代表性传承人——杨忠敏

杨忠敏，1992 年出生于浙江瑞安，2009 年进入浙江工贸职业技术学院传统工艺美术研究所学习，2010 年春首次在学校创业园区接触了瓯塑艺术，经过选修课老师的指导，完成了第一幅作品——《晚霞凝香》。随着兴趣日趋浓厚，他不断创作出新的瓯塑作品。同年 10 月，杨忠敏进入学校创业精英班参加创业培训，在创业导师的精心辅导下，通过团队组建、资金筹集、细分市场等创业实践活动，逐步走上了瓯塑文化创业之路。2011 年，他创办了温州瓯塑文化艺术有限公司，任总经理，开展艺术作品的制作与营销，使中国瓯塑艺术开始走向产业化、大众化。因业绩突出，杨忠敏被评为“2012 年度温州十大经济新锐人物，”荣获“2012 年浙江省最佳创业规划之星”创业组第一名，荣获 2012 年度第四届“最美浙江人 · 文化新浙商”新锐奖。温州瓯塑文化艺术有限公司现拥有员工近百名，艺术作品远销世界各地。

资料来源：浙江工贸职业技术学院. 大学生创新创业案例选编[EB/OL].（2017-06-18）. http://www.docin.com/p-1953325724.html.

课堂思考：

1. 国家为什么要提倡大众创业？
2. 谈一谈杨忠敏创业的意义。

创业对国家、社会、个人都具有重要意义。创业能为实现中国梦提供物质基础，为社会充分就业提供岗位保障，为改善个人生活水平、实现人生价值创造条件。

一、创业对国家的意义

（1）“大众创业、万众创新”是践行群众路线、满足人民群众过上更好的生活愿望的重要手段。企业家是实现国家社会经济高质量发展的关键主体，而创业有利于培育企业家精神。充分发挥企业家的积极性，有利于实现社会资源的有效配置，提高企业的全要素生产率，进而带动我国经济质量和效率变革。

（2）创业可以为国家提供税费。创新创业浪潮下，全国已经形成了创新链、产业链、人才链、资金链、政策链贯穿一体的创新创业生态系统。创业已成为我国经济发展的强劲动力。创业活动带来的产业增加值是国家财政收入的新来源，可以为行政开支和国防建设提供经费。

（3）创业是富民之道。国家富强离不开人民富裕，社会文明与进步也离不开杰出的创业者。创业既可以扩大就业、增加居民收入，又有利于促进社会纵向流动和公平正义，实现中华民族的伟大复兴。

二、创业对社会的意义

（1）创业活动可以带动贫困劳动力实现就业脱贫，缓解就业压力。党的十七大报告指出："实施扩大就业的发展战略，促进以创业带动就业。"通过完善支持自主创业、自谋职业政策，加强就业观念教育，让更多劳动者成为创业者。

（2）创业作为"大众创业、万众创新"的组成部分，有助于推动我国经济结构的调整，打造发展新引擎，增强发展新动力，走创新驱动发展的道路。创业活动有助于丰富产业类型，优化产业生态，促进企业发展。

（3）创业者在创业活动中势必会向社会提供产品和服务，以获取利润，提高生活水平，为社会和谐安定添砖加瓦。

（4）创业过程不可能是一帆风顺的，在困难时期只有具备企业家精神的创业者才能"活"下来。因此，创业可以培养创业者的创新精神、吃苦耐劳精神、冒险精神等，激发创业者奋发向上，从而营造积极向上、奋发图强的良好社会氛围。

三、创业对个人的意义

（1）创业可以增加个人财富，提升生活质量，培养敬业、诚信、合作精神，拓宽视野与思路，升华人生。

（2）创业可以改变人生。创业是超越自我的开始，创业活动传递出一种自我努力、发愤图强的精神动力，这种动力可以改变创业者的前途和命运。

（3）创业是实现人生价值的一个过程，在令人感到满足的同时也意味着一份社会责任。通过创业，创业者不仅积累了财富，还培养出了创新、冒险、敬业、合作、执着等精神特质。这些精神特质是人生价值的一部分。创业者在创业活动中，可以扩大就业范围，带领他人致富，为实现共同富裕贡献力量，从而实现自己的人生价值。

任务 3　创业的类型

案例导入

重庆大学生卖手抓饼，两年时间连锁加盟店开遍大学城

2011 年，大学三年级的禹某在重庆大学开了第一家店。为了追求利益最大化，禹某在顾客较多的时候一次制作 6 个手抓饼，但是这种快捷方式并没有赢来顾客的青睐。后来，他特意跑到成都小吃街考察，发现类似的小吃店的厨师总是保持慢工出细活的状态。即使顾客在店外已经排起长队，厨师也不慌乱。禹某回到重庆之后要求师傅一次只制作两个手抓饼，甚至有时候一次只制作1个手抓饼。这种营销方式的反响很好，手抓饼保持了最好的口感，顾客反而更多了。在两年时间里，禹某就发展了4家直营店、1个加工厂和8家加盟店。其中，加盟店的加盟费收取1万元，3～10平方米的店面的租金通常在3 000元左右。扣掉原料、房租、水电煤气及人工费用，按每家店每天卖300个手抓饼计算，一个月的纯利润平均为8 000元。

资料来源：重庆大学生卖手抓饼，年收入250万！[EB/OL].（2016-03-07）. https://www.csust.edu.cn/dxscy/info/1022/1273.htm. 经重新整理.

课堂思考：

1. 创业有哪些类型？
2. 大学生初次创业时，为何尽量选择加盟创业项目？

一、按创业形式分类

按创业形式不同，创业分为摊贩型创业、居家型创业、业务型创业和网络型创业。

1. 摊贩型创业

摊贩型创业以摊车为主要形式，以经营餐饮、小商品行业为主，如出售熟肉杂食、早点、衣服和发饰等。

2. 居家型创业

居家型创业以家为工作地点，其优点是可以节约租金。其缺点是缺乏监督、比较，容易懈怠，以致创业失败；另外，在拓展客户方面存在难度。

3. 业务型创业

业务型创业是指创业者先在业务相似的公司工作，掌握客户来源，再以加盟或代理的方式创业，产品由加盟商或代理商提供。

业务型创业的创业者很难掌控商品的品质，应注重服务质量。

4. 网络型创业

网络型创业主要有两种形式：一是网络拍卖，即通过网络平台进行拍卖；二是网络店铺，即在网络平台销售商品。

网络型创业要求创业者能灵活地运用计算机、网络相关技术，对时尚元素具有敏感性，而且贩卖的商品具有独特性和吸引力。

二、按创业动机分类

按创业动机不同，创业分为生存型创业、赚钱型创业、变现型创业和主动型创业。

1. 生存型创业

生存型创业的业务范围局限于商业贸易，少量从事生产、制造业。以生存型创业形式创办的企业成长为大中型企业的数量极少。其员工主要由下岗工人、失地农民、难以找到合适工作的毕业生等构成。

2. 赚钱型创业

采取赚钱型创业形式的创业者一般能获得较高的回报，创业失败的概率并不高。这些创业者有以下特点：一是目标明确，即获得利润；二是具有冒险精神；三是性格独立，果断干练，不受约束。

3. 变现型创业

变现型创业是指创业者过去在事业单位掌握一定权力或者在国有企业、民营企业担任经理人期间聚拢了大量资源，在机会适当时开办企业，将过去的资源和市场关系变现，将无形资源变现为有形货币。变现型创业可分为“下海”创业、辞职创业和国企承包。

4. 主动型创业

主动型创业分为盲动型创业和冷静型创业。盲动型创业的创业者具有以下特点：自信冲动、敢于冒险；创业前不评估成功的概率，易失败；一旦成功，往往能成就一番事业。冷静型创业的创业者具有以下特点：精心谋划，慎重行事；掌握足够的资源，或者拥有精湛的技术；一旦行动，成功率通常很高。

三、按创业风险分类

按创业风险不同，创业分为复制型创业、模仿型创业、安定型创业和冒险型创业。

1. 复制型创业

复制型创业的主要特征是复制原有企业经营模式、创新的成分很低、创业成功率较高。这种类型的创业缺乏创业精神内涵，不是创业管理主要的研究对象。

2. 模仿型创业

模仿型创业的主要特征是没有创造新价值、创新的成分低、创业成功率高。这种类型的创业具有较高的不确定性，学习过程长，犯错的机会多，代价较高。若经过系统的创业管理培训，掌握入市时机，则创业成功率会高。

3. 安定型创业

安定型创业的主要特征是创造市场新价值，不创造新组织，强调创业精神。这种类型的创业项目一般是创业者较熟悉的，不会发生特别大的改变，属于企业内部创业。例如，研发单位某小组在开发完成一项新产品后，继续在该企业部门开发另一项新产品。

4. 冒险型创业

冒险型创业的主要特征是：带给创业者极大的改变，创业难度很高；前途不确定性很高，成功后所得报酬很高；面临失败的风险较高。这种类型的创业对创业者能力、创业时机、创业精神发挥、创业策略研究与拟定、经营模式设计、创业过程管理等各方面的要求较高。

第二节　创　业　者

任务 1　创业者的含义

在有关创业者的研究中，存在以下两种对立的基本观点：

（1）创业者是创造或建立任何新模式企业的个人，即企业外部的创业者。法国经济学家 Turgot（杜尔哥）区分了创业者和资本家的概念，指出创业者以一种新的方式获得或组织生产要素以创造价值，而资本家只是“提供他需要的风险资金”。

（2）创业者是革新者，即企业内部的创业者。有学者指出，企业是新组合的运行。新组合包括以下几种：一是新产品或产品的新品质的引进；二是新生产方式的引进；三是新市场的开拓；四是原材料或半成品的新供应源的控制；五是新组织机构的运行。创业者是使新组合的自由体系不断跨越障碍的革新者，而不仅仅是使已建成的公司一成不变地运转的人。也就是说，创业者是能将公司资源与愿景导向相结合并对其负责的人，是不墨守成规且能变革其轨道的人，是勇于承担风险、有目的地寻找革新源泉、善于捕捉变化并对变化做出反应，以至于将变化作为可供开发利用的机会的人。

本书从构建主义角度对创业者的含义进行了整合：

（1）创业者是创造新价值的一个重要或关键因素。创业者通过创建企业或某种革新为社会创造了新价值。虽然他们只是创造了大部分新价值，但这仍是经济体系合理运转的必要条件。

（2）创业者不是自动对环境刺激做出反应的机器。他们有学习和创造能力，能自我实现，因此，不管环境提供了机遇还是设置了阻碍，他们都有行动的自由。

（3）环境中的资源促进了一个地区的创业者数量的增加。

综上所述，创业者是处于相对公平的市场环境下，通过自己或者领导的团队的一系列自由市场行为，创建一个新企业或整合固有的资源而对现有企业进行革新，从而为社会进步、经济发展、企业成长和个人财富做出贡献，并在整个过程中创造大部分价值，具有个人主动性、创造性、学习能力及能够反作用于环境的个体。

任务 2 创业者的素质

创业者需要具备以下素质：创业意识、创业心理品质、创业能力、竞争意识和创业精神。创业者素质是一个素质集合概念。

一、创业意识

创业者必须具备自我实现、追求成功的强烈的创业意识。它包括与创业有关的需要、动机、兴趣、理想、信念和世界观六个因素。创业意识集中表现了创业素质中的社会性质，影响和支配着创业者对创业活动的态度与行为，并规定了态度和行为的方向、力度，具有较强的选择性和能动性，是创业者素质的重要组成部分，是人们从事创业活动的强大内驱动力。强烈的创业意识可以帮助创业者克服创业道路上的各种艰难险阻，使创业者将创业目标作为自己的人生奋斗目标。

案例导入

飞出来的“孔明灯大王”

刘鹏飞，2007 年毕业于江西九江学院。毕业后，他就毫不犹豫地踏上了开往义乌的火车。当时，他身上除了一些必备物品外仅剩 5 元钱。为了填饱肚子，同时也为了锻炼自己

的工作能力，他决定先找一份工作。在一家公司做了一个月的外贸销售员后，刘鹏飞拿着1 400元工资毅然辞职。当时，很多同事劝他不要辞职，因为在外面找工作不容易，不要一时头脑发热而做出错误的选择。但是刘鹏飞坚定地踏上了创业之路，丝毫不为之动摇。

刘鹏飞的创业之路并不是一帆风顺的。辞职后的一个多月，他始终没有找到合适的项目。直到有一天，刘鹏飞和朋友到公园散心，意外地看到有人燃放孔明灯。他出于好奇，就到义乌小商品批发市场购买孔明灯。出乎意料的是，在义乌这个号称全球最大的商品批发市场里竟然没有几家销售孔明灯的。这个发现让刘鹏飞欣喜不已。后来，他又对出售孔明灯的市场情况做了进一步的调查，了解到孔明灯市场竞争小、潜力大、收益高，并且有着丰富的文化内涵。刘鹏飞当机立断，开始认真地设计孔明灯销售网站，并通过网站批发售卖孔明灯，在第一个月就赚了几千元。从此以后，刘鹏飞更加努力地寻找客户，短短半年就积攒了6万元的存款。

经过这件事情后，刘鹏飞开始筹建自己的工厂。在研究孔明灯的材料、制作工艺的同时，刘鹏飞的哥哥开始学习孔明灯的制作技术。短短的一个月，从建厂到生产，刘鹏飞就保质保量地完成了订单所需要的全部孔明灯，获利近10万元。这更加坚定了他创业的决心。后来，刘鹏飞的两位亲友辞去工作，加入了刘鹏飞的公司，并分别负责外贸和采购，与负责销售和生产的刘鹏飞一起默契合作，短短半年，就将销售额提升到了300多万元。2009年，刘鹏飞又推出了荷花灯、水灯等工艺灯具，产品远销欧洲的许多国家，这也为他迅速积累了数百万元的资产。

资料来源：飞出来的“孔明灯大王”[EB/OL].（2013-06-05）. www. jju.edu.cn/infor1050/34364.htm. 经整理改编.

课堂思考：

刘鹏飞具有哪些创业者素质？

二、创业心理品质

在自主创业过程中，创业者面对变化莫测的市场需求、强大的竞争对手，以及随时可能出现的问题和矛盾，需要具有较强的心理调控能力，才能够持续保持积极、沉稳的心态，即创业者要有良好的创业心理品质。创业心理品质包括独立性、敢为性、坚韧性、克制性、适应性、合作性等，反映了创业者的意志和情感，在很大程度上决定了创业者的成功。

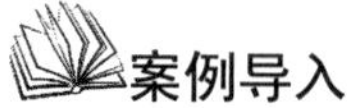
案例导入

从大学时代的创新思维到世界500强——联邦快递创业之路

联邦快递（Federal Express）公司成立于1971年，在全球拥有148 000名员工，拥有大约1 200个服务中心、超过7 800个授权寄件中心、435 000个投递地点、45 000辆货运车和662架货机，服务机场覆盖全球365座大小机场，服务范围遍及世界210多个国家，日平均处理的货件量多达330万份。它拥有较完备的航空路线权及强固的信息技术基础设施，在小件包裹速递、普通递送、非整车运输、集成化调运系统等领域占有大量的市场份额，成为全球快递运输业的泰斗，并跃入世界500强企业。

20 世纪 60 年代，弗雷德·史密斯在耶鲁大学就读时撰写过一篇论文，提出了一个具有创新性思维的创业设想——超越通过轮船和定期客运航班运送包裹这种传统方式，建立纯粹的货运航班，从事全国范围内的包裹邮递。他在论文中提出，在小件包裹运输上采纳“轴心概念”，并在夜晚通过飞机运送包裹和邮件。

弗雷德·史密斯大学毕业后当过飞行员，退役后他在对夜晚通过飞机运送包裹和邮件进行可行性研究的基础上，建立了联邦快递公司。田纳西州的孟菲斯被作为公司的运输中央轴心所在地有以下原因：一是孟菲斯为联邦快递公司提供了一个不拥挤、快速畅通的机场，地处美国中部；二是孟菲斯自然条件优越、气候适宜。正是由于摆脱了气候对于飞行的限制，联邦快递公司的竞争潜力才得以充分发挥。

弗雷德·史密斯的“轴心概念”将货物集中于转运中心后再出货的经营构想，的确能为小件包裹运输提供独一无二的、有效的、辐射状的配送系统，是联邦快递公司成功的关键因素。除了对小件包裹运输采纳“轴心概念”的营销模式创新外，弗雷德·史密斯还能够将人们忽略的时间运用起来，将本来是低谷时段的夜晚变成生意的高峰期。

成功的选址也许对其安全记录有着重大贡献，在过去的 30 多年，联邦快递公司从来没有发生过空中事故。联邦快递公司的飞机每天晚上将世界各地的包裹运往孟菲斯，然后运往联邦快递公司没有直接国际航班的各大城市。虽然这个“中央轴心”的位置只能容纳少量飞机，但它能够服务的航空网点要比传统的 A 城到 B 城的航空系统多得多。另外，这种“中央轴心”安排使联邦快递公司每天晚上的飞机航次与包裹一致，并且可以应航线容量的要求而随时改道飞行，这就节省了一笔巨大的费用。此外，联邦快递公司相信：“中央轴心”系统也有助于减少运输上的误导或延误，因为包裹在整个运输过程都有一个总体控制的配送系统。

资料来源：从大学时代的创新思维到世界 500 强：联邦快递创业之路[EB/OL]. https://doc. mbalib.com/view/b150024aba3c317188baa1b3138191ea.html.

课堂思考：

联邦快递公司创业成功的关键因素是什么？

三、创业能力

全面的创业能力是一种特殊的能力，包括决策能力、经营管理能力、专业技术能力与沟通协调能力，影响着创业活动的效率和创业的成功。

1. 决策能力

决策能力是创业者根据主客观条件，因地制宜地确定创业的发展方向、目标、战略及具体选择实施方案的能力。决策是一个人综合能力的表现。一个创业者首先要成为一个决策者。创业者的决策能力通常包括分析能力、判断能力和创新能力。

2. 经营管理能力

经营管理能力是指对人员、资金的管理能力。它涉及人员的选择、使用、组合和优化，也涉及资金聚集、核算、分配、使用和流动。经营管理能力是一种较高层次的综合能力，是运筹性能力。

3. 专业技术能力

专业技术能力是指创业者掌握和运用专业知识进行专业生产的能力。专业技术能力具有很强的实践性，要在实践中逐步提高、发展和完善。创业者要重视创业过程中专业技术方面经验的积累和职业技能的训练，对于书中介绍过的知识和经验在加深理解的基础上予以提高、拓宽；对于书中没有介绍过的知识和经验进行探索，在探索的过程中详细记录、认真分析，并进行总结、归纳，上升为理论。

4. 沟通协调能力

沟通协调能力是指能够妥善地处理与公众（政府部门、新闻媒体、客户等）之间的关系，以及能够协调下属各部门成员之间的关系的能力。创业者应该妥当地处理与外界的关系，尤其要争取政府部门、工商部门及税务部门的支持与理解，同时要善于团结一切可以团结的人，团结一切可以团结的力量，求同存异、协调发展，做到不失原则、灵活有度，善于巧妙地将原则性和灵活性结合起来。

案例导入

中国私人包机第一人——王均瑶

王均瑶，出生在浙江省温州市苍南县大渔镇。自创业以来，他将温州人的商业眼光发挥得淋漓尽致。在某种程度上，均瑶集团的成功一部分得益于王均瑶“不安分”的特质。

1991 年春节前夕，在长沙做生意的王均瑶因买不到回家过年的火车票，就与几位同乡包了一辆豪华大巴回温州。在车上，他无意中说了句：“汽车太慢了。”一位同乡便挖苦道：“飞机快，你坐飞机回去好了。”说者无意，听者有心，这句“笑话”让王均瑶琢磨起来：“是啊，能包车、包船，为何不可以包飞机？”

敢想敢为的王均瑶一过完春节就到湖南省民航部门询问开通长沙—温州航班的相关事宜，却被工作人员告知，温州机场是新建机场，这条航线客源不足，开通后要亏本。王均瑶不相信，据他了解，有 1 万名左右的温州人在长沙做生意。温州人不仅将时间看作金钱，还将精力消耗作为一项经营成本。例如，往返长沙遭受的旅途之苦就是一项不小的经营成本。如果乘飞机走这条路线，虽然机票价格较高，但考虑到时间、旅行费用、精力消耗等因素，搭乘飞机的综合成本反而比乘坐火车再转乘长途汽车低得多。因此，他认为在长沙做生意的温州人一定看好这条“空中走廊”。基于这种分析，他大胆地抛出一句惊人之语：“我要承包这条航线！”湖南省民航部门的工作人员听了，认为王均瑶简直是异想天开。但王均瑶不气馁，恳切地说：“你们考虑的核心问题是经营风险。这个风险我来承担。我先把几十万元押给你们，等于每次先付钱，后开飞。我不押钱就不飞，这样你们就‘旱涝保收’了。”这句话着实打动了对方的心，包机的突破口就从这里打开了。之后，双方的合作就在这个“先付钱、后开飞”的支点上一步步活转起来。最后经过多方协商，温州—长沙的包机航线开通了。

1992 年，王均瑶组建国内第一家民营包机公司，至今已开通了 50 多条包机航线。然而，国内民航业较为特殊，王均瑶的民间包机经营业务在客观上受到限制，在许多方面很难掌握经营的主动权，因而发生了亏损。面对出现的问题，王均瑶没有动摇创业的决心，

一方面，他不断调整经营策略，开始了以地面产业养空中产业的探索；另一方面，他积极开展“当家做主，入组航空”的攻垒行动。王均瑶抓住武汉航空有限责任公司（以下简称“武航”）改制的机会，开始与武航、中国东方航空集团有限公司（以下简称“东航”）及武汉高科国有控股集团有限公司进行合作接触，向中国民用航空局、武汉市政府、东航、武航恳切地表达了自己的入股心愿，并充分宣传自己的合作优势。功夫不负有心人，均瑶集团终于凭借多年来积累的航空经营经验和“近水楼台先得月”的优势，赢得了武航、中国民用航空局与武汉市政府的信任。为了进一步表示自己的诚意和决心，王均瑶向武航打入首批5 000万元入股资金。由此，入股事宜“一锤定音”，王均瑶稳操了入主民航业的胜券。

资料来源：王均瑶：活得更久远比高富帅更重要[EB/OL].（2015-01-17）. https://weibo.com/p/230418452e78b10102vdym. 经重新整理.

课堂思考：

王均瑶创业成功的关键能力是什么？

四、竞争意识

要创业就会有竞争，竞争本身是提高，而竞争的目的只有一个——取胜。随着我国社会主义市场经济从低级向高级发展，竞争越来越激烈，从小规模的分散竞争发展到大集团集中竞争，从国内竞争发展到国际竞争，从单纯产品竞争发展到综合实力竞争。因此，创业者如果缺乏竞争意识，实际上就等于放弃了自己的生存权利。创业者只有敢于竞争、善于竞争，才有可能取得成功。

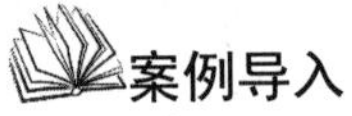
案例导入

竞争中成长

德力西集团有限公司董事局主席兼总裁胡成中作为中国第一代民营企业家，讲述了既竞争又合作的故事。

1984年7月，求精开关厂在温州乐清县柳市镇成立了，创办者是胡成中。1985年，南存辉受胡成中的邀请成了他的合伙人。两人合作的原因很简单——相互熟悉、彼此了解。此外，胡成中擅长销售，南存辉懂得生产，两人合作可以优势互补。当时，柳市镇已经诞生了众多的电器厂家，大部分属于家庭作坊式的工厂，产品质量低劣。而求精开关厂与众不同，创办之初就很注重质量。为了保证产品质量，他们专程到上海请来了一些国有电器厂的退休工程师作为技术指导。1988年1月，求精开关厂领取了国家机电部门颁发的生产许可证。1989年，质量低劣的柳市镇低压电器遭到全国的抵制，而求精开关厂作为一家拥有生产许可证、树立了自己品牌、质量过硬的低压电器生产厂家，得到了国家六部委派出的工作组的充分肯定。温州、乐清两级政府也当即决定，将求精开关厂作为重点扶持的对象。当其他电器厂家幡然醒悟，开始大打质量牌的时候，求精开关厂已经抓住先机，遥遥领先了。

1990年，两个股东进行了第一次“分家”，双方共用一个厂名，用一堵墙将厂房分成两个车间，各自生产，使用同一品牌销售。当时，全厂的总资产是200多万元，年产值已经达到了 1 000 多万元。经过一年的尝试，发展势头都不错，双方决定正式分开。“大家走到一起是缘分，假如不能走到一起也是缘分，有些东西不能勉强，尤其是价值观。利益多一点、少一点无所谓，关键就是价值观。假如观念不一样、想法不一样，一定要把它们揉在一起，那是非常痛苦的。而且价值观也没有对错，你怎么想都可以，怎么干都行，到最后是以成败论英雄。”

1991 年，两人正式分道扬镳，胡成中成立了乐清德力西电子元件厂，南存辉成立了温州正泰电器有限公司。20 世纪 90 年代是低压电器民营企业的黄金年代，他们抓住了国家电网改造的契机，将企业迅速壮大。柳市镇逐渐形成了低压电器的产业集群，并获得了“中国低压电器之都”的美誉。

1998 年，德力西集团有限公司开始走上了多元化的发展道路，逐渐进入再生资源、房地产、物流等领域。

2006 年 12 月，德力西集团有限公司和全球 500 强企业——法国施耐德电气有限公司成立了合资公司。此前，施耐德电气有限公司一直想和正泰集团股份有限公司合作，但是因为南存辉始终坚持品牌的主导权和控制权，两家企业经过 10 多年都未达成合作。2010 年 1 月，正泰集团股份有限公司在上海证券交易所成功上市，成为中国第一家以低压电器为主业的 A 股上市公司。南存辉和胡成中的“斗法”还在延续。胡成中认为：“既有竞争又有合作，是战略联盟的伙伴关系。这个合作，目前来讲是价格方面的合作，大家不要竞相压价，要提高质量，共同向效益最大化、价值最大化进取。”南存辉认为：“有一个德力西在身边，正泰不敢睡觉，而有个正泰在德力西身边，他们也不敢睡觉，两者在不断地比赛。”

资料来源：南存辉和胡成中的分与合[EB/OL].（2010-06-21）. http://finance. ifeng. com/leadership/alzx/20100621/2328703. shtml.

课堂思考：

如何看待德力西和正泰企业既竞争又合作的关系？

五、创业精神

创业精神是一种天赋，代表了一批优秀的创业者的素质，就好比浙江人的“四千”精神——走遍千山万水，吃遍千辛万苦，说尽千言万语，想尽千方百计。正是有了这样的精神，浙江人才能在这么短的时间内取得巨大成就。

**案例导入**

千里之行，始于“足”下

1998 年，刘尊众主动从单位辞职，并瞅准了修治脚病这一市场空白，开始创业。但他没想到这一决定在家里掀起了轩然大波。他父亲知道以后，非常愤怒，说：“我宁可养你一辈子，也不要你给我出去丢人现眼。”是啊，一名大学生放着好好的工作不干，偏要下岗学修脚。刘尊众究竟想干什么啊？是想标新立异，还是哗众取宠？一时间，众说纷纭。

虽然大家都不看好这个行业，但刘尊众还是下定决心要学修脚。可是来到报名的地方，他发现自己连报名费都交不起。刘尊众想尽办法凑够了报名费，又将剩下的 1 元买了 5 个馒头。刘尊众回忆说：“我一口气吃了 4 个，对当时的我来说吃干馒头都是一种奢侈。我们在练习基本功的时候，需要用到筷子。1.5 元可以买 100 双筷子，但我没钱，只能从垃圾堆里捡别人用过的旧筷子。我在捡筷子的时候，听到别人说，‘刘尊众，你咋是个拾破烂的？’听到这话的时候，我连头都不抬，因为我怕一抬头，他们看见我的眼泪。”为了学到手艺，刘尊众咬紧牙关坚持着，为了省下 0.5 元的公车票，他每天骑自行车往返 20 千米路去上课，渴了就喝自来水，饿了就吃干馒头。

手艺学成，刘尊众租了一间 7 平方米的小屋，就风风火火地干了起来。当时，修脚绝对算是稀罕事，人们印象中治疗脚病的都是“江湖郎中”，所以开业半个月，没有一个客人上门。刘尊众开始怀疑自己是不是真的错了，并且给自己定了个期限——假如一个月都没有客人，他就放弃。然而，就在开业第 15 天，他终于等来了第一位客人。慢慢地，刘尊众的生意好了起来，每月能挣 2 000 元。然而，就在生意日渐红火的时候，刘尊众做出了一个让大家意想不到的决定——立刻把这个店关了。这是因为刘尊众找不到修脚的意义。直到有一天，一位客人的一席话让刘尊众豁然开朗。客人说：“你不知道，我的子女都在国外，他们每个月都给我寄很多钱，但是我脚疼，行动不便。”从那以后，刘尊众的修脚店多了一项服务，那就是为行动不便的老人提供上门服务。

刘尊众认为，可以给自己的父母洗脚是一件幸福的事。从白手起家到现在，刘尊众已经取得了成功，可他说：“十年来，我最开心的其实是父亲第一次到我的修脚店来修脚。”

资料来源：武剑. 刘尊众拿别人的脚挣自己的钱[J]. 新西部，2003（3）：30-32.

课堂思考：

1. 创业者在初次创业时会面临哪些困难？
2. 初次创业，创业者会选择哪些类型的创业？为什么？

任务 3　创业者的要求

案例导入

做“不安分”的自己

朱君锋，毕业于浙江工贸职业技术学院。他是一个很“不安分”的人，不甘接受平淡的人生。他曾对自己说：“我不能按部就班地一直走，我要挑战自己。”进入大学之前，朱君锋渴望在大学里做一些有意义的事，跟志同道合的人一起创业。进入大学之后，他尝试了很多种工作来锻炼自己，如节假日发传单、做服务生等。他认为，知识不仅来自课本，还来自社会。虽然发传单确实是一件小事，显示不出自己的“大材”，但行动才是最重要的。任何事情只要付诸行动，就等于成功了一半，这是一种态度问题。在创业的路上，他虽然失败过很多次，但从未后悔。每次失败都是一笔宝贵的人生财富，都可以让人少走很多弯路。

浙江工贸职业技术学院浓厚的创业氛围为朱君锋的创业梦想插上了翅膀，浙江创意园、大学生科技创业园给了他创业的灵感。他在大学中认识了一批从事电子商务行业的人，自此开始学习电子商务。在这个过程中，他对电商行业特别有想法，特别喜欢捕捉新鲜事物。

2011 年，朱君锋成立了温州宝唐贸易有限公司，整合了温州传统的制造业，针对不同的消费群体开创了多个品牌。目前，该公司旗下品牌有猪九戒、模范先生、喂！小宝、帛藤等。其中，“猪九戒”品牌的童鞋在市场上已经取得了很好的成绩；“模范先生”品牌主打男士鞋服市场；“帛藤”品牌主打高端女鞋市场。

2013 年 12 月，朱君锋带领自己的团队参加了浙江省首届青年网络创业大赛，经过一个多月的比拼，在全省 700 多名创业青年中脱颖而出，摘得大赛桂冠。大赛奖励的 15 万元的奖金及温州银行的 200 万元的授信贷款，为他在创业项目上提供了更大的合作平台。

电子商务发展到一定阶段，产品研发与自有工厂就变得尤为重要。因此，在 2015 年年底，朱君锋与温州俊辰鞋业达成合体合作。在合体合作模式中，网络营销团队等同于工厂的营销团队，弥补了工厂的电子商务短板，而工厂也弥补了电子商务在研发上的不足，从而能吃到更大的蛋糕。有了工厂生产的自主把控，无论是在产品质量上还是在生产速度上都得到了提升。朱君锋认为，每个创业者都是勇士，人不是生来就能力超凡的，要多去历练。能力的自身培养+机遇=成功。

资料来源：浙江工贸职业技术学院．大学生创新创业案例选编[EB/OL]. http://www.docin.com/p-1953325724. html.

课堂思考：

1. 朱君锋的身上表现出哪些素质？
2. 你从朱君锋的故事里学习到了什么？

一、创业心理要求

创业的关键心理特质包括风险特质和成就特质。其中，风险特质是指创业者拥有提前预见风险的敏锐性，对不确定性具有包容胸怀，可以积极、努力地寻找降低风险的办法。成就特质是指创业者胸怀大志、设定目标导向，能够脚踏实地、竭尽全力地实现目标，并乐此不疲、永远保持旺盛的斗志。这些关键心理特质反映了创业者的意志和情感，在很大程度上决定了创业者的成功。

二、创业精神要求

创业精神是指创业者在创业过程中需要具有的开创性的思想、观念、个性、意志、作风和品质等重要素质，主要表现为创新、冒险、合作、执着等。

（1）创新是创业精神的灵魂。创新被认为是创业精神的具体化。创业者只有具备创新精神，才可能创建新颖独特的企业，并保持一个企业的特色和可持续发展。

（2）冒险是创业精神的天性。没有敢冒风险和承担风险的魄力，就不能成为一名合格的创业者。虽然创业者的成长环境和创业机缘各不相同，但无一例外，他们都是在诸多不确定性条件下敢为人先、勇于创新的实践者。

（3）合作是创业精神的精华。社会发展到今天，分工越来越细，没有谁能一个人完成所有创业需要完成的事情。真正的创业者善于合作，能使企业的每一位员工都具有合作精神。当面临困境时，团队成员能团结一心，奋力拼搏。

（4）执着是创业精神的本色。创业的过程必然伴随着各种艰辛和曲折，因此创业者必须坚持不懈，咬定青山不放松。创业实践表明，执着的人才能在创业中生存下来。

创业精神是创业的动力，也是创业的支柱。没有创业精神就不会有创业行动，创业成功也就无从谈起。因此，创业精神对创业至关重要，是创业者必备的品质。

课后作业

1. 与同学分享一个你熟悉的创业者的故事，并对这位创业者做出评价。

2. 阅读下面一段话，并回答问题。

零点研究咨询集团董事长兼总裁，上海东方卫视《头脑风暴》的主持人袁岳说："创业成功有三个基本条件：第一，没有太多的选择。没有太多的选择，你会专心致志在一件事上。如果有无数选择，就什么事都想做，这样不但不容易做好，而且很难表现出对一种东西的热情，更不可能感动他人。我在博客上曾写过'坚持一股不炒'，这是因为我没有心思炒股，而我的原则是不做没心思的事，只做有心思、有热情的事。创业从来不是开始的一刹那，而是一个不断聚精会神、不断延续的过程。为什么会有百年老店？一个百年老店，任何时候都要走在前面，松懈了，就不前卫了。第二，肉体、承受力都要坚强。创业者不仅要身体好，不透支身体健康，还要有强大的承受力，当压力来时，不能害怕，而是抱有一种'太好了，事终于来了'的心态。第三，敢于担当责任，当断则断，有做决定的勇气。中小企业创业的基本特点就是短、平、快。你脑袋拍得快机会就是你的，慢了就是人家的。当然，拍错了是人家的，拍对了才是你的。其实创业时，一定要想着成功，即使错了也没关系，再创业一次就是了。决断非常重要。对小企业来说，抓住机会靠的不是系统、科学的决策，很多时候要依靠的是直觉以及快速的决断力。

（1）你对袁岳这段话怎么理解？

（2）你认为创业之前，需要做哪些准备？

3. 美国 HMO 协会设计出了一份问卷，可使你在做出决策前对自己有一个初步的了解。下列各题均有四个选择：A 代表"是"；B 代表"多数"；C 代表"很少"；D 代表"从不"。请根据你的实际情况在小括号内填上 A、B、C、D，并根据记分标准进行自我判断。

（1）在急需做出决策的时候，你是否在想"再让我考虑一下吧"？（　　）

（2）你是否在已经有了很多写报告用的参考资料的情况下，仍责令下属部门继续提供？（　　）

（3）你处理往来函件时，是否读完就扔进文件框，不采取任何措施？（　　）

（4）你是否无论遇到什么紧急任务，都先处理琐碎的日常事务？（　　）

（5）你是否一定在巨大的压力下才肯承担重任？（　　）

（6）你是否无力抵御或预防妨碍你完成重要任务的干扰与危机？（　　）

（7）你在决定重要的行动计划时常忽视其后果吗？（　　）

（8）当你需要做出可能不得人心的决策时，是否会因找借口逃避而不敢面对？（　　）

（9）你是否总是在快下班时才发现有要紧事没办，只好晚上回家加班？（　　）

（10）你是否因不愿承担艰巨任务而寻找各种借口？（　　）

（11）你是否常来不及躲避或预防困难情形的发生？（　　）

（12）你是否总是拐弯抹角地宣布可能得罪他人的决定？（　　）

（13）你喜欢让别人替你做自己不愿做的事吗？（　　）

（14）你是否为自己的优柔寡断找借口说“是得好好慎重考虑，怎能轻易下结论呢”？（　　）

（15）你是否为避免冒犯某个或某几个有相当实力的客户而有意回避一些关键性的问题，甚至表现得曲意逢迎呢？（　　）

记分标准：

A 记 4 分，B 记 3 分，C 记 2 分，D 记 1 分。

诊断结果：

50～60 分：你的个人素质与创业者相差甚远。

40～49 分：你不算勤勉，应彻底改变拖沓、效率低的缺点，否则创业只是一句空话。

30～39 分：大多数情况下充满自信，但有时犹豫不决。不过没关系，有时候犹豫是成熟、稳重和深思熟虑的表现。

15～29 分：恭喜你，你是一个高效率的决策者和管理者，更将是一个成功的创业者，具有良好的心理素质和坚韧不拔的毅力。

请根据你的得分情况制订创业能力增强计划。（提示：创业能力增强计划的内容包括：哪些创业能力和素质是你具备的，如何继续发挥和提升它们？哪些创业能力和素质是你的弱项，你将如何训练自己？）

第二章　商机与创业项目

教学内容

1. 商机的含义、转化和类型。
2. 创新思维的含义、障碍和产生方法。
3. 创业机会的特征、来源和评估。
4. 创业项目选择的要素、类型和方法。

教学目的

1. 了解商机的含义、转化和类型。
2. 熟悉创新思维的含义、障碍和产生方法。
3. 掌握创业机会的特征、来源和评估。
4. 掌握创业项目选择的要素、类型和方法。

第一节　商　　机

创业机会无处不在，细心观察社会的万千变化，就有可能发现蕴藏商机的创业项目。下面介绍一下商机的含义、转化及类型。

案例导入

1999 年年初，在清华读大三的邱虹云回家过春节，看到家中落后的电视，突然产生一种强烈的冲动：为什么不通过自己的才智来改善家中电视的效果呢？而一种能接收电视信号的投影机将使家庭影院的梦想成真！返校后，邱虹云自行设计并组装了一台可以接收电视信号的投影机，效果不错。4 月初，这一发明参加了清华校外科技成果展，引起了同校同学王科的注意。王科以他特有的商业眼光看到了这一发明的市场前景，并邀请即将毕业的清华 MBA 学员徐中参与，3 人共同成立了第一家真正由在校学生创办的高科技公司——北京视美乐科技发展有限公司。同年 7 月，他们首期获得了上海第一百货公司 250 万元的风险投资。2000 年 4 月，他们又与澳柯玛签订协议，成立澳柯玛视美乐信息技术有限公司，注册资金 3 000 万元。2001 年年初，第一台可以接收电视信号的多媒体投影机投放市场。到 2002 年第二季度，公司已经实现盈亏平衡，而且新款产品销售良好，估计年销售额在 4 000 万元左右。尽管视美乐还有很长的路要走，但从创业的角度来看，邱虹云等人是非常成功的。

资料来源：https://wenku.baidu.com/view/33bd96ae1fd9ad51f01dc281e53a580217fc5002.html.

课堂思考：

在既缺乏资金和社会关系，又缺乏商业经验的情况下，邱虹云等人是如何创业成功的？

任务 1 商机的含义与转化

一、商机的含义

简单来讲，商机就是商业机会。从经济意义上讲，商机是指能产生利润的机会，表现为需求的产生与满足在时间、地点、成本、数量和对象等方面的不平衡状态。

商机不是一成不变的，旧的商机消失后，新的商机又会出现。好高骛远的人很难发现商机，因为商机往往存在于细微之处，存在于不受人重视的行业中。

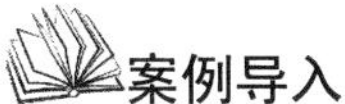案例导入

商机就在身边

2019 年 4 月 6 日，30 余筐新摘的樱桃搭乘郑州至拉萨的航班，直达西藏。这是王某第一次空运樱桃。河南淅川的王某在拉萨工作已有两年，2019 年春天她在拉萨市场上闲逛时，发现樱桃每千克能卖到 10 元，且樱桃个大、味淡。王某暗想，自己家乡的樱桃品质好，每千克售价只有 2 元，若能运到西藏销售岂不是能赚一大笔钱。但是，樱桃不宜储藏、搬运，淅川到拉萨相隔千里，很可能血本无归。经过考察，王某决定采取空运的方式。2019 年 4 月 4 日，王某在家乡购买鲜樱桃 1 000 千克，分装到 30 多个竹筐里，用专车送到郑州，再搭乘郑州至西藏的航班前往西藏。4 月 7 日早晨，1 000 千克樱桃被客户抢购一空，王某大赚了一笔。尔后她又积极组织货源，连续空运了三次樱桃，净收入近 20 000 元。

资料来源：空运樱桃到西藏[EB/OL]. https://yuedu.mipang.com/gushi/xiao/zhifu/. 经重新整理.

课堂思考：

如何才能具体地把握商业机会？

二、商机转化为财富

商机转化为财富必须满足五个条件，即五个“合适”，具体包括：一是合适的产品或服务，即在工艺、功能、材料、形式等方面都能满足消费者的产品或合适的服务；二是合适的客户，即认可企业信誉、商品，并有购买欲望的消费者；三是合适的价格，即能够被客户接受的价格，被消费者认为物有所值；四是合适的时空，即供应商选择的时间与地点符合客户的要求；五是合适的渠道，即选择适合企业需求和目标的渠道模式。

任务 2 商机的类型

一、商机按出现状况分类

商机根据出现状况，可以分为现有商机与潜在商机。

1. 现有商机

现有商机是指客观存在于市场之中的有利于企业发展的机会或偶然事件，具有实现的必然性，如世博会、西部大开发、健康与养老等带来的商机。

2. 潜在商机

潜在商机是指所有有利于促进企业生产，有利于企业产品开发和市场开拓，能提高企业经济效益，有利于企业摆脱困境等方面的信息、条件和事件等，如海洋开发、太空开发等商机。

二、商机按具体内容与性质分类

商机根据具体内容与性质，可以分为以下十四种类型。

1. 短缺商机

有用而短缺的东西都存在短缺商机，如高科技、真情、真品和知识等。

2. 时间商机

在需求表现为时间短缺时，时间就是商机。例如，人们为了节约出行所花的时间而发明了汽车。

3. 价格商机

人们总是希望以更低的成本满足需求，而低价替代物的出现就是商机。

4. 方便性商机

方便性商机是指能便捷、快速地满足需求的商机。例如超市、小商店并存时，寻求方便、快捷的人往往选择在小商店购物。

5. 通用需求商机

通用需求商机是指人们的生存需求，如吃、穿、住、行带来的商机。如果这种需求是必需的，那么在有人的地方就有这种商机。

6. 价值发现性商机

价值发现性商机是指常见的物品出现新的用途时带来的商机。

7. 中间性商机

中间性商机是指避开竞争激烈的终端市场，而在该市场寻找的其他商机，如在淘金地卖水的商机。

8. 基础性商机

基础性商机是指引起所有其他商机的商机。对长期的投资者来说，基础性商机是非常重要的，如社会制度、基础建设、商业规则等带来的一系列商机。

9. 战略商机

战略商机是指未来一段时间必然出现的重大商机。把握住这种商机的创业者具有某个领域的远见卓识。例如，20 世纪 90 年代“下岗”潮中，主动“下岗”的人，才有可能抓住商机先行致富。

10. 关联性商机

需求具有互补性、继承性、选择性，这些特性决定了地区间、行业间和商品间存在关联性商机。

11. 系统性商机

系统性商机是指发源于某一独立价值链上的纵向商机，如电信业繁荣、电子信息技术行业需求旺盛。

12. 文化与习惯性商机

文化与习惯性商机是指由生活方式决定的一些商机，如节日用品、食品带来的商机。

13. 回归性商机

人们追求的时尚具有周期性，当过去的东西又成为“短缺”物时，随着回归心理出现而出现的商机就是回归性商机。

14. 灾难性商机

灾难性商机是指由重大的突发危机事件引起的商机。

第二节　创 新 思 维

《易传•系辞下》：“穷则变，变则通，通则久。”当今社会竞争日益激烈，大学毕业生就业难已经成为不争的事实。大学生可以转变就业思想，选择创新创业。然而思路决定出路，要想成为一位成功的创业者，大学生首先要有创新思维。本节将具体介绍创新思维在创业中的应用。

任务 1　创新思维概述

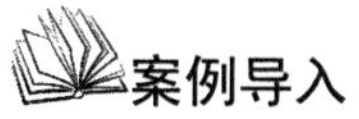案例导入

卖水的淘金者

在淘金大潮来临之前，17 岁的菲利普•亚默尔像他的祖辈们一样，兢兢业业地开垦着自己的田园，依靠田地微薄的收入维持生活。

当加利福尼亚州发现金矿的消息传来时，众人纷纷抢抓这个千载难逢的发财机会，背井离乡加入了淘金的大潮，菲利普•亚默尔也是其中之一。

几年过去了，菲利普•亚默尔因为身材瘦小，虽然经受住了炎热干燥的天气和饥渴的折磨，不遗余力地干活，但与大部分淘金者一样一无所获。这时，菲利普•亚默尔生出了另一种心思，他悄悄地将远处的河水引入近处的水池，过滤之后用水瓶装起来，卖给那些淘金者。

他的举动引起了众人的嘲笑：“千里迢迢跑来加利福尼亚州为的是淘到一本万利的金子，这种蝇头小利的生意在哪儿不能干？”“作为年轻人，不干点大事业，做这种小本买卖

多没出息!”“放着现成的金子不淘，却把眼睛放在卖水上，这简直就是本末倒置嘛……”

菲利普·亚默尔一句反驳的话都没说，只是一心一意地卖水。又过了几年，淘金热渐渐冷却，绝大部分人空手而归，有的甚至因长年过度疲劳而客死他乡，只有菲利普·亚默尔靠卖水赚取了大笔资金，开办了公司，成了真正的“淘金者”。

资料来源：美国巨富亚默尔卖水致富的故事[EB/OL].（2018-08-23）[2019-07-24]. http://www.chinaks.net/tuoniao/173826.html. 经重新整理.

课堂思考：

从菲利普·亚默尔的故事中你学到了什么？

一、创新思维的概念

创新思维是指发散性思维。在遇到问题时，创新思维能够引导人们突破常规思维的束缚，从多角度、多层次、多结构出发，以超常规甚至反常规的方法、视角思考问题，提出与众不同的解决方案，从而产生新颖的、独到的、有社会意义的思维成果。

二、创新思维的特点

创新思维是创业的基石，也是创业机会的重要来源。创新思维具有以下特点。

（1）新颖性。创新思维贵在创新，或者在思路的选择上，或者在思考的技巧上，或者在思维的结论上，具有独创性和首创性。

（2）灵活性。创新思维没有现成的方法、程序可循，是发散性思维，需要人们自由地发挥想象力。实际上，每个问题的解决方法都不是唯一的，创新思维就是从众多可能的方案中选择最佳答案。

（3）非逻辑性。创新思维往往在超出逻辑思维、出人意料、违反常规的情况下出现，是非逻辑性的产物，不能简单地按逻辑分析。

（4）思维流畅性。创新思维往往是在表面上不相干的事物的启发下，思路豁然开朗而获得的。例如，托马斯·阿尔瓦·爱迪生在使用电话时，发现听筒中有杂音，据此发明了留声机，实现了对声音的保存，又在照相机的基础上发明了电影机。

（5）综合性。创新是在前人的基础上进行的，必须综合利用他人的思维成果。从某种意义上来说，综合就是创造。

任务 2　创新思维的障碍

定式思维是创新思维产生的最大障碍。那么，人们为什么会存在定式思维呢？思，即思考；维，即维度、方向。所谓思维，就是沿着一定的次序或者方向进行思考。人们在遇到类似问题或者表面上看相同的问题时，会不由自主地沿着上次思考的方向或次序来寻找解决问题的答案，这就形成了惯性思维。当多次以惯性思维来对待客观事物时，就会形成定式思维。

案例导入

定式思维的危害

在大山深处，住着一个孤独的人。他站在崖底，仰头望去，看到崖顶上似乎有一块肥沃的土地正等待着他去开垦耕种。

他扒着岩石，费了好大的力气终于爬到了崖顶。不出所料，这里的土地很肥沃，并且生长着许多果树。他将身上携带的绳子系到崖顶的一棵树上，带了一些果子，就顺着绳索下了山崖。

第二天，他顺着绳索上了崖顶。

第三天，他顺着绳索又上了崖顶。

第四天，第五天……第二年，第三年……他每天都沿着原先系的那条绳索爬上爬下。终于有一天他爬到半崖的时候，那棵树因为承受不住折断了，他从半崖掉下来，摔死了。

树会逐年衰老，崖顶并非只有一棵树，为什么不换一棵呢？

资料来源：他是怎么摔死的[EB/OL].（2014-02-28）. www. feel-bar. com/html. article/2014/021893. html.

课堂思考：

如何理解“一成不变，不思进取，必然会摔倒在曾经的成功下面”？

定式思维主要有以下几个类型：一是顺从权威型，权威专家说过了，书本上写明了，人们就坚信不疑，认为肯定是对的；二是从众心理型，当群体都这样做时，人们就会认为这样做肯定有道理，盲目地顺应群体意识；三是顺从经验型，过去这样做没有出现问题，人们就相信过去的经验是对的，现在仍这样做肯定也是对的；四是情感偏好型，以自己的感情偏好来认定事物的对错，认为自己喜欢的就是对的，自己不喜欢的就是错的；五是性格决定型，如自卑型、偏执型、麻木型等性格。在商场上，人一旦形成定式思维，就会处处被人占领先机，处于被动状态。

任务 3 创新思维产生的方法

案例导入

头脑风暴法——直升机扇雪

某年，美国北部地区下大雪，积雪压断了高压电线，造成了巨大的损失。为此，美国通用电气公司召开会议，以期通过集体智慧找出解决方案。与会者都是不同专业的技术人员，在宣布会议的原则和目的后，大家便开始议论。有人提议用线路加温器消融积雪，有人提议安装振荡器以抖掉积雪，有人提议设计一种专用的电线清雪机清除积雪，也有人幽默地提出“带上几把大扫帚，乘坐直升机清扫电线上的积雪”，各种各样的方案陆续被提出。对于“乘坐直升机扫雪”的设想，大家心里尽管觉得滑稽可笑，但在会议上也无人提出批评。相反，有一位工程师在百思不得其解时，听到“乘坐直升机扫雪”的想法以后，突然冒出一种简单可行且高效率清雪的想法。他想，每当大雪过后，出动

直升机沿积雪严重的电线飞行，依靠高速旋转的螺旋桨即可将电线上的积雪迅速扇落。于是，他马上提出了“用直升机扇雪”的新设想，顿时又引起其他与会者的联想，有关“用直升机扇雪”的想法一下子又多了七八条。不到一个小时，与会的 10 名技术人员共提出 90 多条新设想。

会后，公司组织专家对设想进行分类论证。专家们认为设计专用清雪机、采用电热或电磁振荡等方法清除电线上的积雪在技术上虽然可行，但研制费用多、周期长，一时难以见效。因“乘坐直升机扫雪”激发出来的几种设想，倒是一种创新方案。如果可行，它将是一种既简单又高效的办法。现场试验结果表明，利用直升机扇雪真能奏效。一个悬而未决的难题，终于在思想碰撞中得到了巧妙的解决。

资料来源：头脑风暴：激发团队创新的有效工具[EB/OL]. https://wenku.baidu.com/view9582ce37a32d7375a41780al. html.

课堂思考：

结合实际，谈谈创新思维的应用。

任何事情的解决都有技巧，进行创新思维活动同样存在许多的技巧。如果我们能够掌握有关创新思维的一般方法，那么许多问题就会迎刃而解。心理学家阿曼贝尔指出，创新能力是个人的认识能力、工作态度和个性特征的综合表现，是在解决问题时打破旧规则、旧方法的束缚，以及寻求新规则的能力。创新思维是创新能力的核心，它的产生是人脑的左脑及右脑同时作用和默契配合的结果。产生创新思维的方法有许多种，包括发散性思维、质疑思维、比较思维和互动思维等。

一、发散性思维

发散性思维是指沿着不同方向、不同角度思考问题，从多个方面寻找解决问题的答案的思维方式。这种思维方式的本质特征是多方面、多思路地思考问题，而不是局限于一种思路、一个角度或一种方法。对于发散性思维来说，当一种方法、一个角度不能解决问题时，它会主动地否定这一种方法、这一个角度，而向另一种方法、另一个角度跨越思考。它不满足于已有的思维成果，力图向新的方法、领域探索。

在日常生活中，有的人在思维过程中跨度很大，能够进行广泛的联想，但是有些人缺少一定的思维广度，思路有很大的局限性。从进行创新活动的角度来说，人们一定要具有足够的思维广度，将思维扩展一下，即发散一下思维，才会产生奇妙的创意。发散性思维体现了思维的开放性、创新性，是事物的普遍联系在头脑中的反映。发散性思维有多向思维和侧向思维。

二、质疑思维

质疑思维是人类思维的精髓。善于质疑就是凡事都要追问原因，敢于肯定，更敢于否定。用怀疑和批判的眼光看待一切事物，是许多新事物、新观念产生的开端，也是创新思维的基本思维方式。

每一个正常的人都具有思考能力，这种能力在人与人之间是没有差别的，但是人们思维运用的能力不尽相同。有些人没有正确地运用自己的思维能力，选错了方法，也就选错了思维的路径，而且在错误的道路上越努力，离真理就越远。获得真理的方法是十分重要的，而要找到正确的方法，就要充分运用质疑思维来审查头脑中已有的知识和观念的正确性。首先，人们头脑中的绝大部分理论知识不是通过独立思考得来的，而是来自教师的指导；教师的知识又是通过指导他们的教师得来的，如此代代相传。在这个传承过程中，难免会存在歪曲和谬误。其次，人们自身的经验并不是十分可靠的，目睹的并不一定是事实。例如，将两条等长的直线，一条垂直放置，另一条水平放置，看起来垂直的线比水平的线长，这是视觉造成的偏差。

三、比较思维

比较思维根据角度不同，可以分为纵向思维和横向思维两种。纵向思维侧重从时间和历史的角度进行思维活动，而横向思维则侧重截取历史的某一横断面展开比较。

纵向思维具有历时性、同一性和预测性的特点，是从事物自身的过去、现在和将来的分析比较中，发现事物在不同时期的特点及联系，从而把握事物及其本质的思维过程。首先，历时性揭示了事物的发展过程，而且历时性的考察对于周期性重复的事物尤为重要；其次，同一性是指历时性所考察的事物必须是同一件事物，具有自身的稳定性和可比性；最后，纵向思维是由过去到现在，再由现在推断将来，因此它具有预测性。

横向思维具有同时性、横断性和开放性的特点。首先，同时性就是将时间范围确定下来，然后研究同一个时段内各个方面的相互关系。只有对时间进行限定之后，才可以展开横向的比较和研究；其次，横断性就是将研究的客体放到事物的相互联系中，即放到“关系”中考察。横断性可以充分展开事物各个方面的相互关系，从而揭示纵向思维过程中不易觉察的问题；最后，开放性就是要求把自己置于尽可能多的事物、关系的比较中来思考问题，参与比较的关系、方面越多，发现的自己的优点和缺点也就越充分。

四、互动思维

互动思维又称为头脑风暴法，是亚历克斯·奥斯本在 20 世纪 30 年代末创新的一种激发集体智慧产生和提出创新设想的方法。他的原意为用脑力冲击某一问题。互动思维是利用集体的智慧，通过互相交流、启发和激励而产生新思想的方法。这种方法的特点包括克服心理障碍、思维自由奔放、打破常规、激发创新性思维活动、获得新观念并创新性地解决问题。互动思维是世界范围内应用得较为广泛的一种集体创新方法，在技术革新、管理革新、社会问题处理等许多领域都显示了它的威力。

第三节　创业机会的特征与来源

自“大众创业、万众创新”提出以来，越来越多的年轻人响应号召，积极地实践创新创业活动，但是创业并非想象得那么简单，也并不是凭借一腔热血和一份冲劲就可以成功的。在创业前期，要三思而后行。创业机会的识别和挖掘是创业成功的第一步，如果创业项目选择得好，就能迈出创业成功的第一步；如果创业项目选择不当，可能从一开始就难逃失败的命运。

案例导入

万元商品成“鸡肋”

王某是某大学市场营销专业二年级的学生，因为家中长辈经商，从小耳濡目染，加上所学的专业是市场营销，所以一直有创业的想法。

2016年，王某找到一位同样有创业激情的合伙人——张某，两人将制作印度熏香作为创业项目，因为他们认为这个项目投资少、资金回笼快、消费群体广。他们以在校大学生作为第一目标消费群体，在校园里试销了几次，发现来咨询的人很多。于是，两人信心十足地租赁了房屋，采购了价值上万元的香料。

但当他们真正去推销时，才发现并不是所有在校大学生都喜欢这种印度熏香。在同一个寝室里，如果有人不喜欢，那么购买这种熏香的人就不好意思再用了。因此，每次都是来看的人多，表示这个东西不错的人多，但购买的人极少。

最后，积压商品成了“鸡肋”。王某第一次雄心勃勃的创业活动很不顺利，虽然损失在承受范围内，但心里还是很难受。

资料来源：编者根据资料整理得到.

课堂思考：

如何才能避免盲目地选择创业项目？

任务1 创业机会概述

创业机会，也称为商业机会或者市场机会。在了解创业机会之前，我们首先要清楚什么是机会。机会就是能够促进事物发展，并取得成功的有利条件，或是实现某种目的的可行突破口等。机会是一个切入点，也是一个从开始时未成型但随着事物的发展变得成熟的过程。

由此可以推测出，创业机会是指帮助解决一个尚未被满足的有效需求市场问题的切入点。创业导师杰弗里·蒂蒙斯指出，创业机会的特征是具有吸引力、持久性和适时性，并且伴随着可以为购买者或者使用者创造或增加使用价值的产品或服务。因此，创业机会可以完整地定义为：能够帮助客户解决问题或创造价值，满足市场有效需求，并且具有市场吸引力和持久运营能力的一个适时的商业活动的切入点。创业机会的发现、分析、选择和利用等是创业研究的核心问题。

创业机会是创业活动的根源。机会无时不在，无处不在，而真正有商业价值的好创意、大商机需要有心人的精心挖掘与培育。首先，创业机会的最初状态是创业者发现未被满足的市场需求或未得到充分利用的资源，这个过程需要创业者具备敏锐的洞察力。其次，创业者需要将创业机会结合实际情况形成初步的商业创意，然后进行深入的市场调研，了解未被满足的市场需求容量或未被充分利用的资源的决定性作用，拟订一个完整的创业计划。

在拟订创业计划时，不仅要考虑产品的运营、财务的运作、股权的分配等，还要考虑创业的风险及其应对策略，从而形成一个成熟的创业机会。最后，在创业计划的基础上进行正式的创业活动。创业者在进行市场调研、拟订计划或者企业运营过程中，会对创业机会进行反思和完善，使创业机会更加成熟。从创业机会到新创企业的循环开发过程如图 2-1 所示。

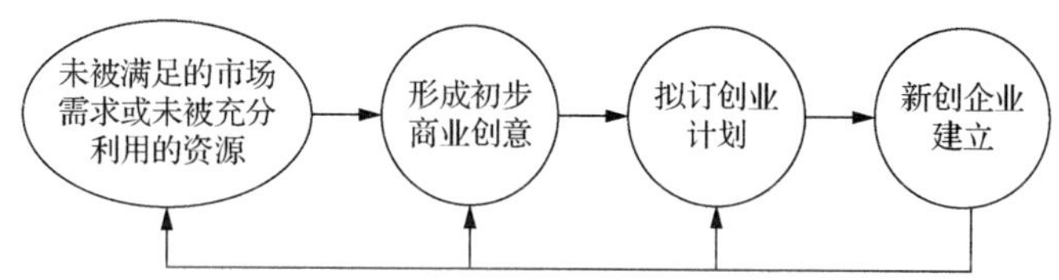

图 2-1　从创业机会到新创企业的循环开发过程

据国外不完全统计，在创业失败的案例中，有 60%的人认为“创业项目选择失误导致失败”；而在创业成功的案例中，有 70%的人认为“良好的创业项目成就事业”。决定创业成功的首要因素是创业项目，其次是商业模式，再次是创业团队，最后是创业资金。创业机会、创业资源和创业团队是创业过程中的三大要素。在创业前期，创业机会的发掘与选择是最为关键的。

任务 2　创业机会的特征

案例导入

输液器“指环”

项某是一名小学四年级的学生，有一次他因生病到医院输液。在输液的过程中，因为无聊，他忍不住从书包里将书本掏出来看。谁知身子一动，输液针头处就鼓起了一个包。妈妈赶紧叫来护士帮他重新扎针，还用胶带将手整个绑在一块小木板上。多挨了一针不说，还挨了批评，项某心里挺不是滋味。事实上，很多人在输液时都遇到过和他一样的麻烦。在输液时，护士在患者手掌下方缠上小木板，并用胶布缠上一圈又一圈，缠得太松针头容易活动，缠得太紧又可能血流不畅。

从医院输完液回到家时，电视里正在播放电影《指环王》。项某看了看妈妈手上戴的戒指，发现戒指一点儿也不影响手指活动。为什么不能把这个原理应用到输液器上呢？于是他找来一根较细的 PVC 管，切成一些指环大小的圆圈，然后用强力胶水固定在输液器下方的粗导管和细导管的连接器上，做成了一个指环式固定器。在输液时，在静脉针固定好后再将指环套在指头上，就能保证输液器的细软管不会移位，从而使针头更加稳固。因为人的手指有粗有细，他又尝试着将指环剪断，留出一个缺口，将其改造成可以随意变换大小的指环。这样一来，不管是大人还是小孩，都能轻松地将指环戴在任何一根手指上，同时塑料的材质不会对手指产生任何挤压。戴上指环，就不需要小心翼翼地活动了，手指甚至可以弯曲，看书、发短信、喝水、上厕所，都很方便。他的父亲将这一发明申请了专利，并且转让给了生产输液器的厂家，获得了不少的报酬。

资料来源：小个头也有大智慧[EB/OL].（2012-08-14）[2019-07-06]. http://ycjh.xiaoxiaotong.org/

news/newsdetail.aspx?aid=18872. 经重新整理.

课堂思考：

成功创业有哪些特征?

一个好的创业机会必须具有现实意义，是能够实现价值的商业机会。一般来说，创业机会应具备以下特征：一是真实的市场需求，即那些具有购买力和购买欲望的消费者未被满足的需求；二是能够收回的投资，即在承担风险和投入资源之后，可以带来回报和收益；三是具有竞争力，即消费者认为购买你的产品或服务比购买其他产品或服务能够获得更多的价值；四是实现目标，即满足那些具有冒险精神的人和组织的愿望；五是有效的资源和技能，即不超出创业者所能具备的资源、能力、法律等必备条件范围。

任务 3 创业机会的来源及分析

案例导入

“瘦肉精”检测纸

猪肉是日常生活中必不可少的一种食品，但是“瘦肉精”的滥用让消费者在一段时间里对猪肉颇为忌惮。人们将希望更多地寄予检测部门的严格监管上。但是，有的时候人们还是不放心自己购买的猪肉。面对消费者的这种需求，市场上出现了这样一个创意产品——“瘦肉精”检测纸。消费者只需要把煮过猪肉的水滴在检测纸上，就能够检测出有没有“瘦肉精”，而且这种检测纸对其他的药物没有交叉反应。这样简单的一个创意商品，就产生了几百万元的价值。

资料来源：编者根据资料整理得到.

课堂思考：

如何理解成功的创业源于解决人民群众的实际难题?

有的人将创业机会的产生归因于天赋。例如，菲利普·亚默尔在淘金浪潮中发现了卖水的商机。不过创业专家指出，如果没有平时的用心观察，机会也不会如此凑巧。无数人看到苹果落地，却只有牛顿能发现并提出地心引力学说。有的人将创业机会的产生归因于新技术的实现。例如，比尔·盖茨凭借计算机编程技术创立了微软公司，一度成为世界首富。不过细想之下，大部分的新技术发明者只成为技术骨干，而没有成为企业家。

一、创业机会的来源

目前，国内外学者对创业机会的来源众说纷纭，从不同的研究视角提出了不同的观点，但是归纳起来有两类。

1. 来自改变、混乱或是不连续的状况

社会的改变、混乱或是不连续的状况提供的创业机会，其主要来源有以下七种。

（1）法规的改变。

（2）技术的快速变革。

（3）价值链重组。

（4）技术创新。

（5）现有管理者或投资者管理不善。

（6）战略型企业家。

（7）市场领导者短视，忽视潜在客户需要。

2. 提供创新机遇

创新机遇的来源主要有以下七个方面。

（1）出乎意料的情况。

（2）与常规思维的不一致性。

（3）以程序需要为基础的创新。

（4）产业机构和市场结构的改变。

（5）人口的变化。

（6）认知、情绪和意义的改变。

（7）科学及非科学的新知识。

经过仔细推敲发现，创业机会来源的界限并不分明，彼此之间有相当多的重叠部分，甚至同样的事物从不同的角度观察也会有不同的机会来源。

二、创业机会来源的具体分析

总结前人的研究，创业机会来源大致可以分为四类：一是把握趋势变化，包括政策变化、社会人口变化、自然环境变化、民众焦点变化和产业结构变化等；二是捕捉差异市场机会，包括改良现有产品、满足消费者差异需求等；三是利用新知识、新技术的更替，创新产品；四是解决未满足的需求。

1. 把握趋势变化

趋势变化包括国家政策变化、社会人口变化、民众焦点变化、自然环境变化和产业结构变化等。任何一项外部因素的变化，都会对现存成熟的社会供需体系产生影响，而重新适应这种变化的过程就是重要的创业机会来源。

（1）政策变化。例如，近几年，国内雾霾严重，中央各部门和各地政府为了治理雾霾出台了一系列政策文件，如 2012 年环境保护部发出的《私人购买新能源汽车试点财政补助资金管理暂行办法》；2010 年财政部出台的《关于加强机动车污染防治工作推进大气 PM2.5 治理进程的指导意见》和 2014 年北京颁布的《北京市大气污染防治条例》等。治理雾霾政策的出台为生产检测、治理雾霾的产品或服务的企业奠定了稳定的市场基础，也为许多环保设备公司提供了生机。国内空气质量检测设备生产龙头企业先河环保公司，在相关政策出台后一举拿下广东、山东和河北三地的空气质量检测设备生产合同，总金额超过 1 亿元。此外，不少国内企业的空气净化器卖到“断货”，甚至一些国外企业也进军中国市场。淘宝网站的数据显示，空气净化器销量同比增长 300%，一款总价近 4 000 元的飞利浦空气净化器，月销售量竟然达到 1 100 多件。

（2）社会人口变化。我国的人口数量因受国家政策影响，并非呈自然平缓增长状态，而是呈特殊的“纺锤型”分布，即两头小（老龄人口和幼儿人口少）、中间大（中青年人口多）。随着时间的推移，中间部分的中青年人口逐渐步入老年状态。我国从 1999 年正式进入老龄化社会，到 2010 年，60 岁及以上的老年人口达 1.78 亿，占总人口的 13.26%，老龄化问题尚不突出。但是，据预测，2011 年以后的 30 年里，人口老龄化将呈现加速发展态势；2040 年，60 岁及以上人口占比将达 28%左右，全面步入老龄化社会；2050 年，60 岁及以上老人占比将超过 30%，社会进入深度老龄化阶段。随着老龄化程度不断加深，老年人医药需求、生活服务需求、精神娱乐需求、丧葬需求都会急剧增大，所以老年市场将成为我国的一个朝阳行业，蕴藏着众多的创业机会。

（3）自然环境变化。自然环境相对比较稳定，因此带来的商业机会比较少，但是因自然环境而产生的创业机会往往容易得到民众和政策的支持，其成功率比较高，比较典型的有防风固沙的植被种植项目、空气污染颗粒物检测项目等。

（4）民众焦点变化。党的十八大之后，改革成为我国民众关注的焦点。2018 年，随着供给侧结构性改革、国企改革、创新创业发展的持续推进，旧泡沫将被逐步刺破，经济将在各种不确定和冲击中构筑新的增长动力。目前，国内面临着传统行业的产能过剩、非金融国有企业的高杠杆等问题。因此，要寻求契合时代特点的新变化，推进新经济、新业态。在 IT 时代，我国引领着共享经济的发展方向，尤其在电商经济和互联网支付方面给全球提供了范本。目前，正处于 IT 时代向 AI 时代发展的阶段，全球都在激烈竞争和抢夺 AI 市场的先机，特别是推进 5G 技术商用。我国要在技术软硬件和市场应用的竞争中脱颖而出，需要打造中国经济在新科技革命时代的新动能。

（5）产业结构变化。产业结构一般可持续多年，从表面上看在一定时间内非常稳定。实际上，产业结构在受到冲击时就会瓦解，而且速度很快。当原来的产业结构迅速瓦解时，就会产生众多的创业机会。这几年，国家对节能减排工作的支持力度非常大，对一些高耗能、高投入、低产出的企业进行淘汰整顿。例如，淘汰了对自然环境的破坏作用大的各类小煤矿和小型煤火发电机组，使风能发电和光伏发电成为一个不错的创业机会。又如，随着国家海洋经济概念的提出，海水养殖及产品深加工和海洋渔业资源的开发等也都提供了大量的创业机会。

2. 捕捉差异市场机会

改良现有产品是企业面对越来越激烈的市场竞争，为了避免产品吸引力减弱、产品同质化、产品市场前景不明等带来的困扰，打造核心竞争力，掌握市场话语权的重要举措。消费者需求产生与满足的方式在时间、地点、成本、数量、对象等方面存在差异，把握住这些差异的企业就能够迅速改变营销策略，制定相应的对策，以适应市场需求的变化，提高企业的应变能力和竞争力。

3. 利用新知识、新技术的更替，创新产品

新知识和新技术是创建新企业的“金钥匙”。突破性的新知识和新技术往往可以获得更多的关注和更多的财富，也是人们通常所指的创新。以创新知识带动的创业机会数不胜数。以 IT 行业的兴起为例，美国硅谷掀起的高科技创业浪潮席卷全球，诞生了微软公司、戴尔

公司、雅虎公司等世界500强巨头，让世界清楚地看到创新知识对于创业活动的推动作用。以创新知识为基础的革新不仅给企业带来了巨大的利润，而且给企业带来了响亮的名声，成为企业精神的巨大载体。

4. 解决未满足的需求

实际上，很多绝妙的创业机会与新产品构想来自消费者苦恼或者抱怨的事情。因为让消费者苦恼、抱怨的事情是他们迫切希望解决的，并且愿意付出相应的代价，所以如果能够在消费者可以接受的代价范围内提供有效的解决办法，那么就能找到一个创业机会。

第四节　创业机会的评估

创业成功或失败，除了受不可控制的运气因素的影响之外，显然有许多创业机会在开始时就已经注定了失败的命运。创业本身是一种做中学的高风险行为，失败也是为下一次创业成功奠定基石。如果创业者能先以比较客观的方式对一些先天体质不良、市场进入时机不对或者具有致命瑕疵的创业构想进行评估，那么许多创业活动成功的概率就会大幅提升。因此，我们需要针对创业机会制定一套评估准则，为创业者创业提供决策参考。

任务1　创业机会与市场因素

一、市场定位

一个好的创业机会，不仅要有市场，而且要有准确的市场定位，要专注于满足消费者的需求，同时能够为消费者带来增值效果。因此，在评估创业机会时，可由市场定位是否明确、消费者需求分析是否清晰、消费者接触通道是否流畅、产品线是否持续衍生等来判断创业机会可能创造的市场价值。创业机会给消费者带来的价值越高，创业成功的机会就越高。创业者在选择项目前需要对特定消费群体进行市场调研，知其所好，投其所好，乘“需”而入，推出新产品或新服务，从而领先一步占领市场。

二、市场结构

市场结构反映了企业在市场竞争中的地位和企业市场势力。因此，对创业机会的市场结构（包括进入障碍、供货商、经销商的谈判力量、替代性竞争产品的威胁，以及市场内部竞争的激烈程度）进行分析，对于创业者来说具有重要意义。通过市场结构分析可以得知，新创企业未来在市场中的地位，以及可能遭遇的竞争对手的反击程度。分众传媒有限公司创始人江南春就说过，世界上有四种壁垒：一是制度壁垒；二是资金壁垒；三是技术壁垒；四是稀缺性资源的占有壁垒。

三、市场规模

市场规模与成长速度直接决定着新创企业的利润空间，是影响新创企业成功的重要因素。如果新创企业进入的是市场规模大且还在发展中的市场，那么新创企业的进入障碍相对较低，市场竞争激烈程度也会相应地下降，不需要占有太大的市场份额，就可以拥有较大的利润空间，也就有较好的生存和发展空间。如果进入的是一个十分成熟的市场，那么纵然市场规模很大，由于发展空间已经不再成长，利润空间必然很小，新创企业的生存空间也会比较小。例如，虽然计算机硬件业的市场规模很大，但是已经非常成熟，利润空间极小，因此新创企业进入该市场之后，将直接面对生存空间问题。市场规模与机会窗口密切相关。

四、市场份额

市场份额，即创业机会预期可取得的市场占有率目标，可显示新创企业未来的市场竞争力。如果新创企业未来能够占有 20%的市场份额，那么该企业的潜力十分巨大，有机会成为市场的领导者。而一个市场份额不到 5%的企业是很难吸引投资者进入的，因为这样的企业在未来创造的价值可能比其账面价值高不了多少。

五、成本结构

产品成本控制关系到新创企业的发展空间和行业竞争力。若新创企业产品成本低，则企业竞争力强，有较好的发展空间。但是由于龙头企业生产规模大、管理模式成熟、人员技术熟练，一般能较好地控制生产成本，因此新创企业要降低成本，最好的方式是改善生产技术或者降低原料成本等。

任务 2　创业机会与经济因素

一、税后净利

考虑到新创企业可能会面临各项风险，合理的投资回报率应该保持在 25%以上，以提高抗风险能力。因此，创业机会预期的税后净利润在 15%以上，才是一个具有吸引力的创业机会；如果税后净利润在 5%以下，就不是一个值得考虑的创业机会。

二、达到盈亏平衡点所需的时间

合理的盈亏平衡时间应该在两年以内，但如果 3 年还达不到盈亏平衡，就不是一个值得投入的创业机会。不过，有的创业机会确实需要经过较长时间的耕耘，并通过这些前期投入创造进入障碍，保证后期的持续获利。在这种情况下，前期投入可以视为一种投资，而较长的盈亏平衡时间可以获得容忍，如新轨道交通动车、地铁等项目的创业机会。

三、毛利润

毛利润高的创业机会，相对风险较低，也比较容易达到盈亏平衡；反之，毛利润低的创业机会，风险较高，遇到决策失误或产生较大的变化的时候，很容易遭受损失。一般而言，理想的毛利率是 40%。当毛利率低于 20%时，这个创业机会就不值得考虑。

四、资金需求量

资金需求量中等或较低的创业机会，一般比较受投资者的欢迎。资金需求量过高并不利于创业，甚至会带来稀释投资回报率的负面效果。通常，越是知识密集型的创业机会，对于资金的需求量越低，投资报酬反而越高。因此，创业初期一般不要选择资金需求量过大的项目。

五、资本市场活力

当处于一个具有高度活力的资本市场时，它的获利回收机会相对较高。不过，资本市场的变化幅度极大，在市场高点时投入，资金成本较低，筹资相对容易，而在资本市场低点时，投资新企业的诱因较少，好的创业机会也相对较少。不过，对投资者而言，市场低点的成本较低，有时投资回报反而会更高。一般而言，新创企业在活跃的资本市场比较容易创造增值效果，因此资本市场活力也是一项可以被用来评价创业机会的外部环境指标。

六、退出机制

所有投资的目的都在于回报，因此退出机制对于创业机会的评估也相当重要。退出机制主要有企业被收购或出售、公开发行股票等途径。因为企业退出市场的难度往往要高于进入市场，所以一个具有吸引力的创业机会应该为所有投资者考虑退出机制，以及退出的策略规划。

任务3 创业机会与人为因素

一、创业者

在创业过程中可能会遭遇极大的困难与风险，因此创业者有必要明确自己的创业动机，以判断愿意为创业活动付出代价的程度。一般认为，创业机会与个人目标的契合程度越高，创业者的投入意愿与风险承受意愿就越大，创业目标实现的概率相对也就越高。因此，一个具有吸引力的创业机会，一定是能够充分与创业者个人目标相契合的。

创业者需要具备创业必需的能力，如知识、技能和特质等。如果不具备，他们需要学习并提高这些能力。许多小企业的管理者是基于他们的能力才创办企业的。

创业者最好选择自己有独特优势资源的创业项目。俗话说：靠山吃山，靠水吃水。如果创业者能独具慧眼，发掘身边特有的资源进行投资开发，往往容易取得成功，因为在这种情况下，创业者没有或少有竞争对手。因此，创业者应尽量选择与自己的专业、经验、兴趣、特长相关的项目，整合自己的优势资源，如个人资历、专利权、地区优势等。创业者整合到创业项目中的资源越多，产品的市场竞争力就越高，创业成功的可能性也就越大。

二、创业团队

在创业过程中会遇到大量的资金、竞争、市场等风险决策，而规避风险的核心是创业团队。在现代社会，投资者往往将创业团队组成视为创业机会的一个重要衡量尺度。

创业团队对于行业是否具备了解深度与相关经验也会影响创业机会的成功实现，一般需要在创业团队中配备行业内的专家；如果创业团队不具备相关产业经验或专业背景，再好的创业机会也很难成功。因此，由具有卓著声誉的创业者领军，一群各具专业背景的成员组成的具有高度的组织凝聚力与共同的价值观的团队，可以视为新创业成功的最佳保证。

任务 4　创业机会的时效

案例导入

寻呼机退出历史舞台

世界上最早被后人称为“无线寻呼机”的那个小黑匣子诞生于 1948 年的美国贝尔实验室，它被当时的人们亲切地称为“带铃的仆人”。寻呼技术真正发展是在 20 世纪 80 年代。在这一时期，世界发生了巨变，不仅加快了世界一体化进程，同时也加快了信息技术的发展。在中国，寻呼技术是在 1984 年由上海率先引进的。20 世纪 90 年代中后期，中国开始有企业生产寻呼机；1998 年，中国的寻呼机用户数量突破 6 546 万，名列世界第一。高峰时全国与寻呼机相关的企业达 5 000 多家，用户总数超过 8 000 万。而中国联通寻呼机在全国拥有近 4 500 万的用户，市场占有率超过 60%。但是，中国的寻呼机制造企业很少有对技术进行前瞻性研究的，它们认为，中国有 12 亿人口，有很大的寻呼机市场。的确，按人口来讲，若全国寻呼机普及率达到 10%这一世界低水平，中国的寻呼机市场就有 1.2 亿以上的用户。但是，发展有一个时间和技术问题。中国的寻呼机市场停滞不前是很现实的，部分沿海城市已经表现出来，如珠海，寻呼机用户已经从 27 万以上下降到 15 万以下，其他城市也即将发生类似的情况。2001 年，北京多家寻呼机企业并入联通后，国内寻呼机企业巨头润迅通信也宣布将寻呼业务并入联通。到 2006 年 2 月，全国的寻呼机用户只剩下 1 044 户。至此，寻呼业在中国从巅峰完全坠入谷底。

从 1984 年正式进入中国，到 20 世纪 90 年代末达到高峰，再到目前寻呼机近乎销声匿迹，寻呼业在中国 20 多年的发展史就好像一个人的成长周期——从出生到成长再到衰老……

资料来源：马小真. 寻呼机退出江湖　BP 年代的浪漫记忆今何在[J]. 观察与思考，2007（7）：44-45.

课堂思考：

寻呼机很快退出中国市场的原因是什么？

创业者能否抓住创业机会成功创业，不仅取决于该创业机会的潜在市场价值大小，还取决于该创业机会的时效长短。杰弗里·蒂蒙斯称创业机会时效长短为机会窗口。机会窗口是指特定的创业机会存在于市场中的一定时间跨度，创业者只有在机会窗口期内实施创业才有可能获得相应的投资回报。

图 2-2 就是一个产品或者行业的机会窗口示意图。在产品或行业的发展初期，市场规模发展较为缓慢，曲线的坡度比较平缓，创业机会出现的概率也不大，机会窗口尚未打开。随着时间的推移，产品或行业的大众接受度提高，市场规模高速增长，创业机会也越来越多、越来越明显。经过一段时间的发展，市场规模逐渐稳定并最终饱和，机会窗口就会关闭。因此，整个机会窗口的发展过程实际上也是创业机会的生命周期。

因此，创业者能否及时掌握机会窗口打开的时机，以及判断机会窗口是否拥有足够的

获利时间长度是决定创业成败的关键。美国的一项研究调查表明，当机会窗口获利的时间长度短于 3 年时，新创企业投资的失败率高达 80%以上；当机会窗口获利的时间长度超过 7 年时，几乎所有投资的新创企业都能获得丰厚的回报。

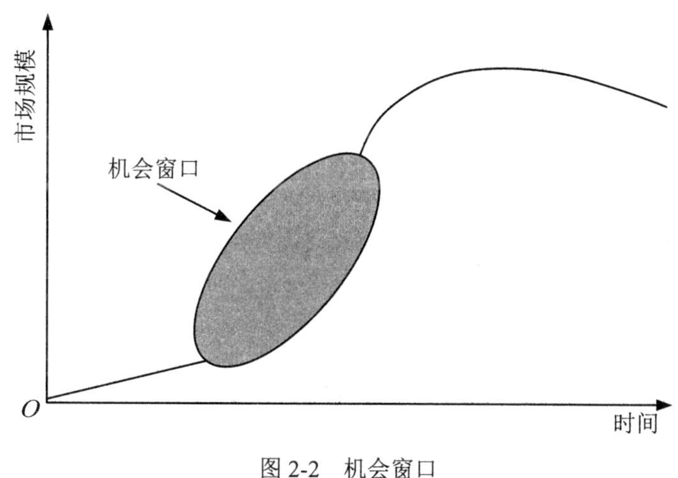

图 2-2　机会窗口

创业者往往喜欢在第一时间追逐投资市场上尚未出现的全新产品，抢占空白市场。但是，因为市场接受度较小，机会窗口尚未打开，所以未必能获得丰厚的回报。

任务 5　创业机会的评估标准

所有的创业行为都来自绝佳的创业机会，而要判断创业是否绝佳，需要遵循一定的准则进行市场评估和效益评估。

（1）市场评估准则。市场评估准则主要有市场定位、市场结构、市场规模、市场渗透力、市场占有率和产品的成本结构等。

（2）效益评估准则。效益评估准则主要有合理的税后净利、达到损益平衡所需的时间、投资回收率、资本需求、毛利率、策略性价值、资本市场活力和退出机制与策略等。

杰弗里·蒂蒙斯的创业机会评价标准涉及行业与市场、经济因素、收获条件、竞争优势、管理团队、致命的缺陷问题、个人标准、理想与现实的战略差异 8 条一级指标，50 条二级指标，如表 2-1 所示。

表 2-1　创业机会的评估标准

一 级 指 标	二 级 指 标	说　　明
行业与市场	市场	市场容易识别，可以带来持续收入
	顾客	顾客可以接受产品或服务，愿意为此付费
	用户利益	产品的附加值高
	增值	产品对市场的影响力大
	产品生命	将要开发的产品生命周期长
	市场结构	项目所在的行业是新兴行业，竞争不完善
	市场规模	市场规模大，销售潜力达到 1 000 万～10 亿元

续表

一级指标	二级指标	说明
行业与市场	成长率	市场成长率在30%～50%，甚至更高
	市场容量	现有厂商的生产能力几乎饱和
	5年内可占有的市场份额	在5年内能占据市场的领导地位，达到20%以上
	成本结构	拥有低成本的供货商，具有成本优势
经济因素	潜在的投资回报率	投资回报率在25%以上
	资本要求	项目对资金的要求不是很大，能够获得融资
	自由现金流的特征	有良好的现金流量，能占到销售额的20%～30%
	销售增长	销售额年增长率高于15%
	资产强度	资产集中程度低
	正常运营资本	运营资金不多，需求量是逐渐增加的
	研发资本开支	研发资本开支不大
	毛利	能获得持久的毛利，毛利率在40%以上
	税后利润	能获得持久的税后利润，税后利润在10%以上
	达到盈亏平衡点所需时间	达到盈亏平衡点所需时间在1.5～2年
收获条件	附加值潜力	项目带来的附加价值具有较高的战略意义
	退出机制和战略	存在现有的或可以预料的退出方式
	资本市场的正相关	资本市场环境有利，可以实现资本的流动
竞争优势	固定和可变成本	固定成本和可变成本低
	对成本、价格和分销的控制力	对成本、价格和分销渠道的控制程度高
	产权保护	已经获得或可以获得对专利所有权的保护
	反应/领导时间	竞争对手尚未觉醒，竞争程度弱
	法律、契约优势	拥有专利或具有某种独占性
	契约和网络	拥有发展良好的网络关系，容易获得合同
	关键人物	拥有杰出的关键人物和管理团队
管理团队	创业者团队	创业者团队是一个优秀管理者的组合
	技术经验	技术经验达到了本行业内的最高水平
	整合	管理团队知道自己缺乏哪些方面的知识，并通过整合弥补不足
	理性诚实	管理团队的正直廉洁程度能达到最高水准
致命的缺陷问题		不存在任何致命的缺陷问题
个人标准	目标和适配性	个人目标与创业活动相符合
	上升/下降趋势的问题	创业家可以做到在有限的风险下实现成功
	机会成本	创业者能接受薪资减少等损失

续表

一级指标	二级指标	说　明
个人标准	愿望	创业者渴望进行创业这种生活方式，而不只是为了赚取利润
	风险/回报容忍度	创业者可以承受适当的风险
	压力承受力	创业者在高压下状态依然良好
理想与现实的战略差异	适配程度	理想与现实情况相吻合
	团队	管理团队已经是最好的
	服务管理	在客户服务方面有很好的服务理念
	时机	所创办的事业顺应时代潮流
	技术	所采取的技术具有突破性，不存在许多替代品或者竞争对手
	灵活性	具备灵活的适应能力，能快速地进行取舍
	机会导向	始终在寻找新的机会
	定价	定价与市场领先者几乎持平
	分销渠道	能获得销售渠道，或已经拥有现成的销售网络
	容错空间	能够允许失败

任务 6　未来创业投资热点

案例导入

未来的投资热点

1999 年 2 月，在杭州湖畔家园马云的家中召开了第一次全体会议，18 位创业成员或坐或站，神情肃穆地围绕着慷慨激昂的马云。在这次“起事”的会议上，马云和伙伴共筹集了 50 万元本金，并按照惯例进行了全程录像，马云坚信这将有极大的历史价值。

在这次会议上，马云说：“我们要办的是一家电子商务公司，我们的目标有 3 个：第一，我们要建立一家生存 102 年的公司；第二，我们要建立一家为中国中小企业服务的电子商务公司；第三，我们要建立世界上最大的电子商务公司，要进入全球网站排名前十位。”从这天开始，马云坚定不移地做起电子商务。尽管只有 50 万元创业资金，但马云首先花了 1 万美元购买了阿里巴巴的域名，并注册了 alimama.com 和 alibaby.com。

资料来源：马云创业详细经历[EB/OL].（2018-09-15）[2019-06-29]. http://www.sohu.com/a/254090426_100257840. 经重新整理.

课堂思考：

未来投资的热点有哪些？

未来的企业家要有全球观、全局观、利他观、乐观主义精神和理想主义精神，才能生存。企业家应该有危机感，要从等政策转变到懂政策，提前进行战略布局；否则，企业就难逃被洗牌的命运。下面主要介绍几个未来创业投资的热点。

一、环保节能产业

环保节能项目是目前国家重点发展的项目，也是七大新兴产业的首选项目。国家将最新的节能环保项目作为创业项目推荐，是为了鼓励更多的企业发展节能环保产业，提高国民的节能环保意识，故市场发展空间较大。

二、现代农业

进入21世纪，发展现代农业成为我国新农村建设的首要任务，资源节约型、生态保护型农业成为现代农业的主要形式。因此，抓住机遇，以现代农业作为投资项目是十分符合社会经济发展趋势的。

三、保健行业

随着社会物质生活水平的不断提高，人们对健康的关注度也越来越高，因此保健产业作为朝阳产业，有着广阔的发展前景和发展空间，是未来创业投资的一大热点。

四、文化产业

中国特色社会主义进入新时代，我国的社会主要矛盾已经转化为人民日益增长的美好生活需要和不平衡、不充分的发展之间的矛盾。人民美好生活需要日益广泛，对物质文化生活提出了更高的要求，给文化产业开辟了巨大的市场空间。在新形势下，国家将进一步推进文化产业供给侧结构性改革，加强顶层设计，加大政策保障，以培育文化企业、建设文化产业项目为抓手，因此企业应该紧抓这一历史机遇，为文化产业的发展壮大贡献力量。

五、汽车服务业

汽车已经成为居民日常生活中的代步工具，随着汽车市场日益扩大，产生了汽车“后市场”经济的巨大商机。它涵盖汽车维修、保养、美容、清洗、年检、后续保险、安全、防盗和二手车交易等多个领域。据调查，我国 60%以上的高档汽车有美容的需求；70%的车主愿意安装防盗报警设备。罗兰贝格公司的调查报告指出，中国汽车“后市场”交易额已达 2 000 亿元左右。而且，汽车美容、汽车装饰、汽车维修等领域的创业门槛并不高。其中，汽车美容这一项便被不少业内人士认为是前景广阔的投资产业，将成为投资热点。

六、休闲旅游产业

近几年，中央和各地方政府大力发展旅游业，使旅游经济迅速崛起，成为现代服务业中的新兴产业之一。它已成为涵盖旅游、观光、度假，以及相关的餐饮、住宿、交通、通信、文化娱乐、纪念型工艺美术品等众多行业的综合产业。

七、母婴服务行业

目前，母婴服务行业的发展渐臻成熟。很多投资者纷纷将目光转向母婴服务行业，使母婴服务行业成为一大投资热点领域。

八、家居饰品

以前，很多消费者认为家居饰品行业只是一个极不起眼也成不了多大气候的行业。但是据统计，全国家居饰品消费量从 2000 年以来以年均 30%以上的速度增长。可见，家居饰品行业前景广阔，可以作为未来创业投资的备选。

九、收藏品投资行业

收藏活动在中国有着悠久历史。收藏品在具有艺术鉴赏价值的同时，还具有一定的经济价值。收藏品具有艺术性和不可再生性，其价值会随时间的推移而有升值之势，因此具有稳定的回报率。如今，创业领域日益宽广，创业途径不断增多，收藏品的创业含金量也开始被越来越多的人发现。他们通过藏品交易，将兴趣爱好变成了创业捷径。

十、美容美体行业

近年来，大众媒体频繁宣传美容美体等观念，使得人们爱美的天性被极大地激发出来，也因此拉动了美容美体行业的发展。

第五节　创 业 项 目

任务 1　创业项目概述

案例导入

电子商务代表——王淑娟

王淑娟，四川青川县人，毕业于四川音乐学院。汶川地震后，看到花菇、天麻、蜂蜜等丰富的土特产资源销路不畅，而家乡的农民只能“抱着金饭碗受穷”，于是 23 岁的王淑娟选择返回家乡，利用电子商务来经销蜂蜜等农产品。2010 年，王淑娟创立了青川森花王氏蜂业和青川县川申农特产开发有限公司，注册了“青川王氏蜂业”网店，进入了蜂蜜养殖销售行业。为了实现自身的转型，开拓青川农产品市场，2011 年，她专程去澳大利亚留学。在澳大利亚迪肯大学学习期间，王淑娟尝遍了澳大利亚和新西兰的蜂蜜，同时学习了他们的蜂蜜品牌文化、品牌价值的推广。回国后，在当地政府的帮助和指导下，她开始了新一轮的农业创业实践——推进了农业产业化，实现了立体经营“青川山珍”的梦想，现已初步建立了一个集农户、合作社、加工厂、开发公司于一体的现代化农业产业化企业。她的目标是发挥团队优势、扩大销路，加强合作社的推广力度和规模，充分发挥电子商务平台优势，结合生态旅游做好文章。

资料来源：阿里巴巴纽交所上市 8 个敲钟人之一电商服务商王淑娟个人资料介绍[EB/OL].（2015-08-17）[2019-07-16]. https://mip.nxing.cn/article/917137.html. 经重新整理.

课堂思考：

选择创业项目需要考虑哪些要素？

一、创业项目的含义

创业项目是指创业者为了达到商业目的具体实施和操作的工作。创业项目有很多种类，从行业来看，创业项目可以分为餐饮项目、服务项目和零售项目等；从性质来看，创业项目可以分为互联网创业项目和实体创业项目；从观念来看，创业项目可以分为传统创业项目和新兴创业项目；从投资来看，创业项目可以分为无本创业项目、小本创业项目和微创业项目等；从方式来看，创业项目可以分为自主创业项目、加盟创业项目、体验式培训创业项目和创业方案指导创业项目。

二、优质项目的特征

优质项目具有以下特征：一是具有真实的需求；二是能够收回投资；三是具有竞争力；四是能够实现目标；五是具有有效的资源和技能。

三、优质项目的来源

优质项目的来源有以下几种：一是根据创业者的个人爱好和兴趣发展的项目；二是创业者凭借个人的技能和经验能够运转的项目；三是特许经营项目；四是大众传媒（报纸、杂志、电视、互联网）宣传的项目；五是展览会项目；六是市场调查得到的项目；七是为解决人们的抱怨而产生的项目；八是头脑风暴产生的项目；九是创造力产生的项目。

四、选择创业项目需要考虑的要素

1. 创造的价值

现在不少的公司和企业在抱怨“营销变得越来越困难了”“客户的注意力越来越难吸引”“流量越来越贵”“代言人也没过去那么管用了”。其实，产生这些问题的最重要的原因是，价值创造无法满足客户需求。所有行业都是为“人”服务的，因此企业应当首先了解消费者的需求，如消费者需要什么、是不是刚需和高频，以及面临的痛点是什么，然后根据这些资料来判断，才能更好地选择创业项目。另外，企业需要调研市场，明确这个项目带来的好处和弊端。

2. 拥有的资源

创业者空有资源，但不了解消费者的需求，是很难实现其价值的。一般资源的来源是技能、兴趣爱好和人际关系。例如，一个普通人大部分的资源和人际关系来自工作、家庭和社交圈，而这些就是选择项目时的一个很好的标准。如果在创业时期，创业者某些方面有所欠缺，就需要采取其他战略措施（如转变创业方式或是整合他人资源）实现创业。

3. 盈利模式

在创业时期对未来的预测比较困难，需要创业者明确自己的盈利模式。一个清晰的盈利模式能为项目带来更大的收益。盈利的前提是选择好目标消费群体，而在选择目标消费群体时，需要创业者不断尝试。

4. 价值的延续性

创业项目有很多，在选择时，不仅要考虑创业者发现、思考和解决问题的能力，还要考虑创业项目带来的价值的延续性。可持续发展是很多企业要面临的问题，毕竟在社会市场中，想要保持一定的竞争力是非常不容易的。对于大多数创业者来说，一旦选择了创业项目，就需要不断地探索、学习并努力挖掘创业项目的价值，使其保持可延续。

5. 其他要素

创业者在选择创业项目时还需要考虑产品市场的发展前景、自身拥有的技术、投入资金的数额、团队成员的选用、营销渠道的设立和运营风险等其他相关要素。

案例导入

大疆汪滔：技术青年创造无人机神话

2006年，汪滔在攻读研究生时，与两位同学一起创立大疆创新科技有限公司（以下简称“大疆”），并招募了几位成员，研发生产直升机飞行控制系统。

汪滔在公司创立初期的主要工作是技术研发，他在本科毕业设计成果的基础上继续开发飞控系统。2008年，大疆研发出了第一款较为成熟的直升机飞控系统XP3.1，随即在市场上开售。在这一阶段，大疆处境比较艰难，但因为能够采用自动悬停技术的产品十分稀缺、价格相对较高，大疆能够保持正常盈利。当时，多旋翼飞行器兴起，这给汪滔带来了灵感。大疆很快将在直升机上积累的技术运用到多旋翼飞行器上，植入自己的飞控系统进行出售，得到了初步的资金收入。之后，汪滔开始研发云台技术。他们的云台系统可以在飞行中调整方向，在各种环境下保证拍摄的稳定性。大疆在接下来的时间里不断攻克各种技术难题，拥有了开发一款完整无人机需要的所有技术，并成功将无人机的成本从数千美元降低至不到400美元。2012年年末，大疆推出了一款包含飞行控制系统、四旋翼机体及遥控装备的微型一体机——“精灵”（Phantom），只需要简单调试就能轻松驾驭，而在机身上架设摄像机之后即可进行航拍。如今，大疆的领先技术和产品已被广泛应用于航拍、遥感测绘、森林防火、电力巡线、搜索及救援、影视广告等工业及商业领域。

资料来源：2017年度20大创新创业案例[EB/OL].（2018-01-20）[2019-07-23]. http://www.fromgeek.com/alibaba/139232.html. 经重新整理.

课堂思考：

汪滔选择创业项目时考虑了哪些要素？

任务2　创业项目的类型

案例导入

任正非的创业之路

1987年，任正非因工作不顺利，筹资21 000元创立华为技术有限公司（以下简称“华为公司”）。创立初期，华为公司依靠代理香港地区某公司的程控交换机获得了第一桶金。1992年，任正非孤注一掷投资C&C08机的研发，次年年末研发成功。其价格比国外同类

产品低 2/3，使华为公司迅速占领了市场。1996 年 3 月，华为公司与南斯拉夫企业进行项目合资。2003 年 1 月，思科公司正式起诉华为公司及华为美国分公司，理由是后者对公司的产品进行了仿制，侵犯了其知识产权。面对思科公司的打压，任正非一边在美国聘请律师应诉，一边着手结盟 3COM 公司。同年 3 月，华为公司和当时已进入衰退期的 3COM 公司宣布成立合资公司“华为三康”。3COM 公司的 CEO 为华为公司作证，证明其没有侵犯思科的知识产权，最终双方达成和解。2007 年年初，任正非要求 IBM 公司派出财务人员，帮助华为公司实现财务管理模式的转型。华为公司实行人人股份制，创立了华为公司的CEO轮值制度，即每人轮值半年。2018 年 3 月，华为公司完成了董事会换届选举，任正非担任公司董事和 CEO。

资料来源：朱世杰. 向华为学团队管理[M]. 北京：中国电影出版社，2018.

课堂思考：

任正非是如何选择创业项目的？

一、创业项目按方法分类

创业项目按方法不同，可以分为实业创业与网络创业两类。

1. 实业创业

实业公司通常是一些生产、制造及科技型企业，并且实业公司一般有许多下属企业。实业公司最明显的特点是它所提供的商品绝对是存在实体的，拥有自己的工厂或者实体的公司。

2. 网络创业

网络创业具备以下优势：一是成本低，对网络创业者来说，如果不是开展很大的项目，那么起初所需要的资金并不多；二是风险系数小；三是利润丰厚；四是人员组成简单；五是自由度大，营业时间不受约束；六是网络通信很发达，交易不受距离限制。

二、创业项目按观念分类

创业项目按观念不同，可以分为新型创业与传统创业两类。

1. 新型创业

新型创业项目一般是指有创新的创业项目，通常在市场上比较新颖、独特，具有创新的特点，没有或少有同类竞争项目或产品。

2. 传统型创业

传统型创业项目一般是指比较保守的、历史固有的、缺乏创新的创业项目。它所做的项目在市场上比较普遍，产品同质化严重，竞争对手众多，市场争夺比较激烈。

三、创业项目按产业分类

产业是指一个经济体中，有效地运用资金与劳力从事生产经济物品（不论是物品还是服务）的各种行业。在经济学上，通常将产业分门别类。创业项目按产业不同，可以分为农业、工业（建筑业）和服务业三类。

1. 农业

农业是利用动植物的生长发育规律，通过人工培育来获得产品的产业。农业属于第一产业。农业的劳动对象是有生命的动植物，获得的产品是动植物本身。农业是支撑国民经济建设与发展的基础产业。

2. 工业（建筑业）

工业是唯一生产现代化劳动手段的部门，决定着国民经济现代化的速度、规模和水平，在当代世界各国国民经济中起着主导作用。工业主要分为轻工业和重工业两大类。2014 年，我国工业生产总值达 4 万亿美元，超过美国成为世界头号工业生产国。工业与建筑业共同构成第二产业。

3. 服务业

服务业涵盖的领域十分广泛，凡不涉及有形产品生产和经营的经济活动，都视为服务型业务，但只有可交易的服务型业务才构成服务产业，统称为第三产业。

四、创业项目按方式分类

创业项目按方式不同，可以分为自主创业、加盟创业及体验式培训创业三类。

1. 自主创业

自主创业是指劳动者主要依靠自己的资本、资源、信息、技术、经验及其他因素创办实业。自主创业需要系统地规划，创业进入门槛较高，风险较大。

2. 加盟创业

加盟创业是指采用加盟的方式进行创业，一般的方式是加盟开店。加盟商（受许人）与连锁总部（特许人）之间存在一种契约关系。加盟创业比较正统、专业、规模化。创业者需要从资金和经验方面选择加盟项目。

3. 体验式培训创业

体验式培训创业类似于一个创业模拟，从中可以总结创业经验。其风险较小，比较适合在校学生创业。

五、创业项目按投资分类

创业资本是指创业者在创业前期的资金投入。创业资本包括创业者能力提高的就业培训费用、店铺租赁费用、店面装修费用、店面展示商品所需资金及数量不等的流动资金。创业项目按投资不同，可以分为无本创业和有本创业两类。

1. 无本创业

无本创业是指通过免费加盟形式或利用自身的技术等资源形式进行的自主创业。

2. 有本创业

有本创业是指通过入股与举债等自筹资金形式进行的自主创业。这类创业具有一定的风险性。

任务 3 创业项目选择的依据

创业项目选择时的依据有很多种，下面主要介绍以下几种。

一、加盟性创业项目选择时的依据

加盟性创业项目选择时的依据包括掌握加盟项目信息、兴趣先导和量力而行等。

1. 掌握加盟项目信息

“知己知彼，百战不殆。”创业者在选择加盟项目时，要充分掌握相关信息，如该项目的市场前景、盈利状况、投入资金和竞争激烈程度等。创业者可通过一些加盟说明会获得资讯，也可向加盟总部索取资料。

2. 兴趣先导

开创一个新事业的前几年会比较辛苦。兴趣、理想与热情是支持创业者坚持不懈的原动力，甚至决定着新事业未来的发展高度。因此，创业者选择加盟项目时，一定要以兴趣为先导。

3. 量力而行

每一个行业都有进入门槛，如果创业者不具备这方面的条件就贸然涉足，则失败的可能性较大。因此，选择加盟项目时，自己的能力也是重要的参考因素，要量力而行。

二、自主性创业项目选择时的依据

自主性创业项目的选择依据包括符合地区性、兴趣先导和注重竞争等。

1. 符合地区性

自主性创业选择的项目必须符合地区性，也就是符合创业者所在地区的消费需要。创业者可以通过调研创业项目所在地的消费习惯，选择某一个项目。

2. 兴趣先导

选择自己有一定兴趣的行业进行创业，最好选择自己喜欢的一类事业，这样才会专心。创业者有了兴趣，才会挖掘自身的潜能。

3. 注重竞争

自主性创业的项目必须选择竞争压力相对小的行业，也就是说，创业者可以调研创业项目所在地没有或有少量竞争者的行业来选择项目，从而避免不必要的竞争。

三、投资性创业项目选择时的依据

投资性创业项目的选择依据包括风险相对小、投资成本低及回报率高等方法。

1. 风险相对小

选择风险小的项目也很关键，这样可以有效地降低投资风险。其实，选择风险小的项目就是选择消费者认知度较高的项目。

2. 投资成本低

开始创业时要选择投资成本比较低的一些行业，这对于初期创业者来说很关键。对于一般创业者来说，大批量的资金是没有办法筹集的，所以要选择投资小的项目。

3. 回报率高

每个项目在投资时都会有投资预算，如果投入的资金回报比银行利息还要低，就应该放弃该创业项目。因此，项目的高回报率是创业者需要考虑的重中之重。

课后作业

创业基础课程

1. 请同学们通过市场调查，写出一或两个创业点子。
2. 请同学们谈谈如何才能将商机转化成创业项目。

第三章 创 业 团 队

教学内容

1. 创业团队的组建。
2. 创业团队的管理。

教学目的

1. 了解创业团队的组建过程。
2. 熟悉创业团队管理的注意事项。
3. 掌握优秀创业团队的特征。

第一节 创业团队的组建

团队是一个特殊的群体。如果团队凝聚力强、合作程度高、成员贡献意识强，则工作效率高于一般群体。团队本质上是一种通过成员之间高度积极、自觉的协作来实现群体统一目标的组织形态。

创业团队是指一些有互补技能，愿意为实现共同目标而相互信任、自觉合作、积极努力的人们组成的一个凝聚力很强的社会群体。这一概念有五个要点：一是团队是一群有组织的人；二是这些人有明确的共同目标；三是为了共同的目标，大家能够相互信任、自觉合作并积极努力；四是团队需要技能互补的成员；五是这些人凝聚力很强。

经济全球化是当代世界经济不可逆转的发展趋势。世界经济的一体化，造就了一个世界范围的大市场，而大市场呼唤大合作，即团队合作机制。因此，想要获得成功的创业者必须组建一支优秀的创业团队，共同用智慧创造新的财富。那么，如何才能组建优秀的创业团队呢？

任务 1 团队的基本要素

对于任何一个企业或组织来说，其团队都必须具备五个基本要素，简称“5P”，即目标（Purpose）、定位（Place）、职权（Power）、计划（Plan）和人员（People）。这五个要素的紧密结合构成了一个团队的基本框架。

一、目标

对于每一个企业来说，自从打算在组织内部建设团队开始，就必须树立明确的目标直至该团队完成使命。他们是基于工作关系形成的自然团队、项目团队，还是仅仅为完成某项具体任务而组成的任务团队？他们能够发展成为自我管理的团队吗？这些团队是只需要短期存在还是要持续多年？这些都是在建立团队之前必须回答的问题。尽管团队的具体目标各不相同，但是所有的团队都有一个共同的目标，那就是把工作上相互联系、相互依存的人组成一个相互协作的群体，使之能够以更有效的合作方式达成个人的、部门的、组织的和企业的目标。

为了完成共同的目标，成员之间彼此合作，这是构成和维持团队的基本条件。事实上，也正是这个共同的目标确定了团队的性质，即必须先有目标，才有团队。更重要的是，团队的目标赋予团队一种高于团队成员个人总和的认同感。这种认同感为如何解决个人利益和团队利益的碰撞提供了有意义的标准，使得一些有威胁性的冲突有可能顺利转变为建设性的突破。也正因为有团体目标的存在，团队中的每个人才有可能知道个人的坐标在哪儿、团队的坐标在哪儿。

二、定位

定位和目标是紧密联系在一起的。团队目标决定了团队的定位。团队怎样结合到现在的组织结构中，创造出新的组织形式呢？在讨论团队的定位问题时，有必要先回答一些重要的问题。例如，由谁来选择和决定团队的组成人员？团队对谁负责？如何采取措施激励团队成员及其他团队以外的成员？在对这些问题做出恰当的回答以后，就可以制定一些规范来规范团队任务，确定团队应该如何融入组织结构中，同时也可以借此传递公司的价值观和团体预期等重要信息。当然，这不仅需要改造组织结构，还要改造企业思维，使其成为一个能适合合作性工作的场所，使来自组织不同部门的人能够真正成为团队伙伴。这需要深入研究传统的组织结构模式，重新审视组织结构的自身问题，给企业团队进行准确的定位。

三、计划

计划关系到每个团队的构成问题。团队应如何分配和行使组织赋予的职责与权限，也就是说团队成员分别做哪些工作、如何做，其实就是对工作的计划。一份好的团队计划要能回答以下问题：团队有多少成员才合适？团队必须要有一位领导吗？团队领导职位是常设的、固定不变的，还是由团队成员轮流担任的？领导者的权限与职责分别是什么？应该赋予其他团队成员特定的职责和权限吗？团队应定期开会吗？会议期间要完成哪些工作任务？预期每位团队成员把多少时间投入团队工作？但是，我们不可能对以上某些问题给出具体的解答，因为其具体的答案应根据组织本身的特点和实际需要进行合理选择。需要强调的一点是，有些规模或者结构相对简单的组织应该考虑人员问题，而不是优先考虑职权和计划的问题，这样可以避免在决定团队如何发挥作用前选定团队成员而导致的一系列问题。

四、职权

所谓职权，是指团队负有的职责和相应享有的权限。对团队职权进行界定的过程也就是回答以下几个问题的过程：团队的工作范围是什么？团队可以处理可能影响到整个组织的事务吗？你愿意让你的团队作为主要顾问提出意见和建议吗？你希望让你的团队采取实际行动来促成某种结果吗？你所组建的团队在多大程度上可以自主决策？解决了这些问题，就可以初步解决团队的职权问题了。当然，要解决的职权问题会随着团队的类型、团队的目标和定位的不同而有很大的差异。对于复杂多变的情况，我们无法给出特定的解决方案，但是在解决职权问题时必须坚持这样一个原则：在考虑团队职权因素时，一定要分清轻重缓急。

五、人员

构成团队的最后一个要素也是最重要的因素是人员。任何团队都是由不同的个体组成的，确定团队目标、定位、计划和职权都只是为团队取得成功奠定基础，而团队能否最终获取成功、达到目标还是要取决于人员的表现。因为不同的个体有不同的特点，所以团队成员之间的关系也是影响团队是否成功的因素。因此，在组建团队前，要回答以下关于团队人员的问题：你理解你的团队成员吗？你要选择什么样的团队成员？每个团队成员都有哪些技能、学识、经验和才干？团队成员的资源在多大程度上符合团队的目标、定位、计划和职权的要求？只有了解这些，才能真正了解团队成员，才有可能将团队成员的才干发挥到最大限度。也许不可能选择在各个方面都十分优秀的人才作为团队成员，但是只要能够将所有人才资源整合在一起获得最大的效率就可以了。

任务 2　团队的类型

一、按照团队的发展过程划分

1. 多功能型团队

多功能型团队是一种有效的方式，它能使组织内不同部门的员工之间交流信息，激发出新的观点，解决面临的问题，协调复杂的项目。当然，多功能型团队在其形成的早期阶段往往要消耗大量的时间，因为在成员之间，尤其是那些背景不同、经历和观点不同的成员之间，建立信任并能真正合作需要一定时间。

2. 问题解决型团队

20 世纪末，团队刚刚盛行，大多数团队都是由来自同一个部门的 5～12 个人员组成的，他们每周用几个小时的时间在一起，讨论如何提高产品质量、生产效率和改善工作环境。这种团队就是问题解决型团队。在这种团队中，成员就如何改进工作程序和工作方法相互交换看法或提供建议，但是几乎没有权力根据这些建议单方面采取行动。

3. 自我管理型团队

自我管理型团队通常由 10～16 人组成，他们的责任范围包括控制工作节奏、决定工作任务的分配和安排休息。彻底的自我管理团队甚至可以挑选自己的成员，并让成员相互进行绩效评估。这样，主管人员的重要性就下降了，甚至可以被取消。例如，通用汽车公司、百事可乐、惠普公司等就是推行自我管理型工作团队的典型代表。

二、按照团队的形式划分

1. 正式团队

正式团队需经企业管理机构特许，并分配给具体的工作任务。这些任务可以是任何一件对企业比较重要的事情，从开发新产品生产线到设计一次公司野餐。正式团队包括以下几种。

（1）工作组。工作组是临时建立的处理特定问题或事情的正式团队。例如，某工厂的机械制造部件的拒收率从万分之一上升到千分之一，为找出原因，就建立了工作组。工作组一般要在限定的期限内解决问题，并把调查结果报告给管理机构。

（2）委员会。委员会是为履行不间断的特定的企业任务而建立的长期或永久性团队。例如，有些公司的委员会负责评选由于工作业绩突出而受到奖励的雇员，或者向管理机构推荐安全改良措施。虽然委员会的成员年复一年地更换，但不管成员是谁，委员会的工作不会停止。

（3）指挥小组。指挥小组由经理、管理人员及直接向他们汇报工作的雇员组成。这种类型的小组是垂直型的，采用的是传统的从经理向员工传达任务的方式，如公司的销售小组、管理小组及行政小组。

2. 非正式团队

非正式团队是在正式的企业机构中员工自发形成的一种临时性社团，如每天一起吃饭的一群人、一个保龄球队的人或者一群喜欢一起闲逛的人。非正式团队的成员处于一种经常变动的状态。

虽然非正式团队没有管理机构布置的特定任务或目标，但是它们对于企业来说也是非常重要的。这是因为：一方面，非正式团队使员工可以获得管理部门批准的交流渠道之外的信息；另一方面，非正式团队给员工提供了一个相对安全的发泄途径，使其可以在与自己相关的事情上发泄过剩的精力，或者通过与企业中其他部门的员工进行讨论找出解决问题的方法。

三、按照模型的选择划分

1. 执行团队

执行团队是由高层领导人组成的职能团队，依角色需要来选择成员。其工作和特质为：负责日常机构管理或部门运作；定期开会讨论议程及确定会议记录；依赖下属提供信息；等等。此种团队如控制不良将会成为个人主观认知的论坛。

2. 跨职能团队

跨职能团队是由多重专业、跨部门的人员组成的团队。公司的每个阶层皆可组成这种团队。在这种团队中，来自不同部门的团队成员为解决共同的问题或完成共同的任务发挥自己的长处，因此可以清除因分工产生的意见交换障碍。

3. 业务团队

业务团队就是为了长期执行一项计划或营运机构里某个单元的工作人员组成的团队。

该团队管理一个单元，力求取得最佳成果，注重服从领导，同时经常更换领导人。

4. 后勤团队

后勤团队是提供支援和服务的团队。该团队负责繁重的例行事务，如会务工作。效率是决定后勤团队成功与否的关键。后勤团队依照流程工作，当团队紧密合作时有增加生产力的潜能，通常皆有很强的向心力。

5. 头脑团队

头脑团队是独立于机构之外的自主体，设立地点经常远离机构工作主体。该团队的注意力主要集中在将新产品打入市场或研发新产品计划等工作上。头脑团队是有弹性、独立、高工作绩效的团队，其成员具有质疑臆测并迅速得出结果的才能。

任务 3 创业团队的人员选择

案例导入

受过高等教育并有多年工作经验的沈南鹏、梁建章，与接触过国外文化的民营企业家季琦、国营企业管理者范敏，组建了中国企业史上的一个奇妙组合。1999 年，四人创立了携程网。2002 年，四人创立了如家。三年内两次把自己创办的企业送进美国纳斯达克股市。这四个人堪称“第一团队”。

课堂思考：

请同学们谈谈这四个人的组合是如何成为第一团队的。

要创建优秀的团队，优秀的领导者是关键。领导者的地位不是单靠资金、技术、专利来决定的，也不是单靠创意决定的，创业团队中必须有可以胜任各项工作的领导者。

不过一个好汉三个帮，红花也需绿叶扶。不管创业者在某个行业多么优秀，他都不可能具备所有的经营管理经验，因此需要借助团队的各种经验，如顾客经验、产品经验和创业经验等。人际关系在创业中所占的比重较大，人际关系网络或多或少地能够帮助创业者，这是企业成功的关键因素之一。通过团队，创业者的人际关系可以拓宽，从而可以提高创业成功的概率。

创业团队成员的选择正确与否也对创业产生重要影响，在选择创业团队成员时需遵循以下四条原则。

（1）相互尊重。绝大多数创业团队的核心成员很少，一般是 3～4 人，多则十余人。因为人数少，所以每个从事管理工作的人都会认为自己能够轻易驾驭。实际上，创业团队的成员虽少，但每个人都有自己的想法和观点。因此，创业者只有对创业团队中的每个成员都抱以重视的态度，才能拥有才华各异、相得益彰的创业团队。

（2）知己知彼。《孙子兵法》云：“知己知彼，百战不殆。”在创业团队中，团队成员都应该对自身的优势与不足有非常清醒的认识，同时清楚其他成员的长处和短处，这样才可以很好地避免团队成员之间因为相互不熟悉而引发的各种矛盾、纠纷，迅速提高团队的向心力和凝聚力。

（3）才华各异。创业团队成员不能全部是技术人员，也不能全部是终端销售人员。优秀的创业团队成员各有各的长处，大家结合在一起，相互补充，相辅相成。相对来说，一个优秀的创业团队必须包括以下几种人：一是创新意识非常强的人，这种人可以决定公司未来的发展方向，相当于公司的战略决策者；二是策划能力极强的人，这种人能够全面地分析整个公司面临的机遇与风险，考虑成本、投资、收益的来源及预期收益，甚至还包括公司管理规范章程、长远规划设计等工作；三是执行能力较强的成员，这种人负责具体的执行过程，包括联系客户、接触终端消费者和拓展市场等。

（4）形成共同目标。一项针对创业者能力的研究报告指出，组建团队与管理团队是成功的创业者必备的能力之一。组建创业团队的基石在于创业远景与共同信念，因此创业者需要提出一套能够凝聚人心的发展远景与经营理念，从而形成共同的目标、语言、文化，作为互信与利益分享的基础。

第二节　创业团队管理

管理创业团队是一门较深的学问，创业团队的管理是否科学，直接关系到创业的成功与失败。加强对创业团队的管理是创业工作的重中之重。

任务 1　管理者与成员之间的关系

一、团队成员之间平等相待

创业初期，很多企业的领导者经常在员工面前扮演“梦想家”的角色，每天看着前方不断输出一个又一个美好愿景，制订一个又一个崇高的目标，让大家都甘心为此付出精力和时间。在公司刚创立的时候，这种方式通常都能达到很好的效果，能够让员工们像一群战士一样奋进，像战友一样亲密。然而，随着时间的推移，尤其规模变大之后，激情指数会不可控地下滑。因此，团队管理的问题往往不会出现在初期，而是随着时间的推移，慢慢显现并产生影响。

那么，如何管理团队才可以尽可能地使员工持续充满激情呢？首先，管理者不是高高在上的，而是亲近每一位成员的；其次，减少独裁，多花时间与下级员工进行头脑风暴，把问题摆出来一起讨论，甚至是进行更为激烈的探讨，让员工感受到自己的价值；最后，减少命令，尽量避免具体指令，增加方向性、鼓励性指导。

二、合理地激励创业团队

创业者在创业过程中始终都需要考虑的一个问题是：如何更合理地激励创业团队？这是创业团队成员极为关注的话题，毕竟取得合理的收益是创业收获的具体表征。能否解决好这个问题直接关系到创业企业的存亡。不妨试着将业务目标和成员的个人成长更明确地联系起来，从而使创业成员更有干劲。

三、增强创业团队的凝聚力

比如，管理者与成员一起办公，不设独立的办公室。公司有冰箱、定期的零食供应，以及定期的聚餐；公司营造出家庭氛围，这些都可以加强团队凝聚力和团队成员的归属感。

无论什么行业的团队，无论技术含量多高、规模多大，人与人的关系始终是第一位的，因为团队协作永远大于个人的力量。只有将团队管理这一步做好，团队的力量才能发挥最大的作用。

任务 2 创业团队职权管理

管理的过程可以说是不断地分权、分责、分利的过程。职责就是任务，包括做什么事、做到什么程度、横向与纵向的关系及完成任务应配备的权限。在组织设计中，职责应落实到每一个人。任何管理都要借助于一定的权力，没有一定的人权、财权、物权，任何人对任何事都不能实行真正的管理。因此，没有权力的管理者什么都管不了，而权力的运用又证实、保证和提高了管理者的地位。权力、责任与依赖性三者是紧紧地捆在一起的。一方面，若有责无权，凡事都必然要请示，而上级过多地向下级发出指示，不仅会使下级产生不必负责任的心态，凡事都由上级来负责，而且会挫伤下级的主动性和创造性，滋生依赖性。另一方面，有责无权会使管理者的自尊受到伤害。如果副手做任何一件事都要请示“一把手”批准的话，那么副手充其量只能是一个高级办事员。在团队中也是如此，要想调动团队的积极性，也必须赋予其一定的权力。管理学专家鲍勃·卡尔沃（Bob Culver）博士通过大量调查，总结了以下授权给团队来提高效率的方法。

（1）真正地授权给团队，而不仅仅是让他们参与。也就是说，授予团队成员独立决策的权力，而非仅仅邀请其加入团队。具体做法如下。

① 准许团队做出长期的、战略性的决定，而不仅是程序上的决定。

② 让成员选择团队领导人。

③ 让团队决定其目标及义务。

④ 确定团队所有成员应该都有影响。

（2）除去矛盾的根源。很多时候，虽然团队领导者试图授权给职员，但又常常不愿意接受授权的结果，所以要心甘情愿地发起一个团队，并做好接受其结果的准备。具体做法如下。

① 承认并解决个人矛盾。

② 防止势力保护和中层管理者的反对。

③ 尽力统一经理与团队成员的观点。

④ 减轻压力，进行工作改进。

⑤ 准许团队做出更多的决策。

（3）改变其他影响团队效率的重要因素。这些因素中的每一项都暗示着企业并没有真正授权给员工，应试着改变这种情形。具体做法如下。

① 允许团队惩戒绩效不好的成员。

② 在实现更高的小组绩效标准的过程中，尽量减少同事的压力。

③ 像培训经理和领导一样，多培训团队成员。

任务3　创业团队管理应注意的事项

一、清楚实现创业梦想的基本原则

（1）要找准行业。创业者在考虑涉足哪个行业最为合适，做哪些业务能够取得成功等问题时，应考虑以下原则：一是利润与销售紧密相连的行业，如当销售额增长20%时，净利润可以增长50%的行业；二是对其他行业的依赖性小，有较强的独立性的行业；三是有连续不断的市场需求的行业；四是少有破产、倒闭事件发生的行业。

（2）创业梦想要有不同于竞争对手的特点，重要的是在创业之初要在一定市场中占据主导地位。

（3）一定要保证产品和服务的质量，这是成功的关键。要有最完善的服务、最丰富的存货、最优秀的信誉，要成为竞争对手难以对抗的强者。无论是商品还是服务，都是最好的。市场营销也别具一格，大有成效。

（4）必须辛勤工作。一般要遵循“5+10”规则，即花费5年的时间和比创业者想象多10倍的费用才能到达成功的彼岸。所有的事都要花费比创业者想象的至少多一倍的时间和金钱，但往往只能取得期望中的一半的效果。

（5）创业者必须进行市场调查，不能参照其他公司或政府的资料，因为不一定适合自己。

（6）开办公司前，创业者可以先进入相关领域工作一段时间，这会缩短创业者独自摸索的时间。

二、制订切实可行的发展计划

切实可行的发展计划可以为新创立公司树立一个无价的、积极的发展目标。它包括四个部分。

（1）目标陈述。它包括公司的发展目标及达到目标的方式，资金的数目、获取方式、用途和利息等。

（2）公司经营范围的描述。该部分应说明公司的业务类型、拥有的特色新产品或服务。如果公司处于创业初始阶段，还应详细列出创业费用和5年计划，包括公司对财务、保险、安全措施、仓库控制等记录的保障体系。

（3）市场宣传计划部分。该部分应说明公司的潜在客户及赢得这些客户的方法，包括所有直接或间接的竞争对手及公司的竞争优势。此外，所有的促销、价格、包装、批发等都应在计划中详述。

（4）资金计划。该部分应说明公司的已有资金及公司实际需要的资金。新创公司应有一个现金流动报表，并参照此表和年收入情况制订三年收入计划。

三、学会把日常工作交由他人来做

权力下放（即授权）能够促使公司成长。授权是指管理者将自己的部分职权授予下属行使，使下属在一定的职责范围内全权进行工作，同时管理者对下属的工作结果承担最终责任。企业领导者在授权时必须因时、因事、因人、因地、因条件不同，而确定不同的授权的方法、权限、内容等。同时，要求被授权的员工敢于付出、敢于承担责任，且具有积极、热情的态度和真才实学。企业领导者在授权前应注意确定目标；授权时应注意将责任和权力一起交给下属，且不得重复授权；授权后要信任下属，还要进行反馈与控制。

四、造就创业者的商业头脑

创业者要深入地了解创业产品，经常听取消费者的意见，培养合作伙伴和下属感知企业内部资金流入流出状况的能力，精诚合作，共享经验。商业头脑的获得会使创业者的注意力迅速地集中在以下三个关键点上。

（1）找准自己的用武之地，不能脱离实际、好高骛远。

（2）确定主攻方向。创业者将主攻方向确定在一个特定的范围内是非常重要的，在公司起步时更是如此。

（3）相对于贸然闯入一个知之甚少的领域来说，循序渐进是促成公司快速发展的有效方式。创业者应该明白“欲速则不达”的道理，防止功亏一篑。

五、高薪聘请英才

优秀的人才队伍给公司带来的利润比创业者付出的薪酬要多得多，因为如果新创企业的员工素质是一流的，那么公司也就可能成为一流的企业。创业者必须清楚公司需要具备哪些技能和素质的员工，并让公司的每个员工了解自己的职责范围，同时要培养他们的团队精神，使之与其他员工默契配合。只要能做到这一点，花费一些时间和精力也是值得的，因为这样不仅有利于管理人员明白自己需要什么样的人才，而且有利于公司吸引人才。

一般来说，部门经理要从公司内部选拔，而优秀的销售员和市场营销人员可以面向社会招聘。

六、创业之前要了解其他公司的薪金制度

（1）要建立定额销售制度。完成销售额的员工应按照毛利润的一定比例获得提成；完不成销售额者，则收入相对少；超额完成者，则收入相对多。也就是说，要形成能者多、平者少、庸者下的竞争机制。企业刚起步时，创业者对薪金制度了解得越多，公司的发展就越平稳。

（2）企业从创办的第一天起就应该有书面的规章制度。不严谨、漏洞百出的混乱状态会给公司经营带来麻烦。没有任何规章制度的公司，只会落入举步维艰的境地。制定公司规章制度的最大的好处是：使每个员工在相同的行为准则下，朝着共同的目标前进。如果创业者不制定规章制度，那么员工就会自行其是。

（3）在公司的规章制度中，不能限制创业者处理事物的决定权。

七、从员工中寻找合伙人

创业者要从优秀员工中找到“伙伴”，合伙创业。但在合伙创业时，双方应事先签订书

面协议，写明双方的权利和义务。通常来讲，双方应能为公司的发展提供不同的资源，带来不同的经验或其他相关优势。

典型的协议应该说明创业的具体目的，说明每个合伙人的有形资产、财产、设备、专利等和无形的服务、特有技术、关系网等投入，以及每个人的收入百分比。这样的协议允许合伙人拥有不同数量的公司股份，但一定要说明各个合伙人在公司管理中的职务和权限，是否允许合伙人从事本公司业务以外的其他业务等。协议中还有一点非常重要，即合伙双方结束合伙关系的方式。

八、建立专业的管理组织

“小作坊”式的管理方式会给创业者带来巨大的工作压力，也会使企业的发展速度变得极为缓慢。在企业规模较小时，一个人管理尚可，但随着企业规模的逐渐扩大，客户会越来越关注企业管理的专业程度，此时企业管理就必须依靠正规而专业的管理团队。

（1）创业者首先应该分析公司每天都在做什么，如何做的，以及公司的主要收益是哪些。这一过程既可以帮助企业将权力下放，又可以指导招聘人品和才能都适合公司发展的人才。严谨的调查有助于这些工作的进行。要为一个职位找到最合适的管理人才，需要经历一个漫长的过程。创业者必须了解每个人的特点，以便因才施位。

（2）创业者不能随便地决定应聘者的去留，必须不停地挖掘，将具有真才实学的人才选进公司。许多公司是在向专业化管理转变的过程中消亡的，原因就在于它们没有建立起一个高效、专业的管理团队。企业要组建管理团队必须遵循以下几项原则：一是聘请有经验的、素质较高的人才；二是力图使其拥有的经验和才能适应公司的环境；三是尽量从共过事的人中寻找；四是管理层的人数要尽可能地少；五是盯住目标——利润才是最终目的。

创业团队的组建过程十分艰辛。创业者不可避免地要同一群不认识、不了解也难以信任的人相处。这些人会频繁更替，直到找到创业者最为满意的群体。创业者也可以通过“顾问”体系来形成管理团队，即聘请退休的相关职业人士或通过业务关系聘请有相关经验者，从而弥补创业团队经验不足的缺陷。为每一个年轻的管理人员配备一个顾问，指导其工作。这样一来，公司的管理团队自然就会随着业务的开展而成熟起来。

任务 4　创业团队管理理论的比较

当今世界正在经历从工业社会向消费社会的转变和从工业社会向信息社会的转变，这就是创业管理理论产生的知识经济时代。下面主要介绍创业团队的两种管理理论（传统管理理论和创业管理理论）之间的不同。

一、关注点不同

传统的管理理论聚焦于商品，是技术导向型的，研发、设计、工程、大批量制造、大市场、大规模操作、自动化和专业化都是其重要因素。在知识经济时代，产品的生命周期缩短，创业管理理论关注的重点是如何快速进入和退出市场，迅速推出升级产品。因此，企业竞争的关键转向产品生命周期的前端，包括研发管理、创新管理和知识产权管理等。

二、客体不同

传统管理理论是以现有的大公司为研究对象的，而创业管理理论是以不同层次的新建事业及新的创业活动为研究对象的。传统管理理论侧重于向人们提供在现存大企业中开展管理工作所需要的知识和技能，灌输用保守的规避风险的方式来运用这些理论和分析方法，目的是培养优秀的职业经理人。创业管理理论侧重于培养优秀的企业家，其研究客体不只包括中小企业，其研究内容也不是一般企业管理知识在中小企业领域的翻版。

三、出发点不同

传统管理理论的出发点是效率和效益，而创业管理理论的出发点是找寻机会并取得迅速的成功与成长。创业管理理论的核心是机会导向，即创业是在不局限于所拥有资源的前提下识别机会、开发机会、利用机会并产生经济成果的行为。

四、内容体系不同

传统管理理论通过计划、组织、领导和控制来实现生产经营。创业管理理论是在不成熟的组织体制下，更多地依靠团队的力量，靠创新和理性冒险来实现新事业的起步与发展。创业管理理论的内容体系是围绕如何识别机会、开发机会、利用机会展开的。其中，创业过程中组织与资源之间的关联和耦合是研究重点之一。它包括四个方面：一是个人的知识储备与新机会之间的耦合；二是创业过程中核心团队成员知识和性格的耦合；三是现有资源和能促使事业成功的战略之间的耦合；四是新的潜在事业的特征和当前消费者实践之间的耦合。

任务 5　优秀创业团队的特征

一、实力强大

一个成功的创业团队有很强的管理能力、人际关系、资金实力，以及合适的创业项目。

二、对项目有兴趣

优秀的创业团队选择的项目是其兴趣所在。

三、具有坚韧不拔的精神

优秀的创业团队具备坚韧不拔、一往无前的精神和吃苦耐劳、艰苦奋斗的品格。

课后作业

请同学们简述如何打造一支优秀的创业团队。

第四章　创业财务基础

教学内容

1. 创业资金概述、类别及需求量预测。
2. 创业企业资金筹集、资金成本与风险。
3. 创业财务核算的方法。

教学目的

1. 了解资金与创业资金的相关知识及创业资金需求量预测。
2. 熟悉创业企业资金筹集、资金成本与风险。
3. 掌握创业财务核算的方法。

创业的大学生在财务管理上意识淡薄，操作实践经验不足。本章拟从大学生的创业资金需求出发，介绍如何筹措创业过程中所需的资金并合理安排筹资方式，控制筹资成本；阐述大学生创业企业财务核算与监督的重要性，帮助大学生了解财务凭证、财务账簿、财务报表，以及对经济业务的监督，保证创业企业资金的安全，提高创业企业资金的使用效率。

第一节　创业资金需求

任务 1　资金概述

一、资金

资金泛指资本，是指用于发展国民经济的物资或货币，也指国家、公司、社团、商行等拥有的款项或收益。

1. 资金的定义

资金的定义有很多，这里介绍以下几种。

（1）资金是垫支于社会再生产过程，用于创造新价值，并增加社会剩余产品价值的媒介价值。

（2）资金是以货币表现，用来进行周转，满足创造社会物质财富需要的价值，它体现着以资料公有制为基础的社会主义生产关系。

（3）资金是用于社会主义扩大再生产过程中的有价值的物资和货币。

（4）资金是国民经济中财产物资的货币表现。

资金是流通中价值的一种货币表现。在社会主义再生产过程中，资金通过不断运动保存并增加自身价值。资金是社会主义公有资产的价值形态，是社会主义国家和企业扩大再生产、满足全社会劳动者日益增长的物质和文化需要的手段，体现了国家、企业、劳动者三者在根本利益一致基础上的关系。

2. 资金的投入

资金的投入是指资金的取得，是资金运动的起点。投入企业的资金包括投资者投入的资金和债权人提供的资金。前者形成企业的所有者权益，而后者属于债权人权益（形成企业的负债）。投入企业的资金在形成企业的所有者权益和负债的同时形成企业的资产，一部分构成流动资产，另一部分构成非流动资产。

资金的循环与周转是资金运动的主要组成部分。企业将资金运用于生产经营过程就形成了资金的循环与周转，分为供应过程、生产过程和销售过程三个阶段。

供应过程是生产的准备过程。在供应过程中，随着采购活动的进行，企业的资金从货币资金形态转化为储备资金形态。

生产过程既是产品的制造过程，又是资产的耗费过程。在生产过程中，产品完工之前，企业的资金从储备资金形态转化为生产资金形态，而在产品完工后又由生产资金形态转化为成品资金形态。

销售过程是产品价值的实现过程。在销售过程中，销售产品取得收入，企业的资金从成品资金形态又转化为货币资金形态。

由此可见，随着生产经营活动的进行，企业的资金从货币资金形态开始，依次经过供应过程、生产过程和销售过程三个阶段，分别表现为储备资金、生产资金、成品资金等不同的存在形态，最后又回到货币资金形态。这种运动过程称为资金的循环。资金周而复始，不断循环，称为资金的周转。

3. 资金的退出

资金的退出是指资金离开本企业，退出资金的循环与周转，主要包括偿还各项债务、上交各项税金，以及向所有者分配利润，等等。流动资金的循环过程如图 4-1 所示。

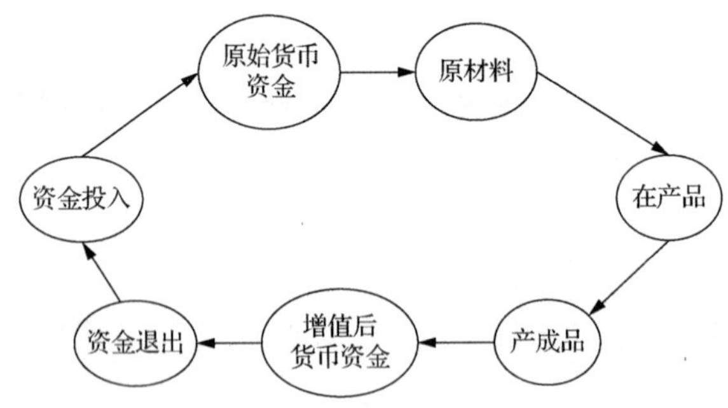

图 4-1 流动资金的循环过程

上述资金运动是相互支撑、相互制约的统一体。具体而言，没有资金的投入，就不会有资金的循环与周转；没有资金的循环与周转，就不会有债务的偿还、税金的上交和利润的分配等；没有这类资金的退出，就不会有新一轮资金的投入，也就不会有企业进一步的发展。

二、创业资金

创业资金所涉及的内容包括创业资金的定义、资金的来源方式、银行借贷的程序、银行贷款的申请条件、其他借贷方式、风险控制和国家资金扶持等。

1. 创业资金的定义

创业资金是指创业者进行创业时，前期的资本投入。创业资金包括提高创业者能力的就业培训、场地租用、店铺租赁、店面装修、店面展示商品所需资金，以及数量不等的流动资金。

2. 资金的来源方式

（1）自筹资金，包括自己的储蓄或者向亲属朋友借贷所得资金。

（2）社会筹资，即通过提供高价值的固定抵押物，向银行等金融机构贷款，或者向民间金融机构借贷。其中，后者比前者的利率更高、风险更大。

3. 银行借贷的程序

以抵押房屋方式向银行申请贷款的程序如下。

（1）填写居民住房抵押申请书，并提交给银行下列证明材料：身份证、户口本、婚姻状况证明、房屋产权证等质押物品所有权证件、银行流水单。

（2）银行对借款人的贷款申请及有关材料进行审查。

（3）借款人将抵押房产的房产证等给银行办理抵押登记手续。

（4）借贷双方担保人签订住房等抵押贷款合同并进行公证。

（5）贷款合同签订并经公证后，银行对借贷人的存款和贷款通过转账划入相关账户，则贷款流程结束。

4. 银行贷款的申请条件

银行对贷款申请者有五个要求：一是年满 18 周岁，具有合法有效身份证明和贷款行所在地合法居住证明，有固定的住所或营业场所；二是持有工商行政管理机关核发的营业执照及相关行业的经营许可证，从事正当的生产经营活动，有稳定的收入和还本付息的能力；三是借款人投资项目已有一定的自有资金；四是贷款用途符合国家有关法律和本行信贷政策规定，不允许用于股本权益性投资；五是在本行开立结算账户，营业收入经过本行结算。

贷款申请者需提供的申请资料包括四个方面：一是借款人及配偶的身份证件（包括居民身份证、户口簿或其他有效居住证原件）和婚姻状况证明；二是个人或家庭收入及财产状况等还款能力证明文件；三是营业执照及相关行业的经营许可证，贷款用途中的相关协议、合同或其他资料；四是担保材料，包括抵押品或质押品的权属凭证和清单、有权处分人同意抵（质）押的证明和银行认可的评估部门出具的抵（质）押物估价报告。

5. 其他借贷方式

除银行质押借贷外，现在还有很多中小型借贷公司提供无质押借贷。其优点是手续简单、时间短；缺点是借贷利率高，利息从贷款本金里直接扣除，到期还本即可。

6. 风险控制

创业有风险，而将风险降到最低是每个创业者的追求。降低创业风险需要注意以下几点。

（1）创业前需要对产业市场环境有综合的了解。

（2）创业就是创新的行业。

（3）创业必须做好长期作战准备。

（4）创业之后，创业者的角色从领薪水转变为付薪水，因此要调适好角色冲突。

7. 国家资金扶持

创业者可以根据国家相关创业资金扶持政策，申请创业补助与信贷资金等。

任务 2　创业所需资金的类别

筹集资金是企业生产经营活动的起点。任何企业要开展生产经营活动都需要一定的资金。熟悉企业资金的不同分类，对于正确计算和合理筹集创业资金具有十分重要的意义。

一、资金的类别

（1）按分配的形式，资金可以分为通过财政收支形式而分配的财政资金和通过银行信贷形式而分配的信贷资金。

（2）按资金来源，资金可以分为股权资金和债权资金。股权资金是投资者投入企业的资金；债权资金则是从各种渠道借入的资金。

（3）按资金用途，资金可以分为用于投资建设的资金和用于生产经营活动的资金。

（4）按在再生产过程中的周转情况，资金可以分为流动资金和非流动资金。流动资金表现为原材料、在制品、制成品、商品和银行存款等；非流动资金表现为房屋、机器设备等的固定资金。无论是哪一种形式的资金，都必须参与产品的再生产过程，处在不断的运动之中。资金只有在运动中，才能保存价值并使原有的价值得到增值。

（5）按投入企业的时间段，资金可以分为开业筹备期资金需求和试营业期资金需求。

二、开业筹备期和试营业期资金需求的类别

创业者在筹备期和试营业期会发生各种各样的资金需求，有些与企业的生产经营有直接关系，有些与企业经营没有直接关系。在企业筹备和试营业前期，与企业自身运营直接相关的费用按照发生的时间段不同，分为筹备期费用和试营业期费用；与企业自身经营没有直接关系的支出可列入其他支出，如购置住宅的费用等。

开业筹备期资金需求是在企业开业之前，发生在企业筹备期间的各种支出。开业筹备期资金需求按照性质又可分为创业开办费用和创业其他支出。创业开办费用是指企业在筹建期间发生的各种费用性支出，包括验资费、注册登记费、人员工资、差旅费、办公费、培训费、印刷费，以及不形成存货等流动资产、不能列入固定资产和无形资产购建成本的各种费用。创业其他支出是指企业在筹建期间为取得存货、购建固定资产和无形资产等所发生的支出。创业其他支出应在其发生时确认为一项资产。企业筹建期间发生的开办费，应在企业开始生产经营的当月起一次计入当月损益，列入“管理费用”与“长期待摊费用”。

试营业期资金需求是从企业开始经营之日起到企业能够做到资金收支平衡为止的时期

内，投资者需继续向企业追加的投资。试营业期的时间跨度往往因企业性质不同而有所不同。一般来说，非制造企业的试营业期可能只有一个月；制造企业的试营业期则包括从投料生产之日开始到销售收入到账这段时间，可能要持续数月甚至一年以上。其中，不同制造企业的营运前期的时间也会因性质不同而有所不同，有的短于一年，有的可能会很长。

【例 4-1】表 4-1 列示了创办企业的各项资金需求。

要求：将表 4-1 所示的创办企业的各项资金需求按发生的时间段分为试营业期资金需求、开业筹备期资金需求和筹备期其他支出。

表 4-1　各种资金需求项目表

序　号	项 目 名 称	开业筹备期资金需求	筹备期其他支出	试营业期资金需求
1	创业验资费			
2	创业注册登记费			
3	企业装修装饰费			
4	设备购置费			
5	市场调查咨询费			
6	开业宴请与宣传费			
7	首期购买原材料费			
8	首期购置周转材料费			
9	后期购买原材料费			
10	购置创业者住宅费			
11	后期购置周转材料费			
12	员工首月薪酬			
13	创业者首月薪酬			
14	培训费			
15	购置办公用品费			
16	购置企业交通工具费			
17	通信费			
18	员工福利费			
19	利息与银行手续费			
20	支付技术转让费			

解：在本案例中，属于试营业期资金需求的有创业验资费、创业注册登记费、企业装修装饰费、设备购置费、市场调查咨询费、首期购买原材料费、首期购置周转材料费、员工首月薪酬和创业者首月薪酬、培训费、购置办公用品费、购置企业交通工具费、通信费、利息与银行手续费等；属于开业筹备期资金需求的是后期购买原材料费、后期购置周转材料费；购置创业者住宅费与企业生产经营没有关系，属于筹备期其他支出项目，不计入创业所需资金的范畴；属于试营业期费用的有开业宴请与宣传费、员工福利费、支付技术转让费。

任务 3　创业资金需求量预测

创业资金需求量预测是指根据创办企业拟生产经营规模的规划，对创业筹备期和开业前期所需资金的估计和推测。

一、创业资金需求量预测的意义

（1）创办中小企业可能遇见很多的问题，其中最重要的问题是资金不能正常流通。正如一句企业界的经典名言所说，“企业可能不会由于经营亏损而破产清算，却常常会因为资金断流而倒闭。”资金对企业尤其是初创企业来说有着至关重要的作用。

（2）如果创业者对自己的能力过度自信并对企业经营盲目乐观，就会将筹备期的时间估计得过短，或忽略筹备期，导致对创办企业所需的资金数额估计不足，引起企业运营初期的资金周转困难，并最终导致企业无法继续运营。

（3）为了企业的顺利开办及持续经营，创业者会筹集足额的创业资金，但是创业前期筹集的资金并不是越多越好。这是因为筹集的资金过多，将导致资金的闲置，增加财务费用，从而影响企业的经营效益。合理地筹集创业资金是对创业者财务管理素质的基本要求，也是创办企业必备的前提条件。

二、创业资金需求量预测的内容

创业者必须认识到，除了一些小微零售商店外，大部分企业会采用商业信用的方式开展延期结算与预付采购款等业务活动。这就意味着企业实现的主营业务收入与其他业务收入在很大程度上无法在当期收到现款，导致现金流入与预测的销售收入不匹配。

在销售收入的现款无法及时收回期间，要求自主创业者在流入的现金无法满足资金支付时，能够继续追加对企业的资金投入；否则，就可能出现企业经营业绩良好，却无法按期支付工资、材料款、办公费等现象，而且如果无法按期偿还债务，企业的债权人可能会申请破产清算，迫使企业无法继续生产经营。

【例 4-2】张某与任某是大学三年级的学生，他们进行了大量市场调查，发现在校大学生从事电子商务的队伍庞大，而商品拍摄的技术缺乏。为填补这一市场空缺，两人决定以股份制形式合办一家视觉营销公司。在开办公司前，他们还对开办公司所需的费用做了估算，具体如下。

（1）租用 30 平方米工作室，计 2 000 元/月。

（2）购置计算机 3 台，5 000 元/台，计 15 000 元。

（3）购置空调 1 台，6 000 元/台，计 6 000 元。

（4）购置桌子 3 张，800 元/张，计 2 400 元。

（5）购置椅子 6 把，300 元/张，计 1 800 元。

（6）购置展示柜 2 个，2 000 元/个，计 4 000 元。

（7）购置打印机 2 台，1 500 元/台，计 3 000 元。

（8）购置传真机 1 台，1 000 元/台，计 1 000 元。

（9）广告设计制作费，计 2 600 元。

（10）广告宣传费，计 1 400 元/月。

（11）购置首批办公用品，计 1 200 元。

（12）购置饮水机 1 台，600 元/台，计 600 元。

（13）每月大约需要 5 桶水，10 元/桶，计 50 元/月。

（14）电话费、网费，计 300 元/月。

（15）水电费，计 200 元/月。

（16）需要雇佣 1 名内勤和 1 名公关人员，其工资、社会保险费计 4 000/月。

（17）房屋装修费，计 20 000 元。

（18）购置摄影机及配套设备 2 套，12 000 元/套，计 24 000 元。

（19）注册登记等筹备期的基本费用，计 1 000 元。

开户、刻章直至办完整套开业手续大约需要 1 个月的时间。对于日后的收入，两人也进行了调查：每增加一位客户可以取得大约 300 元的业务收入，为每户服务的耗材等基本费用大约为 50 元。另外，每月客户在 100 户以内时基本上不用增加内勤和公关人员。张某和任某简单测算：所需要的资金=房屋租金 2 000 元+计算机 15 000 元+空调 6 000 元+办公桌 2 400 元+办公椅子 1 800 元+打印机 3 000 元+展示柜 4 000 元+传真机 1 000 元+办公用品 1 200 元+饮水机及首月的饮用水 650 元+电话费、网费 300 元+水电费 200 元+广告制作及宣传费 4 000 元+雇员工资及社会保险费 4 000 元+房屋装修费 20 000 元+摄影机及配套设备 24 000 元+筹备期基本费用 1 000 元=90 550 元，即资金需要量不超过 10 万元，而利润相当可观。两位股东对自己的专业知识和开拓市场的能力非常自信，相信自己开办的公司一定会很红火。以防万一，张某和任某在筹集资金时多准备了一些余款，共筹集了 10 万元的资金。可是出乎意料的是，到第 3 个月公司资金链就出现了断裂，支付下季度房屋租金、广告费、水电费的钱都没有。

要求：分析视觉营销公司资金链断的原因，并计算开办这样一个公司大约需要多少资金。

解：本案例中视觉营销公司资金链出现断裂的原因主要是张某与任某对创业所需资金的计算有误。他们只考虑了筹备期的基本费用，却忽略了试营业期的资金需求。尽管在筹集资金时多准备了 9 450 元，但其对试营业期时间的估计不充分，导致在资金链上出了问题。其原因具体有以下几个。

（1）忽略与错误估算试营业期资金需求。对于视觉营销公司来说，其计算的资金需求仅含筹备期的资金需求。这些资金需求又可以继续分为两类：数额较大的开办费和购置资产的支出。其中，计算机、空调、桌子、椅子、打印机、摄影设备及配套设备、展示柜、传真机和饮水机等的支出构成该公司的固定资产；筹备期支付的房租、房屋装修费、办公用品费、饮用水费、电话费、网费、水电费、广告设计宣传费及注册登记费等开办费支出为长期待摊费用。这些支出均在筹备期已经支付，但是对于试营业期内多长时间能够做到资金的收支平衡，无须继续追加投资，他们却没有做好估算。

（2）在计算创业所需的资金时，没有考虑原来兼职所获得的收入，忽略了自己基本的生活费。这也是大部分创业者可能忽略的一项支出。一般来说，创业者在开始创办企业之前会有一些兼职工作，而在创办企业之后就没有了兼职收入，所以这部分收入就是创业的机会成本，应当作为一项隐形支出考虑。另外，创业者每月基本的生活及相关的支出应列入创业资金需求之内。

（3）对市场调查不够充分。在筹备创业之前，需开展一项市场调研，分析试营业期的业务量情况，根据市场调查的结果确定业务量大小，并据此估算可能获得的现金流入量，从而估算现金收支的平衡点。现金的收支平衡点需根据每月固定项目现金流出的数额与每月能够形成的现金流入数额的比较来估算，其计算公式为

现金的收支平衡点=每月固定项目现金流出额/单位业务现金流入额

现金的收支平衡点可用图 4-2 进行说明。

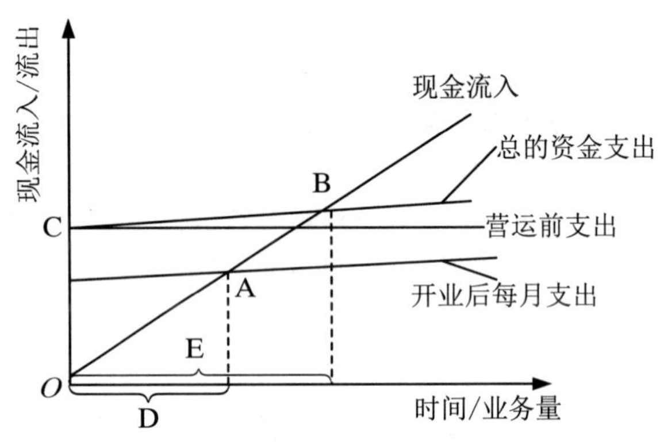

图 4-2　现金收支平衡点

注：A 表示现金收支平衡点；B 表示投资资金回收点；C 表示试营业期资金需求；D 表示试营业期；E 表示投资资金回收期。

对于视觉营销公司来说，其每月固定的项目支出包括房屋租金 2 000 元、办公用品 1 200 元、饮用水 50 元、电话费与网费 300 元、水电费 200 元、广告宣传费 1 400 元、雇员工资及社保费 4 000 元，以及创业者基本的生活费支出（按雇员的平均薪酬水平半数来计算）为 2 000 元。由此可见，企业每月的基本支出为以上各项之和，共计 11 150 元。对于公司来说，主要的现金流入是客户拍摄的服务费用。在该案例中，每项业务带来的现金流入为 250 元。因此，现金收支平衡点的计算公式应为

现金的收支平衡点=每月固定项目现金流出额÷单位业务现金流入额

=11 150÷250≈45（家）

通过计算可以发现，视觉营销公司要想实现现金的收支平衡最少需要开展 45 位客户的业务。创业者需要根据自己从市场调查中得到的客户增加情况来计算其试营业所需时间。假定通过调查，类似的视觉营销公司每月可以增加 5 家客户，则该公司的试营业期为 9 个月（45÷5=9）。这就意味着创业者在企业开始经营后需要在前 9 个月继续向公司追加资金。试营业期支出金额为 100 350 元（11 150×9=100 350）。可见，对于很多公司来说，试营业期资金需求远比筹备期资金需求要大得多。因此，在计算创业所需资金时一定要充分考虑试营业期的资金需求。

（4）没有考虑相关税费缴纳。自营业税改增值税后，视觉营销公司属于现代服务业，其计税依据原则上为发生应税交易取得的全部收入。适用的增值税税率为 6%，再加上公司

应该承担的城市维护建设税和教育费附加，该公司的综合税率为6.6%。这就意味着，如果该公司的月度收入为10 000元，则其营业税费在660元。因此，在计算创业所需资金时，应该考虑到试营业期相关税费的现金流出。

（5）没有考虑业务拓展支付的费用。创业者应根据其所在城市类似企业业务经费的开支状况及其调查的结果，估算用于拓展业务活动的费用，以尽快增加客户，缩短试营业期，使企业在较短的时间内获得利润。

（6）在筹备企业期间没有尽可能地节约资金，也没有准备风险储备资金。企业在创办初期面临的不确定因素有很多，风险较大，为应对各种意外的发生，需要创业者在公司创办初期预留足够的资金，并准备一定的风险储备资金。此外，公司创办初期的资金较为紧张，创业者应尽可能地减少各项不必要的费用支出，把有限的资金用到公司最需要的地方。

（7）若有部分资金是从外部借入的，应确定为负债经营，那么在试营业期还要考虑每月利息的支出。

创业者创办视觉营销公司最少需要筹集的资金数额
=筹办期资金需求90 550元+试营业期资金需求100 350元+相关税费660元+
拓展业务费+风险储备资金+借款利息等>191 560元

为了较准确地计算创业公司所需资金，创业者可以通过表4-2来进行创业资金需要量的估算。

表4-2　创业资金需要量的估量表

资 金 项 目	筹 备 期	第1个月	第2个月	第3个月	第4个月	第5个月	第6个月	第7个月	……
房屋租金									
场地装修装饰费									
购置设备费									
购置办公家具									
办公用品									
员工工资									
创业者生活费									
相关税费									
拓展业务费									
广告宣传费									
水电费									
电话费									
保险费									
设备维护费									
申报执照费									
风险储备基金									
借款利息									
……									

第二节　创业资金的来源

创业者在预计创办企业所需资金量的基础上，需要对创业资金来源进行规划，考虑筹资渠道、筹资成本、筹资风险等，以确保资金在期限内筹集到位，并降低筹资成本，掌握筹资风险可控度。

任务 1　创业企业资金筹集概述

创业企业在计算出创业所需的资金之后，下一步的工作就是筹集资金。根据《大学生创业指数研究》[①]，在普通高校 1 479 位大学生中就大学生创业资金进行了调查，有 204 位认为创业资金较充足；有 408 位认为创业资金一般；有 663 位认为创业资金不够充足；有 102 位认为创业资金不充足；有 102 位认为创业资金无法储备。认为大学生创业资金不够充足、不充足及无法储备的占比为 58.6%。还有大量的调查研究均得到类似的结论，即大学生认为“缺乏启动资金”是创业的最大障碍。由此可见，缺少创业所需资金及创业资金筹集困难是创业者面临的最大挑战。那么，创业者可以从哪些渠道获得所需资金呢？又如何增加获得创业资金的概率呢？一般企业的资金来源于贷款、债券发行和股东出资等渠道。创业企业资金按照其来源可以分为股权融资和债权融资两大类。

一、股权融资

股权融资是指企业的股东愿意让出部分企业所有权，通过引进新的股东融资的方式。企业无须对股权融资所获得的资金还本付息，但新股东将与老股东一起分享企业的盈利。股权融资的特点决定了其用途的广泛性，既可以充实企业的营运资金，又可以用于企业的投资活动。

1. 融资渠道

股权融资按融资的渠道来划分主要有两大类，即公开市场发售和私募发售。公开市场发售就是通过股票市场向公众投资者发行企业的股票来募集资金。企业上市、上市企业的增发和配股都是利用公开市场进行股权融资的具体形式。私募发售，是指企业自行寻找特定的投资人，吸引其增资入股企业的融资方式。因为绝大多数股票市场对于申请发行股票的企业有一定的要求，如我国对企业上市除了要求连续 3 年盈利之外，还要求企业有 5 000 万元以上的资产规模，因此对大多数中小企业来说，较难上市发行股票。因此，私募成为民营中小企业进行股权融资的主要方式。一般来说，创业者要创办企业首先需要自己向企业投入部分资金。创业者投入企业的资金是创业者愿意并且能够承担相应责任和义务的表示，既反映了创业者本人对于所创办企业的信心，也是其日后在企业投入时间和精力的动力，还是对债权人资金的保障。因此，任何企业均应有部分投资者投入的资金。

---

① 谢敏，王积建，杨哲旗. 大学生创业指数研究：基于《全球创业观察中国报告》[M]. 北京：中国社会科学出版社，2013.

在当前的环境下，私募发售是所有融资方式中民营企业比国有企业占优势的融资方式。民营企业的产权关系简单，无须进行国有资产评估，没有国有资产管理部门和上级主管部门监管股权融资，大大降低了民营企业通过私募进行股权融资的交易成本，并且提高了融资效率。私募发售成为近年来经济活动非常活跃的领域。对于企业，私募发售融资不仅意味着获取资金，还意味着新合作伙伴的进入。新股东能否成为理想的合作伙伴，对企业来说，无论是当前还是未来，其影响都是深远的。在私募领域，不同类型的投资者对企业的影响是不同的。在我国有以下几类投资者：个人投资者、风险投资机构、产业投资机构和上市公司。实业公司私募发售融资方式的流程如图 4-3 所示。

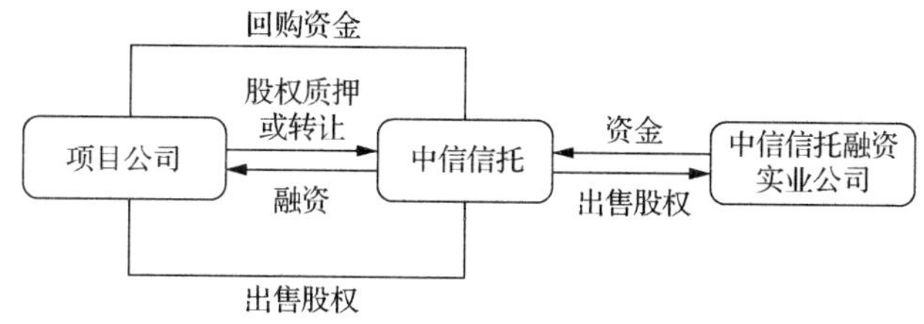

图 4-3　实业公司私募发售融资方式的流程

下面主要介绍以下几种融资通道。

（1）个人投资。虽然个人投资的金额不大，一般在几万元到几十万元，但在大多数民营企业的初创阶段起了至关重要的资金支持作用。这类投资者有的直接参与企业的日常经营管理，有的只是作为股东关注企业的重大经营决策。准备创业的人，应从自己做起，较早地将自己收入的一部分储蓄起来，作为创业资金；在读大学生或毕业初期的大学生，可以从父母那里取得部分创业资金，作为自有资金投入。创业者还可以从亲友处取得部分资金，如果这些资金是亲友投资的，则属于股权融资；如果这些资金是从亲友处借贷的，需要按期还本付息，则属于债权融资。

（2）合伙人的资金。创业者可以通过转让部分股权的方式从合伙人那里取得创业资金，创办合伙企业。创业者还可以通过公开或私募股权的方式，从更多的投资者那里获得创业资金，成立公司制企业。

（3）其他企业投资。创业者可以从那些拥有闲置资金的企业获得投资资金，不仅可以满足创办企业的资金需求，还可以使拥有闲置资金的企业获得较高的收益。

2. 风险资本（投资基金）

风险资本又称为风险投资基金或创业基金，是当今世界广泛流行的一种新型投资形式，是一种以私募方式募集资金，以公司等组织形式设立，投资于未上市的新兴中小型企业（尤其是新兴高科技企业）的一种承担高风险、谋求高回报的资本形态。风险投资机构是 20 世纪 90 年代后期在我国发展较快的投资力量，其涉足的领域主要与高新技术相关。风险投资机构追求资本增值的最大化，它们的最终目的是通过上市、转让或并购的方式，在资本市场退出，其中通过企业上市退出是它们追求的理想方式。风险投资基金可以通过证券市场转让股权而收回资金，继续投向其他风险企业。对于创业者来说，如果所创企业符合风险投资家的项目选择标准，则风险资本是一种比较好的融资方式。创业者通过风险资本不但可以筹集资金，还可以得到风险投资家专业的帮助和指导。

（1）风险资本的发行方法。在一些风险投资较为发达的国家，风险资本主要有两种发行方法：私募的公司风险资本和向社会投资人公开募集并上市流通的风险资本。私募的公司风险资本通常由风险投资公司发起，其出资为 1%左右，称为普通合伙人，其余的 99%吸收企业或金融保险机构等机构投资人的出资，称为有限合伙人。有限合伙人同股份有限公司的股东一样，只承担有限责任。普通合伙人的责、权、利基本上是这样规定的：第一，以其人才全权负责基金的使用、经营和管理；第二，每年从基金经营收入中提取相当于基金总额 2%左右的管理费；第三，基本期限为 15～20 年，期满解散而收益倍增时，普通合伙人可以从收益中分得 20%，其余出资者分得 80%。向社会投资人公开募集并上市流通的风险资本，其目的是吸引社会公众的关注和支持高科技产业的风险投资，既满足他们高风险投资的渴望，又给予其高收益的回报。这类基金相当于产业投资基金，它是封闭型的，上市时可以自由转让。

（2）风险资本的特点。风险资本作为基金，同其他投资基金相似。其主要不同之处在于：第一，其投资的对象为高风险的高科技创新企业，失败率较高，一般在 60%～80%，这就要求基金的规模足够大，使风险资本能够同时投资于多个风险项目，从而通过其中的一个或几个项目的成功来弥补在其他风险项目上的损失并获取收益；第二，风险资本的投资人常采取与其他风险投资公司联合投资的方式，以分散风险；第三，其决策者经常当机立断，敢于取舍。

（3）风险类型有以下 14 种。

① 信用风险。风险资本在交易过程中可能发生交收违约或者所投资债券的发行人违约、拒绝支付到期本息等情况，从而导致基金资产损失。信用风险包括风险资本所投资的债券、票据等工具本身的信用风险，以及以交易为基础的风险。

② 市价暴露风险。市价是指货币市场基金的实际市场价值，而市价暴露风险是指按市价法估值得出的基金净值与基金交易价格（通常情况下是基金面值）偏离的风险。

③ 政策风险。财政政策、货币政策、产业政策和地区发展政策等国家宏观政策发生变化，导致市场价格波动，影响风险资本收益而产生风险。

④ 经济周期风险。随着经济运行的周期性变化，证券市场的收益水平呈周期性变化，基金投资的收益水平也会发生变化，从而产生风险。

⑤ 利率风险。金融市场利率的波动会导致证券市场价格和收益率的变动。利率直接影响债券的价格和收益率，影响企业的融资成本和利润。风险资本投资于债券和股票，其收益水平可能会受到利率变化的影响。

⑥ 上市公司经营风险。上市公司的经营状况受多种因素的影响，如管理能力、行业竞争、市场前景、技术更新、财务状况和新产品研究开发等。如果风险资本所投资的上市公司经营不善，其股票价格可能下跌，或者能够用于分配的利润减少，那么风险资本投资收益就会下降。上市公司还可能出现难以预见的变化。虽然基金可以通过投资多样化来分散这种非系统风险，但不能完全避免。

⑦ 通货膨胀风险。风险资本投资的目的是风险资本保值增值，如果发生通货膨胀，风

险资本投资于证券所获得的收益可能会被通货膨胀抵消，从而影响风险资本的保值增值。

⑧ 债券收益风险。债券收益风险是指与收益率曲线非平行移动有关的风险。单一的久期指标并不能充分地反映这一风险。

⑨ 再投资风险。市场利率下降将影响固定收益类证券利息收入的再投资收益率，这与利率上升所带来的价格风险互为消长。

⑩ 管理风险。风险资本管理人的专业技能、研究能力及投资管理水平直接影响到其对信息的占有、分析和对经济形势、证券价格走势的判断，进而影响基金的投资收益水平。同时，投资管理制度、风险管理和内部控制制度的健全程度，防范道德风险和其他合规性风险的有效程度，以及基金管理人的职业道德水平等，也会对基金的风险收益水平造成影响。

⑪ 流动性风险。我国证券市场作为新兴转轨市场，市场整体流动性风险较高。风险资本投资组合中的股票和债券会因各种原因面临较高的流动性风险，使证券交易的执行难度提高，买入成本或变现成本增加。此外，基金投资人的赎回需求可能造成基金仓位调整和资产变现困难，加剧流动性风险。

⑫ 操作和技术风险。风险资本的相关当事人在各业务环节的操作过程中，可能出现内部控制不到位，或人为操作失误，或违反操作规程而引致的风险，如越权交易、内幕交易、交易错误和欺诈等。此外，在开放式风险资本的后台运作中，可能因为技术系统的故障或者差错而影响交易的正常进行，甚至导致风险资本份额持有人的利益受到影响。这种技术风险可能来自风险资本管理人、风险资本托管人、注册登记人、销售机构、证券交易所和证券登记结算机构等。

⑬ 合规性风险。它是指在风险资本管理或运作过程中，违反国家法律、法规或风险资本合同有关规定的风险。

⑭ 其他风险。其他风险主要包括：因风险资本业务快速发展而在制度建设、人员配备、风险管理和内控制度等方面不完善而产生的风险；因金融市场危机、行业竞争压力而产生的风险；因战争、自然灾害等不可抗力因素出现而产生的风险；其他意外导致的风险。

二、债权融资

债权融资是指企业通过借钱的方式进行融资。对于债权融资所获得的资金，企业不仅要承担资金的利息，在借款到期后还要向债权人偿还资金的本金。债权融资的特点决定了其主要用于解决企业运营资金短缺的问题，而不是用于资本性项目方面的开支。

创业者获得债权融资的方式包括银行借款、企业间借款、政府借款、商业信用融资和租赁融资等多种方式。

1. 银行借款

银行借款是指企业向银行或其他非银行金融机构借入的、需要还本付息的款项。银行借款包括偿还期限超过一年的长期借款和不足一年的短期借款，主要用于企业购建固定资产和满足资金周转的需要。银行借款按不同的标准可以划分为不同的类型。

（1）按提供贷款的机构，银行借款分为政策性银行贷款、商业银行贷款和其他金融机构贷款。

① 政策性银行贷款。它是指执行国家政策性贷款业务的银行向企业发放的贷款，通常为长期贷款。例如，国家开发银行的贷款主要满足企业承建国家重点建设项目的资金需要；中国进出口银行的贷款主要为大型设备的进出口提供的买方信贷或卖方信贷；中国农业发展银行的贷款主要用于确保国家对粮、棉、油等政策性收购资金的供应。

② 商业银行贷款。它是指由各商业银行，如中国工商银行、中国建设银行、中国农业银行、中国银行等，向工商企业提供的贷款。它用以满足企业生产经营的资金需要，包括短期贷款和长期贷款。

③ 其他金融机构贷款。其他金融机构贷款如从信托投资公司取得的实物或货币形式的信托投资贷款、从财务公司取得的各种中长期贷款、从保险公司取得的贷款等。其他金融机构的贷款一般较商业银行贷款的期限要长，要求的利率较高，对借款企业的信用要求和担保的选择比较严格。

（2）按机构对贷款有无担保要求，银行借款分为信用贷款和担保贷款。

① 信用贷款。它是指凭借借款人的信誉或保证人的信用而获得的贷款。企业取得这种贷款时，无须以财产作为抵押。这种贷款的风险较高，因此银行通常要收取较高的利息，并附加一定的限制条件。

② 担保贷款。它是指由借款人或第三方依法提供担保而获得的贷款。担保包括保证责任、财务抵押和财产质押，因此，担保贷款包括保证贷款、抵押贷款和质押贷款。其中，保证贷款是指按《中华人民共和国担保法》（以下简称《担保法》）规定的保证方式，以第三人作为保证人承诺在借款人不能偿还借款时，按约定承担一定保证责任或连带责任而取得的贷款；抵押贷款是指按《担保法》规定的抵押方式，以借款人或第三人的财产作为抵押物而取得的贷款；质押贷款是指按《担保法》规定的质押方式，以借款人或第三人的动产或财产权利作为质押物而取得的贷款。

（3）按企业取得贷款的用途，银行借款分为基本建设贷款、专项贷款和流动资金贷款。

① 基本建设贷款。它是指企业因从事新建、改建、扩建等基本建设项目需要资金而向银行申请借入的款项。

② 专项贷款。它是指企业因为专门用途而向银行申请借入的款项，包括更新改造贷款、大修理贷款、研发和新产品研制贷款、小型技术措施贷款、出口专项贷款、引进技术转让费周转金贷款、进口设备外汇贷款、进口设备人民币贷款及国内配套设备贷款等。

③ 流动资金贷款。它是指企业为满足流动资金的需求而向银行申请借入的款项，包括流动基金借款、生产周转借款、临时借款、结算借款和卖方信贷。

2. 企业间借款

企业间借款是指无金融经营权的两个企业之间互相拆借资金的民事行为，是非金融机构的企业之间通过书面的或口头的协议，由一方企业将自己合法所有的资金借给另一方企业使用，另一方企业在约定期限届满后归还本金并支付利息。对于有闲置资金的其他企业，创业者既可以吸收其资金作为股权资本，也可以向这些企业借款，形成债权资本。

3. 政府借款

国家和各地政府为促进创业型经济的发展，推出了不同形式的创业基金或创业担保基金。创业者要善于利用政府的扶持政策，从政府方面获得融资支持，如专门针对下岗失业人员的再就业小额担保贷款，专门针对科技型企业的科技型中小企业技术创新基金，专门为中小企业“走出去”准备的中小企业国际市场开拓资金等，以及众多的地方性优惠政策。利用相关政策的扶持，创业者可以达到事半功倍的效果。

4. 商业信用融资

（1）商业信用融资的主要方式。商业信用融资是指企业之间在买卖商品时，以商品形式提供的借贷活动，是经济活动中的一种普遍的债权债务关系。商业信用的存在对于扩大生产和促进流通起到了十分积极的作用，但不可避免地存在着一些消极的影响。企业在筹备期及生产经营过程中，均可以通过商业信用的方式筹集部分资金。例如，企业在购置设备或原材料、商品的过程中，可以通过延期付款的方式，在一定期间内免费使用供应商提供的部分资金。商业信用融资的主要方式有以下几种。

① 应付账款融资。它对于融资企业而言，意味着放弃了现金交易的折扣，同时需要负担一定的成本，因为往往付款越早，折扣越多。

② 商业票据融资。它也就是企业在延期付款交易时开具的债权债务票据。对于一些财力和声誉良好的企业，其发行的商业票据可以直接从货币市场上筹集到短期货币资金。

③ 预收货款融资。它是买方向卖方提供的商业信用，是卖方的一种短期资金来源。这种信用形式应用非常有限，仅限于市场紧缺商品、买方急需或必需商品、生产周期较长且投入较大的建筑业和重型制造业等。

（2）商业信用融资的优点有以下三个。

① 融资便利。利用商业信用融资非常方便，因为商业信用与商品买卖同时进行，属于一种自然性融资，不用做非常正规的安排，也无须办理正式筹资手续。

② 融资成本低。如果没有现金折扣，或者企业不放弃现金折扣，或者使用不带息应付票据和采用预收货款，企业采用商业信用融资就没有实际成本。

③ 限制条件少。与其他融资方式相比，商业信用筹资的限制条件较少，选择余地较大，条件比较优越。

（3）商业信用融资的缺点有以下三个。

① 期限较短。采用商业信用融资，期限一般很短。如果企业要取得现金折扣，则期限更短。

② 筹资数额较小。采用商业信用融资一般只能筹集小额资金，不能筹集大量的资金。

③ 有时成本较高。如果企业放弃现金折扣，必须付出非常高的资金成本。

5. 租赁融资

租赁融资主要是创业者通过融资租赁的方式融通部分资金。租赁融资是集融资与融物、贸易与技术更新于一身的新型金融业务。出租人根据承租人对租赁物件的特定要求和对供货人的选择，出资向供货人购买租赁物件，并租给承租人使用，而承租人则分期向出租人支付租金。在租赁期内，租赁物件的所有权属于出租人所有，承租人拥有租赁物件的使用权。租期届满，租金支付完毕并且承租人根据融资租赁合同的规定履行完全部义务后，对租赁物的归属没有约定的或者约定不明的，可以协议补充；不能达成补充协议的，按照合同有关条款或者交易习惯确定；仍然不能确定的，租赁物件所有权归出租人所有。

租赁融资具有融资与融物相结合的特点，出现问题时租赁公司可以回收、处理租赁物，因而在办理融资时对企业资信和担保的要求不高，非常适合中小企业融资。

【例 4-3】 20××年，某创业公司发行总面额为 50 万元的 3 年期债券，票面利率为 12%，发行费用率为 5%，企业所得税税率为 25%。

要求： 计算该债券的成本率。（不考虑资金时间价值）

解： 债券的成本率=票面利率×(1−企业所得税利率)÷(1−发行费用率)×100%

=50×12%×(1−25%)÷[50×(1−5%)]≈9.47%

所以，该债券的成本率为 9.47%。

任务 2　资金成本

创业企业使用的资金，无论是从各种渠道借来的资金，还是创业者的自有资金，或者通过其他方式筹集的股权资金，都具有一定的资金成本。认识到这一点，对于创业者合理选择筹资渠道、及时募集所需资金非常重要。

一、资金成本的含义与构成

1. 资金成本的含义

资金成本是指企业为筹集和使用资金而付出的代价。

资金成本是商品经济条件下资金所有权和资金使用权分离的产物。资金成本具有一般产品成本的基本属性，即同为资金耗费，但又不同于账面成本，它属于预测成本。资金成本的一部分计入成本费用，另一部分作为利润分配处理。资金成本是企业的资金耗费，企业要为占用资金而付出代价、支付费用，而且这些代价或费用最终作为收益的扣除额得到补偿。但是，资金成本只有一部分具有产品成本的性质。资金成本的基础是资金时间价值，但通常还包括投资风险价值和物价变动因素。

2. 资金成本的构成

资金成本包括资金筹集费用和资金占用费用两部分。

（1）资金筹集费用。它是指在资金筹集过程中支付的各种费用，如发行股票或发行债券支付的印刷费、律师费、公证费、担保费及广告宣传费。需要注意的是，企业发行股票和债券时，支付给发行公司的手续费不作为资金筹集费用。这是因为此手续费并未通过企业财务账务处理，企业是按发行价格扣除发行手续费后的净额入账的。

（2）资金占用费用。它是指占用他人资金应支付的费用，或者说是资金所有者凭借其对资金的所有权向资金使用者索取的报酬。资金占用费用包括股东的股息、红利、债券及银行借款支付的利息。

二、资金成本的计算方法

1. 长期负债资金成本

长期负债包括长期银行借款、应付公司债券及长期应付款。从资金成本的基本原理来讲，长期应付款与长期银行借款的情况类似。下面主要介绍长期银行借款的资金成本的计算。

长期银行借款是企业获取长期资金的重要方式之一。它的特点是偿还期长，利率在债券期限内不变，而利息费用作为费用于税前列支，因而，利息可产生节税效应。对于无抵押借款来说，不存在资金筹集费用或资金筹集费用较小，可不予考虑；对于抵押借款来说，不仅存在资金筹集费用，还要考虑抵押及担保资产的机会成本。

无抵押长期借款的资金成本实际上只是税后资金占用成本，即年利息额×（1−所得税率）。

【例 4-4】 某企业从银行借入 50 万元 3 年期、年利率为 12%的无抵押长期借款，该企业所得税税率为 25%。计算该无抵押长期借款资金成本率。

解：该无抵押长期借款资金成本率=年利率×(1−企业所得税税率)=12%×(1−25%)=9.0%

抵押长期借款资金成本，可以把抵押条件和筹资过程中发生的相关费用作为筹资费用。这些筹资费用包括六个方面：一是公证机构对抵押品及担保品的公证费；二是担保品及抵押品的保险费；三是律师签证费；四是银行所要求的手续费；五是抵押设定的各种费用；六是其他因抵押而发生的机会成本。

【例 4-5】 某企业拟定从银行借款 100 万元，年利率为 10%，期限为 5 年，另附房产抵押权，该企业房产抵押后的机会成本率为 3%，其他筹资费用率为 1%，所得税税率为 25%。

要求：计算该抵押长期借款资金成本率。

解：该抵押长期借款资金成本率=年利率×(1−企业所得税税率)+该企业房产抵押后的机会成本率+其他筹资费用率=10%×(1−25%)+3%+1%=11.5%

2. 优先股资金成本

优先股是由它对公司的股利和剩余财产优先分配而得名。优先股融资是股权融资的一种类型，它的基本特点如下：第一，股息率是固定和稳定的，与债券利率类似，因为优先股股利在税后支付，所以优先股股利无节税效应；第二，具有对股利、剩余财产的优先分配权；第三，有筹资费用，如印刷费、公证费等。

资金成本率在企业投资决策中的作用表现为：资金成本率可作为项目投资的折现率；资金成本率是投资项目的基准收益率。与此同时，资金成本率是评定企业经营成果的依据，凡是企业的实际投资收益率低于这个水平的，都应认定为经营不利。这也向企业经营者发出了信号，即企业必须改善经营管理，提高经济效益。

任务 3　资金筹集决策与风险

案例导入

资金筹集决策与风险

徐某作为国内某高校的艺术类学生，在艺术创作方面颇有天赋。他在大学一年级时就开始设计艺术产品，并在酒店、会所、旅游景点等销售，市场前景广阔。于是，徐某及其创业团队参加了省级大学生创业大赛。在大赛中，该团队的创业项目深受好评。有一家艺术品风险投资商愿意出 60 万元资金资助其创办企业，但是要求拥有企业 40%的股权。徐某

及其团队认为该投资商提出的股权占比过多，有些犹豫。这时，另一位投资商在看到创业大赛信息后表示愿意投入40万元的现金，但只要求占20%的股份。徐某及其创业团队选择了后者作为自己的风险投资商。理由是，后者的出资与所占的股权比例较前者具有明显的优势，而且公司发展壮大后，另外20%的股份价值肯定会超过20万元。

但是，徐某及其创业团队的艺术设计与制作项目进行得并不顺利。投资商初期投入的40万元现金很快就在产品研发与广告宣传中消耗殆尽，而产品的销售状况又不太乐观，资金回流困难重重。尽管公司的日常运营依然不错，发展前景良好，但企业在资金周转上遇到了许多困难，很难在短期内找到合作的伙伴，最后公司只经营了一年便解散了。

案例来源：编者根据资料整理得到.

课堂思考：

徐某及其团队在进行筹资决策时还应考虑哪些方面的问题？

企业筹集资金的主要目的是顺利创办企业、扩大生产经营规模和提高经济效益。投资项目若不能达到预期效益，将影响企业获利水平，在偿债能力方面产生风险。如果企业的决策正确、管理有效，那么就可以实现其经营目标。在筹资过程中，企业管理者拓展投资渠道时必须谨慎，应着重进行对外投资决策控制与分析，对重大投资项目进行可行性研究，尽量以最低的成本获得充足的资金供应。创业者在筹集资金时应对债务融资、股权融资的优缺点进行比较，并考虑企业的资金需要量、资金的可得性及控制权分散等问题，进行综合分析。

一、股权融资决策与债权融资决策

随着我国民营经济的迅速发展，小微型民营企业已经成为社会主义市场经济的重要组成部分。小微型民营企业在不断发展壮大的过程中面临较多的问题，“融资难”就是其中的问题之一。企业融资应根据自身条件提前做好融资的比较与分析。

1. 股权融资决策

创业者是否要通过合伙或组建公司的形式筹集资金，对于企业日后的产权归属和企业发展有着极为重要的影响。合伙企业既是资合又是人合，所以合伙人的选择尤为重要。如果创业者拟吸收合伙人的资金，那么一定要认真考虑合伙人的专长和经验，以更好地发挥团队优势，各尽其才。按照目前我国的法律规定，创业者在创办公司时只能设立个人独资公司和有限责任公司。由于个人独资公司不涉及吸收他人资金，这里不进行讨论。当通过设立有限责任公司的形式吸引股权资金时，由于法律对有限责任公司股权转让有限制，因此创业者需要对投资人进行充分的考察，最好找到有共同风险偏好和经营目标的合作者，以寻求更长久的合作。

不同的风险投资商会在不同行业或领域有着强于他人的专长，而且不同的风险投资商会对其投资的企业予以不同的关注和支持。在吸引风险投资商投资时，创业者要分析其专注投资的领域及其对投资企业的态度，选择适合企业发展的投资商。另外，对企业控制权的把握也是创业者必须考虑的因素。转让多少控制权能够既吸引投资又有利于对企业日后经营权的控制，是创业者必须慎重选择且关乎企业健康发展的重要问题之一。

股权融资有以下几个优点：第一，永久性资本，保证企业最低的资金需要；第二，无固定利润分配或股利支付负担；第三，是对债权人投资的保障，增强企业的举债能力；第四，如果企业经营出现困难，投资者会尽力帮助企业渡过难关。

股权融资有以下三个缺点：第一，分散企业控制权；第二，融资成本高；第三，稀释投资者的投资收益。

2. 债权融资决策

创业者如果想通过债权融资，那么在进行决策时需要从以下几个方面进行分析。

（1）考虑经营过程中的获利。获利应该能够超过借款的利息支出及其他费用支出。借款存在杠杆效应，如果企业在日后的经营过程中赚取的利润能够支付借款的利息和其他费用的支出，而且有剩余，那么债权融资对企业较为有利，可以给创业者带来财务杠杆收益。但是，如果在对日后经营进行预测时，发现企业获利不足以支付借款利息，那么债权融资不但会给创业者带来杠杆损失，还可能会使企业更快地破产清算。

（2）慎重考虑借款期限。贷款利率有半年期利率与一年期利率两种。贷款期限在半年以内的执行半年期利率，而超过半年不足一年的执行一年期利率。因为借款者预测的资金需求时间及落签的借款合同期限往往与规定贷款利率所在时点不相吻合，所以在实践中就自然而然地形成了各种期限性贷款利率差。总之，借入资金的归还期限应与其投资的资产回收期限相匹配，以保证企业在日后归还投资时不会影响正常的生产经营活动。

（3）确定合理的借款金额。借款经营成本较低且具有财务杠杆效应，但每期会有固定的资金支出。创业者在决定借款前一定要对其风险和收益进行充分权衡，并根据企业实际的资金需要量确定一个合适的借款金额。借款过多会加大企业的资金流出（利息支付）并使企业的资金成本上升，而且资金使用不当可能会带来较大的财务风险；而在能够借到款项时却借款过少，则可能会使企业出现资金断流，加剧企业的失败。创业之初，在出现资金断流以前筹集资金要比急需资金时再筹集更容易。

（4）充分考虑借款可能的支出。对于创业者来说要想获得借款，一般需要提供抵押品或担保品。如果创业者缺乏债权人认可的抵押资产，那么创业者可以申请担保公司为其借款进行担保。但是，担保公司作为营利性的企业会收取部分担保费用。因此，如果创业者拟通过担保公司担保的方式取得借款，那么需要将担保公司的担保费用计入未来的经营成本，以有效地规避经营风险。

（5）选择合适的银行。如果创业者有机会从银行取得借款，那么就需要对不同的银行进行对比，选择合适的银行。一般来说，银行都会对其贷款的风险做出政策性规定，其中有些银行倾向于保守政策，只愿承担较小的贷款风险。企业选择银行贷款是节省利息的第一步。有些银行执行国家规定的基准利率再上浮 30%，而有些银行执行基准利率。显而易见的是，前者会令企业成本上升。因此，创业者应事先通过各种渠道了解银行信息，在选择贷款银行时应该货比三家，以选择最适合创业企业借款的银行。

债权融资的优点有以下五个：第一，企业控制权和所有权得到维护；第二，可选择有利的时间归还；第三，可以节约自有资金；第四，借款成本可在税前列支；第五，通货膨胀可以减少实际还款数。

债权融资的缺点有以下五个：第一，要负担利息成本；第二，要承担将来利润可能不足以归还借款的风险；第三，要让他人了解财务及其他一些保密信息；第四，贷款机构（人）有可能要附加一些限制条款；第五，如果企业经营出现困难，债权人会优先得到清偿。

二、资金筹集风险

资金筹集风险，又称为财务风险，是指企业因借入资金而产生的丧失偿债能力的可能性和企业利润（股东收益）的可变性。企业在筹资、投资和生产经营活动各环节中无不承担一定程度的风险。企业承担风险的程度因负债方式、期限及资金使用方式等不同而面临不同的偿债压力。因此，筹资决策除规划资金需要数量，并以合适的方式筹措到所需的资金外，还必须正确权衡不同筹资方式下的风险程度，并提出规避和防范风险的措施。

1. 资金筹集风险的种类

按照资金筹集风险的成因不同，资金筹集风险可以分为现金性筹资风险和收支性筹资风险。

（1）现金性筹资风险是指由于现金短缺、现金流入的期间结构与债务的期限结构不相匹配而形成的一种支付风险。现金性筹资风险对于企业未来的筹资影响并不大。同时，由于财务处理上受权责发生制的影响，即使企业当期投入大于支出也并不等于企业就有现金流入，即它与企业收支没有直接的关系。现金性筹资风险产生的根源在于企业理财不当，使现金预算安排不妥或执行不力，从而造成支付危机。此外，在资本结构安排不合理、债务期限结构搭配不好时也会引发企业在某一时点的偿债高峰风险。

（2）收支性筹资风险是指企业在收不抵支的情况下出现的到期无力偿还债务本息的风险。收支性筹资风险是一种整体风险，它会对企业债务的偿还产生不利的影响。一旦这种风险产生，即意味着企业经营的失败，或者正处于资不抵债的破产状态。因此，收支性筹资风险产生的原因不仅包括理财不当造成的支付风险，还包括企业经营不当造成的净产量减少。出现收支性筹资风险不仅将使债权人的权益受到威胁，而且将使企业所有者面临更大的风险和压力。因此，它又是一种终极风险，可能会导致企业破产。

2. 资金筹集风险的原因分析

资金筹集风险产生的原因可以从内部和外部两个方面进行。其中，内部原因可以从以下几个方面进行。

（1）负债规模。负债规模是指企业负债总额的大小或负债在资金总额中所占比重的高低。若企业负债规模大、利息费用支出增加，则收益降低而导致丧失偿付能力或破产的可能性也增大。同时，负债比重越高，企业的财务杠杆系数越大，则股东收益变化的幅度也越大。因此，负债规模越大，财务风险也越大。

（2）负债的利率。在同样的负债规模下，负债的利率越高，企业所负担的利息费用支出就越多，企业破产的可能性越大。同时，利率对股东收益的变动幅度也有影响，因为在息税前利润一定的条件下，负债的利率越高，财务杠杆系数越大，股东收益受影响的程度也就越大。

（3）负债的期限结构。负债的期限结构是指企业所使用的长短期借款的相对比重。如果负债的期限结构安排不合理，如应筹集长期资金却采用了短期借款或者相反，都会增加企业的筹资风险。原因在于：第一，如果企业使用长期借款来筹资，它的利息费用在相当长的时期中将固定不变，但是如果企业用短期借款来筹资，则利息费用可能会有大幅度的波动；第二，如果企业大量举借短期借款，并将短期借款用于长期资产，则当短期借款到期时，可能会出现难以筹措到足够的现金来偿还短期借款的风险。此时，若债权人由于企业财务状况差而不愿意将短期借款展期，则企业有可能被迫宣告破产；第三，长期借款的融资速度慢，取得的成本通常较高，而且有一些限制性条款。

从外部分析资金筹集风险产生的原因，主要从以下三个方面着手。

（1）经营风险。经营风险是企业生产经营活动本身所固有的风险，其直接表现为企业息税前利润的不确定性。经营风险不同于筹资风险，但又影响筹资风险。当企业完全用股本融资时，经营风险即企业的总风险，完全由股东均摊。当企业采用股本与负债融资时，由于财务杠杆对股东收益的扩张性作用，股东收益的波动性会更大，而股东所承担的风险将大于经营风险，其差额即筹资风险。如果企业经营不善，营业利润不足以支付利息费用，那么不仅股东收益化为泡影，而且要用股本支付利息，严重时企业将丧失偿债能力，被迫宣告破产。

（2）预期现金流入量和资产的流动性。负债的本息一般要求以现金（货币资金）偿还，因此，即使企业的盈利状况良好，其能否按合同、契约的规定如期偿还本息也要看企业预期的现金流入量是否足额、及时及资产的整体流动性是否合理。现金流入量反映的是现实的偿债能力，而资产的流动性反映的是潜在的偿债能力。如果企业投资决策失误或信用政策过宽，不能足额或及时地实现预期的现金流入量，以支付到期的借款本息，就会面临财务危机。此时，企业为了防止破产可以变现其资产，而各种资产的流动性（变动能力）是不一样的。其中，库存现金的流动性最强，而固定资产的变现能力最弱。企业资产的整体流动性不同，即各类资产在资产总额中所占比重不同，对企业的财务风险产生的影响也不同。当企业资产的整体流动性较强、变现能力强的资产较多时，其财务风险就较小；反之，当企业资产的整体流动性较弱、变现能力弱的资产较多时，其财务风险就较大。很多企业破产不是没有资产，而是因为其资产不能在较短时间内变现，结果不能按时偿还债务，被迫宣告破产。

（3）金融市场。金融市场是资金融通的场所。企业负债经营要受金融市场的影响，如负债利率就取决于取得借款时金融市场的资金供求情况，而且金融市场的波动，如利率、汇率的变动，都会导致企业的筹资风险变动。当企业主要采取短期贷款方式融资时，如遇到金融紧缩，银根抽紧，短期借款利率会大幅度上升，从而会引起利息费用剧增，利润下降，甚至会导致企业因无法支付高涨的利息费用而破产清算。

筹资风险的内因和外因相互联系、相互作用，共同诱发筹资风险。一方面，经营风险、预期现金流入量和资产的流动性及金融市场等因素的影响，只有在企业负债经营的条件下，才有可能导致企业的筹资风险，而且负债比率越大，负债利息越高，负债的期限结构越不合理，企业的筹资风险越大；另一方面，虽然企业的负债比率较高，但企业已进入平稳发展阶段，经营风险较低，且金融市场的波动不大，那么企业的筹资风险相对就较小。

【例 4-6】沿用例 4-2 中的资料，假设上述的视觉营销公司经过广泛的市场调查，并向专业咨询公司进行了咨询，计算出创业所需资金约为 20 万元。两位股东从父母和亲友处筹集到 15 万元的资金，而剩下的 5 万元资金可以通过以下两种方式获得：从当地的商业银行借入 5 万元的贷款，贷款年利率为 10%；出售 25%的股份吸收其同学赵某入股，获得 5 万元的股权资本。

要求：试从融资成本与收益的角度入手，帮助视觉营销公司进行融资决策分析。

解：创业者在进行融资决策时需要考虑许多因素，融资的成本收益比较是要素之一。下面在不扣除所得税情况下，比较两者的税前利润。

（1）债权融资。如果公司以借款筹资，那么每年需支付利息 5 000 元（50 000×10%=5 000），从而减少其税前利润 5 000 元。如果预计公司的利润率为 20%，年度息税前利润为 40 000 元，那么支付利息后的税前利润减少为 35 000 元。

（2）股权融资。如果通过转让股份的方式吸收赵某入股，那么不存在利息的支付事宜，但要与赵某分享利润。也就是说，其息税前利润依然为 40 000 元，但归属于原股东本人的部分只有 30 000 元（40 000×75%=30 000），其中的 10 000 元利润要归新的持股人赵某。

由此可见，债权融资的成本相对较低，而且因为债务的杠杆作用，在企业效益较好时可以给创业者带来更高的经济利益流入。如果股东预计的公司利润率降为 10%，年度息税前利润即由 40 000 元变为 20 000 元，那么每年需要支付的利息依然为 5 000 元（50 000×10%），支付利息后的利润却变为 15 000 元，而通过股权融资的成本计算，归属于原股东的利润只有 15 000 元（20 000×75%=15 000），其中的 5 000 元利润要归新的持股人赵某。

当公司利润率为 10%时，股权融资的成本与债权融资成本持平。如果借款年利息高于 10%，他们应该吸收赵某入股。这是因为股权融资无须归还投资，可以减少企业的资金流出，不存在财务风险，而且由于企业经营初期风险过大，现金流短缺，采用股权融资方式可以避免不能按期还本付息的风险。

3. 资金筹集风险的规避

（1）确定合理的财务结构。在资金结构中，若负债的比例过大，即过度负债经营，则企业依赖于外界的因素过多，将加大经营风险和财务风险。如果生产经营环节稍有脱节，资金回收不及时，资金成本将大幅度增加，就会降低企业经营利润，削弱企业活力，因此企业应把握好负债经营的“度”。创业者要合理确定债务资金与自有资金、短期资金与长期资金的比例关系，并随着企业生产的变化而变化，使企业始终处于一种动态的管理过程。合理确定企业一定时期所需筹集资金的数额是企业资金筹集风险规避的重要内容。一方面，企业要筹集到足够的资金以满足企业生存和发展的需要；另一方面，企业要注意筹集的资金不能过多，防止出现资金的闲置，产生资金的配置风险，增加企业的债务负担。从根本上讲，企业发生财务风险是因为举债，一个全部用自有资本从事经营的企业只有经营风险而没有财务风险。因此，要权衡举债经营的财务风险来确定债务比率，同时还要考虑债务清偿能力，要尽量做到资金的筹集量与资金的需求量相互平衡。从大量负债经营实例中不难得出以下教训：虽然适度举债是企业发展的必要途径，但必须以自有资金为基础，如果资本结构中债务资本过大，必然产生恶性循环。同时，企业偿债能力是对负债经营最敏感的指标。偿债能力是指企业拥有现金或其资产变现能力、债务资本在各项目之间配置的合理程度。从偿债能力看，负债比率越低，企业偿债能力越强，但未必合理，如企业借款利率小于利润率。不同产业的负债经营合理程度是不一样的，企业应具体情况具体分析，充分利用负债经营的优势。

（2）选择正确的筹资方式。企业的筹资方式可归为两大类，即债权融资和股权融资。

一般来说，债权融资的资金成本相对较低，利息税前支付，但偿还风险相对较大，表现为能否及时、足额地还本付息。创业者可以根据利率走势，合理安排债权融资。股权融资的偿还风险相对较小，不存在还本付息的问题，它的风险只在于其使用效益的不确定性上。但是，股权融资的利息需税后支付，资金成本相对较高。

（3）选择适当的筹资机会。筹资机会是客观存在的，而选择适当的筹资机会，不仅影响着筹资的效益，还关系着筹资的风险。企业在选择筹资机会时要考虑以下三点：一是要与企业经济活动的周期和财务状况相匹配；二是要与企业的股票行情相匹配；三是要与企业未来现金流量相匹配。

（4）采用不同渠道确定合理的筹资结构。企业筹集的资金，因为来源、方式、期限或成本的不同，其筹资风险也不同。企业全部资金来源通常可分为自有资金和借入资金、长期资金和短期资金、内部筹资和外部筹资、直接筹资和间接筹资。应将负债经营资产收益率与债务资本成本率进行对比，只有前者大于后者，才能保证本息到期归还，以实现财务杠杆收益。根据组合风险分散理论，多元化筹资可以有效地分散企业的筹资风险，而单一化筹资是不现实的，也可能是非常危险或成本很高的。合理的筹资结构就是筹资组合中各筹资方式的所占比例在将筹资风险最小化的同时又将加权资金成本最小化。

（5）加强财务监控机制。近年来，中共中央反复强调要加强金融监控，并加大了监管力度，但一些企业的金融风险仍有增无减。其原因主要是企业重视了外部环境的制约，而对内控制度的建设关注不够。笔者认为，财务管理在企业管理中具有核心地位和作用，要防范金融风险，建立内控机制，必须强调和发挥财务的管理与监督职能，健全财务监控机制，不断提高财务管理人员的风险意识。财会部门除了自觉地搞好规范化、标准化、制度化建设以外，还必须通过特有的核算和监督手段，去调节、制约整个企业的营运过程，使其沿着健康的轨道运行。财会人员应积极参与企业管理，使自身的理财意识不再仅仅限于传统的“增收节支”，更要增强理财技能，深刻理解和认识急需研究解决的配置资源、重组资产、优化资本结构、缓解债务负担、加速资金周转、提高资金使用效率等问题，因为这必然影响金融风险的及时化解和消除。面对不断变化的财务管理环境，企业应设置高效的财务管理机构，配备高素质的财务管理人员，健全财务管理规章制度，强化财务管理的各项基础工作，使企业财务管理系统有效地运行，以防范因财务管理系统不适应环境变化而产生的财务风险。为了把好投资、融资项目关，企业应建立健全约束机制，提高资金使用效益，规避金融风险，成立投资、融资项日审查委员会。各下属业务单位根据需要成立审查小组，制定、实施一整套审查规定。

第三节　创业财务核算

任务 1　财务核算概述

一、财务核算的含义与特点

财务核算是以货币为主要计量单位，采用一系列专门方法，对企业实际发生的经济活动进行记录、确认、计量等，并提供真实的财务信息的一项管理活动。

财务核算的特点有以下几个：一是，以货币为主要计量单位；二是，对企业实际发生的经济活动进行核算，具体表现是要有真实合法的财务凭证；三是，具有连续性、系统性、全面性和综合性。

二、财务核算机构与人员

1. 财务核算机构

各企业、各单位应按照《中华人民共和国财务法》（以下简称《财务法》）的规定设置财务机构。财务机构是企业单位的组成部分，它与企业的供应机构、生产机构、销售机构一样，都是企业的职能部门。财务机构通常包括财务科、财务部和财务组等。在现代企业中，财务核算与财务管理职能分离，财务机构的设置要取决于企业规模和财务工作的繁简程度。规模较大的企业，在财务机构内设置的岗位较细、较多。规模较小的企业，可以设置一个简单的财务机构。不具备设置财务机构条件的企业，可委托经批准设立从事财务代理记账的中介机构代理记账。

2. 财务核算人员

一个财务机构至少要有一名会计人员和一名出纳人员。在机构内各个岗位之间应建立内部稽核制度，财务人员管“账”，出纳人员管“钱”，出纳人员不得兼任稽核、财务档案保管，以及收入、支出、费用、债权债务账目的登记工作。不具备财务从业资格的人员，不得接受财务专业职务的聘任，不得申请财务人员荣誉证书。各单位不得任用不具备财务从业资格的人员从事财务工作。

三、财务核算对象

会计要素是财务核算对象的具体表现，是构建财务报表的基本指标。企业的经济活动是以交易或事项的形式表现的。这些交易或事项所反映的经济活动多种多样，人们将其中内容相同的事项加以归类，得到资产、负债、所有者权益、收入、费用及利润六个要素。

任务 2 财务凭证

一、财务凭证的分类

财务凭证又称为会计凭证，是指具有一定格式，用以记录经济业务的发生和完成情况，明确经济责任，作为记账依据的书面证明，是重要的财务资料。

按照填制程序和用途不同，财务凭证可分为原始凭证和记账凭证。

1. 原始凭证

原始凭证是在经济业务发生时取得或填制的，用以证明经济业务的发生或者完成情况，并作为记账原始依据的财务凭证。

按照不同的分类标准，原始凭证可以分为不同的类型。按取得来源分类，原始凭证包括外来原始凭证与自制原始凭证。按填制方法分类，原始凭证包括一次性原始凭证、累计原始凭证及汇总原始凭证。企业原始凭证主要有以下几类。

（1）增值税专用发票（见图 4-4）。

×××增值税专用发票

开票日期： 年 月 日

<table>
<tr><td rowspan="2">购货单位</td><td>名称</td><td colspan="3"></td><td colspan="9">纳税人登记号</td><td colspan="10"></td></tr>
<tr><td>地址、电话</td><td colspan="3"></td><td colspan="9">开户银行及账号</td><td colspan="10"></td></tr>
<tr><td colspan="2" rowspan="2">货物或应税劳务名称</td><td rowspan="2">计量单位</td><td rowspan="2">数量</td><td rowspan="2">单价</td><td colspan="9">金 额</td><td rowspan="2">税率/%</td><td colspan="9">税 额</td></tr>
<tr><td>百</td><td>十</td><td>万</td><td>千</td><td>百</td><td>十</td><td>元</td><td>角</td><td>分</td><td>百</td><td>十</td><td>万</td><td>千</td><td>百</td><td>十</td><td>元</td><td>角</td><td>分</td></tr>
<tr><td colspan="2"></td><td></td><td></td><td></td><td></td><td></td><td></td><td></td><td></td><td></td><td></td><td></td><td></td><td></td><td></td><td></td><td></td><td></td><td></td><td></td><td></td><td></td><td></td></tr>
<tr><td colspan="2"></td><td></td><td></td><td></td><td></td><td></td><td></td><td></td><td></td><td></td><td></td><td></td><td></td><td></td><td></td><td></td><td></td><td></td><td></td><td></td><td></td><td></td><td></td></tr>
<tr><td colspan="2"></td><td></td><td></td><td></td><td></td><td></td><td></td><td></td><td></td><td></td><td></td><td></td><td></td><td></td><td></td><td></td><td></td><td></td><td></td><td></td><td></td><td></td><td></td></tr>
<tr><td colspan="2">合 计</td><td></td><td></td><td></td><td></td><td></td><td></td><td></td><td></td><td></td><td></td><td></td><td></td><td></td><td></td><td></td><td></td><td></td><td></td><td></td><td></td><td></td><td></td></tr>
<tr><td colspan="2">价税合计（大写）</td><td colspan="22">仟 佰 拾 万 仟 佰 十 元 角 分 ¥</td></tr>
<tr><td rowspan="2">销货单位</td><td>名称</td><td colspan="3"></td><td colspan="9">纳税人登记号</td><td colspan="10"></td></tr>
<tr><td>地址、电话</td><td colspan="3"></td><td colspan="9">开户银行及账号</td><td colspan="10"></td></tr>
<tr><td>备注</td><td colspan="23"></td></tr>
</table>

第二联：发票联 购货方记账

收款人： 开票单位：（签章）

图 4-4 ×××增值税专用发票

（2）普通发票，是相对于增值税专用发票而言的，是指在销售商品、提供或接受劳务及从事其他经营活动时，所开具和收取的除增值税专用发票之外的其他发票。

（3）入库单，是企业购买材料、商品或自制产品验收入库时由仓库保管人员填制的原始凭证。

（4）领料单，是用料部门从仓库领出材料时由领料人填制的原始凭证。

（5）限额领料单又称为定额领料单，是指当月或一定期间在规定限额内可以多次使用，凭此领发材料的一种累计凭证。

（6）工资结算单，企业为了同职工办理工资结算手续，一般可按车间、部门编制工资结算单，计算对每一职工的应付工资、代扣款项和实发工资。

（7）借款单，是指单位内部所属机构为购买零星办公用品或职工因公出差等向出纳员借款时使用的借款原始凭证。

（8）现金支票，是出票人签发的，委托办理支票存款业务的银行在见票时无条件支付特定金额给收款人或者持票人的票据。

（9）转账支票，填写方法与现金支票基本相同，但它还要填写一份一式三联的进账单，而且进账单上应正确地填写对方的公司名称和账号等相关内容。

2. 记账凭证

记账凭证是会计人员根据审核无误的原始凭证或汇总原始凭证，为确定经济业务应借、应贷的财务科目和金额而填制的，作为登记账簿直接依据的财务凭证。

记账凭证包括专用记账凭证和通用记账凭证。专用记账凭证包括收款凭证、付款凭证和转账凭证。通用记账凭证是既可以反映收付款业务，又可以反映转账业务的记账凭证，其格式与转账凭证相同。经济业务简单或收付款业务不多的单位可使用通用记账凭证（见图4-5）。

通用记账凭证

摘要	总账科目	明细科目	√	借方金额	√	贷方金额

附件××张

图4-5 通用记账凭证

二、财务凭证的传递与保管

1. 财务凭证的传递

财务凭证的传递是指财务凭证从填制到归档保管的整个过程中，在单位内部各有关部门和人员之间的传递程序和传递时间。

2. 财务凭证的保管

每月记账完毕，都要对本月各种记账凭证加以整理，检查有无缺号和附件是否齐全，然后将财务凭证按顺序号排列，装订成册，并指定专人负责。

任务3 财务账簿

《中华人民共和国会计法》（以下简称《会计法》）第三条规定，各单位必须依法设置财务账簿，并保证其真实、完整。财务账簿、财务报告和其他财务资料必须符合国家统一的财务制度的规定。对于不依法设置财务账簿、私设财务账簿、登记财务账簿不符合规定，以及伪造、变造财务账簿的行为，根据情节轻重分别给予行政处分和经济处罚，严重的要追究刑事责任。

一、财务账簿的含义

财务账簿又称为会计账簿，是指由具有一定格式、按一定形式相互联结的账页组成的，以财务凭证为依据，对全部经济业务进行记录与核算的簿籍。

二、财务账簿的种类

1. 按用途分类

（1）序时账簿又称为日记账，是按照经济业务发生或完成时间的先后顺序，逐日逐笔进行登记的账簿。序时账簿按照记录内容的不同，可分为普通日记账和特种日记账。

（2）分类账簿，是对全部经济业务事项按总分类账户和明细分类账户进行分类登记的账簿。

（3）辅助账簿又称为备查账簿，是对某些在序时账簿和分类账簿中未能登记或登记不够详细的经济业务事项进行补充登记的账簿。

2. 按外表形式分类

（1）订本式账簿，是在启用前将编有顺序页码的一定数量的账页装订成册的账簿。订本式账簿一般适用于总分类账、现金日记账和银行存款日记账。

（2）活页式账簿，是将一定数量的账页置于活页夹内，可根据记账内容的变化而随时增加或减少部分账页的账簿。各种明细分类账一般采用活页式账簿。

（3）卡片式账簿，是将一定数量的卡片式账页存放于专用的卡片箱内，可以根据需要随时增添账页的账簿。我国企业一般只对固定资产的核算采用卡片式账簿。

3. 财务账簿按账页格式分类

（1）三栏式账簿，是指设有借方、贷方和余额三个金额栏目的账簿。三栏式账簿可分为设对方科目和不设对方科目两种。各种日记账、总账，以及资本、债权、债务明细账都可以采用三栏式账簿（见图4-6～图4-8）。

总分类账

财务科目　　　　　　　　　　　　　　　　　　　　　　　　　　　　第　页

年		记账凭证		摘要	借方	贷方	借或贷	余额
月	日	种类	号数					

图4-6　总分类账

×××明细账

类别：　　　　　　　　　　品名和规格：

编号：　　　　　　　　　　计量单位：　　　　　存放地点：　　　　　第　页

年		记账凭证		摘要	借方			贷方			余额		
月	日	种类	号数		数量	单价	金额	数量	单价	金额	数量	单价	金额

图4-7　×××明细账（一）

×××明细账

第　页

年		记账凭证		摘要	借（贷）方					贷（借）方	余 额
月	日	种类	号数					……	合计		

图4-8　×××明细账（二）

（2）多栏式账簿，是在账簿的两个金额栏目（借方和贷方）按需要分设若干专栏的账簿。

（3）数量金额式账簿，是采用数量和金额双重记录的账簿。原材料账户、库存商品账户和固定资产账户等一般采用数量金额式账簿。

三、账簿的设置与登记

1. 账簿的设置

一般情况下，企业在进行财务管理时需要设置以下几类账簿。

（1）现金日记账。现金日记账通常使用订本式账簿，由设有“借方（或收入）”“贷方（或支出）”和“余额（或结余）”三栏式结构的账页组成。

（2）银行存款日记账。银行存款日记账一般采用订本式账簿，由设有“借方（或收入）”“贷方（或支出）”和“余额（或结余）”三栏式基本结构的账页组成。

（3）总分类账。总分类账一般只提供货币指标，通常采用三栏式订本账簿，其基本结构为“借方”“贷方”和“余额”三栏。

（4）三栏式明细分类账。三栏式明细分类账的格式与总分类账的格式相同，也使用“借方”“贷方”和“余额”三栏式结构的账页。

（5）多栏式明细分类账。多栏式明细分类账一般在“借方”或“贷方”栏下设立若干专栏，也可在“借方”和“贷方”栏下分别设立若干栏，以便集中反映各账户有关明细项目的详细资料。

（6）数量金额式明细分类账。数量金额式明细分类账采用“借方”“贷方”和“结存”三栏式的基本结构，但在每栏下面又分别设置“数量”“单价”和“金额”三个小栏目。

2. 账簿登记的内容

小企业的财务账簿至少应当对现金余额、应收款项、存货、机器设备等资产情况和应发工资、应付款项、应交税费、银行借款等负债情况，以及企业的收入、费用和利润等情况进行记录。

3. 账簿登记的规则

（1）财务人员必须根据审核无误的财务凭证及时登记各种账簿。

（2）登记账簿后，应在记账凭证的“记账”或“过账”栏内注明账簿的页数或用“√”符号表示已登记入账，并在相应的记账凭证上签章。

（3）登记账簿时，必须使用蓝色、黑色中性笔或者碳素墨水钢笔书写，不得使用铅笔或圆珠笔（银行的复写账簿除外）。

（4）账簿记录的文字必须清晰、端正，摘要内容清楚、简洁，数字书写规范。

（5）登记账簿必须按照事先编定的页次，逐页、逐行地连续记录，不得隔页、缺号、跳行。

（6）各账户结出余额后，应当在“借或贷”栏内写明“借”或“贷”等字样。没有余额的账户用“0”表示。

（7）每一账页登记完毕，应在本账页最末一行加计本页发生额及余额。

（8）账簿记录发生错误时，按照规定的更正错账的方法予以更正。

四、结账

（1）月度结账又称为月结。它是指财务人员在月末，对本月度所发生的财务收入与支出进行结算汇总。

（2）季度结账又称为季结。它是指财务人员在季末，对本季度所发生的财务收入与支出进行结算汇总。

（3）年度结账又称为年结。它是指财务人员在年末，对本年度所发生的财务收入与支出进行结算汇总。

五、财务账簿的保管

（1）财务账簿、财务凭证和财务报表等都是企业的重要档案，必须妥善保管，不得随意丢失和销毁。

（2）对于活页账簿，财务人员应在年末结账后装订成册，并加上封面，统一编号后归档。

（3）各种账簿应按年度分类归档，保证各种账簿的安全和完整。

（4）各种账簿的保管年限和销毁的审批，应按财务制度规定严格执行。

任务4　财务报表

一、财务报表概述

1. 财务报表的含义

财务报表是根据账簿上记录的资料，经过整理、归类、汇总而编制的，能反映企业某特定时点的财务状况，以及一定时期的经营成果和现金流动情况的书面文件。

2. 财务报表的作用

财务报表作为财务报告的主要组成部分，所提供的会计信息具有重要作用，主要体现在以下几个方面。

（1）为企业的投资者进行投资决策提供必要的信息资料。

（2）为企业的债权人提供有关企业债务偿还能力和支付能力的信息资料。

（3）为有关政府部门进行宏观调控、制定经济政策提供依据。

（4）为企业的经营者和职工对企业进行日常管理活动提供必要的信息资料。

（5）为其他报表使用者提供财务参考信息。

二、财务报表分类

1. 按反映的内容分类

按反映的内容，财务报表可分为资产负债表、利润表、现金流量表和其他各种附表。

2. 按编报时间分类

按编报时间不同，财务报表可分为月报表、季报表和年报表。

3. 按编制单位分类

按编制单位不同，财务报表可分为基层报表、汇总报表和合并报表。

三、编制财务报表前的基础工作

（1）结清账户。结账之前，企业对所有已经发生的收入、支出、债权、债务、应该摊销或预提的费用，以及其他已经发生并完成的经营活动和财务收支事项应已全部登记入账，并在此基础上结出所有总账和明细账余额。

（2）对账并进行检查。对各种账簿记录，在编表之前必须进行审查核对，做到账账相符、账证相符；对财产物资进行盘点清查，并进行相关账务处理，以求账实相符。

（3）编制余额试算平衡表。

四、资产负债表的编制

1. 资产负债表的含义

企业资金运动处于静态状况时，表现为一定时点上的资产总值和权益总值（包括负债和所有者权益），体现了资金的使用和资金的来源两个方面。其中，资产类各项目反映了资金的使用情况；负债和所有者权益类各项目反映了资金的来源情况。

2. 资产负债表的作用

资产负债表较全面地提供了企业在某一特定日期的财务状况，包括企业所拥有的各种经济资源（资产）、企业所负担的债务（负债）及企业所有者在企业里所享有的权益（所有者权益）。资产负债表的重要作用主要体现在以下几个方面。

（1）有助于了解企业所掌握的经济资源及其分布情况。资产负债表中资产类各项目反映了企业拥有或控制的经济资源总额，而企业占用的经济资源反映了未来的经济利益。因此，信息使用者可以据此了解、判断企业的规模、实力及未来的发展潜力，判断其经济资源结构的合理性。

（2）有助于分析、评价、预测企业的偿债能力。偿债能力是指企业以其资产偿付债务的能力，一般分为短期偿债能力和长期偿债能力。在资产负债表中，资产、负债等项目通常按其流动性排列，这种排列方式有助于信息使用者评估不同类别资产的变现能力，预测未来现金流入的金额、时间及其不确定性；有助于评估不同类别负债偿还的先后顺序，预测未来现金流出的金额、时间顺序及其不确定性；有助于根据有关资产项目和负债项目的对比来评价企业的短期偿债能力。

（3）有助于预测企业未来的财务趋势。信息使用者通过企业债务规模、债务结构及与所有者权益的对比，可以分析企业向投资者及其债权人筹措资金的能力；通过对企业利润及营业收入和资产总额等的分析，可预测企业未来的发展趋势。

3. 资产负债表的格式

资产负债表采用账户式的格式。报告式资产负债表是将报表项目自上而下排列，最上方列示资产项目，接着列示负债项目，最下方列示所有者权益项目。资产负债表（简表）的格式如表 4-3 所示。

表 4-3　资产负债表

会企 01 表

编制单位：　　　　　　　　　　　　　　年　　月　　　　　　　　　　　　单位：元

资　　产	期末余额	年初余额	负债和所有者权益	期末余额	年初余额
流动资产：			流动负债：		
货币资金			短期借款		
应收账款			应付账款		
预付款项			预收款项		
应收利息			应付职工薪酬		
应收股利			应交税费		
其他应收款			应付利息		
存货			应付利润		
一年内到期的非流动资产			其他应付款		
其他流动资产			一年内到期的非流动负债		
流动资产合计			其他流动负债		
			流动负债合计		
非流动资产：			非流动负债：		
长期应收款			长期借款		
长期股权投资			其他非流动负债		
固定资产			非流动负债合计		
在建工程			负债合计		
工程物资			所有者权益：		
			实收资本		
无形资产			资本公积		
其他非流动资产			盈余公积		
非流动资产合计			未分配利润		
			所有者权益合计		
资产合计			负债和所有者权益总计		

4. 资产负债表的基本原理

企业资金的使用和资金的来源之间存在平衡关系，表现为“资产=负债+所有者权益”。这一基本财务等式不仅是资金平衡的理论依据，还是编制资产负债表的理论基础。

5. 资产类项目的填报方法及内容

“货币资金”项目反映企业“库存现金”“银行存款”“其他货币资金”的合计。

“应收账款”项目反映企业因销售商品、提供劳务等经营活动应收取的款项。

“预付款项”项目反映企业按照购货合同规定预付给供应单位的款项等。

“应收利息”项目反映企业应收取的债券投资等的利息。

“应收股利”项目反映企业应收取的现金股利和应收取其他单位分配的利润。

"其他应收款"项目反映企业除应收账款、预付账款、应收股利、应收利息等经营活动以外的其他各种应收、暂付的款项。

"存货"项目反映企业期末在库、在途和在加工中的各种存货的可变现净值，包括原材料、库存商品等的价值。

"一年内到期的非流动资产"项目反映企业将于一年内到期的非流动资产项目金额。

"其他流动资产"项目反映企业除货币资金、应收账款、预付款项、应收利息、应收股利、其他应收款和存货等流动资产以外的其他流动资产。

"长期应收款"项目反映企业融资租赁产生的应收款项、采用递延方式具有融资性质的销售商品和提供劳务等产生的长期应收款项等。

"长期股权投资"项目反映企业持有的对子公司、联营企业和合营企业的长期股权投资。

"固定资产"项目反映企业各种固定资产原价减去累计折旧和累计减值准备后的净额。

"在建工程"项目反映企业期末各项未完工程的实际支出，包括交付安装的设备价值、未完工建筑安装工程已耗用的材料、工资和费用支出、预付出包工程的价款等可收回金额。

"工程物资"项目反映企业尚未使用的各项工程物资的实际成本。

"无形资产"项目反映企业持有的无形资产，包括专利权、非专利技术、商标权、著作权和土地使用权等。

"其他非流动资产"项目反映企业除长期股权投资、固定资产、在建工程、工程物资和无形资产等资产以外的其他非流动资产。

6. 负债类项目的填报方法及内容

"短期借款"项目反映企业向银行或其他金融机构等借入的期限在1年以下（含1年）的各种借款。

"应付账款"项目反映企业因购买材料、商品和接受劳务供应等经营活动应支付的款项。

"预收款项"项目反映企业按照销货合同规定预收购货单位的款项。

"应付职工薪酬"项目反映企业根据有关规定应付给职工的工资、职工福利、社会保险费、住房公积金、工会经费、职工教育经费、非货币性福利和辞退福利等各种薪酬。

"应交税费"项目反映企业按照税法规定计算应交纳的各种税费，包括增值税、消费税、营业税、所得税、资源税、土地增值税、城市维护建设税、房产税、土地使用税、车船使用税、教育费附加和矿产资源补偿费等。

"应付利息"项目反映企业按照规定应当支付的利息，包括分期付息到期还本的长期借款应支付的利息、企业发行的企业债券应支付的利息等。

"应付利润"项目反映企业分配的利润。

"其他应付款"项目反映企业除应付票据、应付账款、预收款项、应付职工薪酬、应付利润、应付利息和应交税费等经营活动以外的其他各项应付、暂收的款项。

"一年内到期的非流动负债"项目，反映企业非流动负债中将于资产负债表统计日后一年内到期部分的金额，如将于一年内偿还的长期借款。

"其他流动负债"项目反映企业除短期借款、交易性金融负债、应付票据、应付账款、应付职工薪酬、应交税费等流动负债以外的其他流动负债。

"长期借款"项目反映企业向银行或其他金融机构借入的期限在一年以上（不含一年）

的各项借款。

“其他非流动负债”项目反映企业除长期借款、应付债券等负债以外的其他非流动负债。

7. 所有者权益类项目的填报方法及内容

“实收资本”项目反映企业各投资者实际投入的资本（或股本）总额。

“资本公积”项目反映企业资本公积的期末余额。

“盈余公积”项目反映企业盈余公积的期末余额。

“未分配利润”项目反映企业尚未分配的利润。

【例 4-7】黎明创业公司 2018 年 9 月发生的经济业务情况以及 8 月的资产负债情况分别如表 4-4 和表 4-5 所示。

表 4-4　账户余额表

编制单位：黎明创业公司　　2018 年 9 月 30 日　　单位：元

借　　方	期末余额	年初余额	负债和所有者权益	期末余额	年初余额
库存现金	5 000		短期借款	60 000	
银行存款	35 000		应付账款	50 000	
应收账款	20 000		其他应付款		
其他应收款			应付职工薪酬		
原材料	150 000		应交税费	10 000	
库存商品	120 000		应付利息		
周转材料	10 000		其他流动负债		
长期股权投资			长期借款	30 000	
固定资产	340 000		累计折旧	30 000	
长期待摊费用			实收资本	500 000	
在建工程			资本公积		
无形资产			盈余公积		
			本年利润		
借方余额总计	680 000		贷方余额总计	680 000	

表 4-5　2018 年 8 月 31 日资产负债表

编制单位：黎明创业公司　　2018 年 8 月 31 日　　单位：元

资　　产	期末余额	年初余额	负债和所有者权益	期末余额	年初余额
流动资产：			流动负债：		
货币资金	30 000	25 000	短期借款	50 000	40 000
应收账款	10 000	5 000	应付账款	10 000	10 000
存货	260 000	250 000	应付职工薪酬	0	
一年内到期的非流动资产	0		应交税费	10 000	0
其他流动资产	0		一年内到期的非流动负债	0	

续表

资　产	期末余额	年初余额	负债和所有者权益	期末余额	年初余额
			其他流动负债	0	
流动资产合计	300 000	280 000	流动负债合计	70 000	50 000
非流动资产：			非流动负债：		
长期股权投资	0		长期借款	30 000	30 000
固定资产	300 000	300 000	其他非流动负债	0	
减：累计折旧	30 000				
无形资产	0		非流动负债合计	30 000	30 000
其他非流动资产	0		负债合计	100 000	80 000
非流动资产合计	300 000	300 000	所有者权益：		
			实收资本	500 000	500 000
			资本公积	0	
			盈余公积	0	
			未分配利润	0	
			所有者权益合计	500 000	500 000
资产总计	600 000	580 000	负债和所有者权益总计	600 000	580 000

要求：根据以上资料编制该公司2018年9月的资产负债表。

解：根据以上资料编制的该公司2018年9月30日的资产负债表如表4-6所示。

表4-6　2018年9月30日资产负债表

编制单位：黎明创业公司　　　　2018年9月30日　　　　单位：元

资　产	期末余额	年初余额	负债和所有者权益	期末余额	年初余额
流动资产：			流动负债：		
货币资金	40 000	25 000	短期借款	60 000	40 000
应收账款	20 000	5 000	应付账款	50 000	10 000
存货	280 000	250 000	应付职工薪酬	0	
一年内到期的非流动资产	0		应交税费	10 000	0
其他流动资产	0		一年内到期的非流动负债	0	
			其他流动负债	0	
流动资产合计	340 000	280 000	流动负债合计	120 000	50 000
非流动资产：			非流动负债：		
长期股权投资	0		长期借款	30 000	30 000
固定资产	340 000	300 000	其他非流动负债	0	
减：累计折旧	30 000				
无形资产	0		非流动负债合计	30 000	30 000

续表

资　　产	期末余额	年初余额	负债和所有者权益	期末余额	年初余额
其他非流动资产	0		负债合计	150 000	80 000
非流动资产合计	310 000	300 000	所有者权益：		
			实收资本	500 000	500 000
			资本公积	0	
			盈余公积	0	
			未分配利润	0	
			所有者权益合计	500 000	500 000
资产总计	650 000	580 000	负债和所有者权益总计	650 000	580 000

五、利润表的编制

1. 利润表的含义

利润表又称为损益表，是反映企业一定财务期间（如月度、季度、半年度或年度）生产经营成果的财务报表。它把企业一定期间的收入与同一期间相关的费用进行配比，计算出该特定期间的净利润（或净亏损）。

2. 利润表的作用

利润表的作用表现在以下几个方面：一是可以反映企业一定财务期间的收入实现情况；二是可以反映一定财务期间的费用情况；三是可以反映企业生产经营活动的成果，即净利润的实现情况；四是可以将销货成本与存货平均余额进行比较，计算出存货周转率；五是可以将净利润与资产总额进行比较，计算出资产收益率等；六是可以表现企业资金周转情况及企业的盈利能力和水平，便于财务报表使用者判断企业未来的发展趋势，为决策者提供依据或参考。

3. 利润表的格式

多步式利润表实际上是运用财务核算原则中的配比原则，即把收入和为了取得收入所发生的费用按性质归类，按利润形成的主要环节列示一些中间性指标，分步计算出当期净损益。我国使用的是多步式利润表，其格式如表4-7所示。

表4-7　利润表的格式

会企02表

编制单位：　　　　年　　月　　　　单位：元

项　　目	本期金额	上期金额
一、营业收入		
减：营业成本		
营业税金及附加		
销售费用		
管理费用		
财务费用		

续表

项　目	本期金额	上期金额
加：投资收益		
加：补贴收入		
二、营业利润（亏损以“-”号填列）		
加：营业外收入		
减：营业外支出		
三、利润总额（亏损以“-”号填列）		
减：所得税费用		
四、净利润（净亏损以“-”号填列）		

4. 利润表的基本原理

利润表是根据“收入-费用=利润”的基本关系编制的，其具体内容取决于收入、费用、利润等财务要素。利润表项目是收入、费用和利润要素内容的具体体现。从反映企业经营资金运动的角度来看，它是一种反映企业经营资金动态表现的报表，主要提供有关企业经营成果方面的信息，属于动态财务报表。

5. 利润表的主要内容

（1）构成主营业务利润的各项要素。从主营业务收入出发，减去为取得主营业务收入而发生的相关费用、税金后得出主营业务利润。

（2）构成营业利润的各项要素。营业利润是在主营业务利润的基础上，加其他业务利润，减营业费用、管理费用、财务费用后得出的。

（3）构成利润总额（或亏损总额）的各项要素。利润总额（或亏损总额）是在营业利润的基础上，加（减）投资收益（损失）、补贴收入、营业外收支后得出的。

（4）构成净利润（或净亏损）的各项要素。净利润（或净亏损）是在利润总额（或亏损总额）的基础上，减本期计入损益的所得税费用后得出的。

在利润表中，企业通常按各项收入、费用及构成利润的各个项目分类分项列示。也就是说，收入按其重要性进行列示，主要包括主营业务收入、其他业务收入、投资收益、补贴收入和营业外收入；费用按其性质进行列示，主要包括主营业务成本、税金及附加、营业成本、管理费用、财务费用、其他业务支出、营业外支出和所得税费用等；利润按营业利润、利润总额和净利润等利润的构成分类分项列示。

【例 4-8】黎明创业公司 2018 年 12 月各项目的账户发生额如下：主营业务收入 100 万元；主营业务成本 60 万元；税金及附加 3 万元；其他业务收入 12 万元；其他业务成本 9 万元；销售费用 6 万元；管理费用 5.2 万元；财务费用 2 万元；投资收益 1 万元；补贴收入 2 万元；营业外收入 1.2 万元；营业外支出 1 万元。

要求：（1）根据以上各项目的账户的发生额编制利润表。

（2）计算公司的利润总额、所得税费用（所得税税率为 25%）及净利润。

解：

（1）根据以上资料编制的该公司 2018 年 12 月的利润表如表 4-8 所示。

表 4-8　利润表

会企 02 表

编制单位：黎明创业公司　　　　2018 年　12　月　　　　单位：元

项　　目	本 期 金 额	上 期 金 额
一、营业收入	1 120 000	
减：营业成本	690 000	
税金及附加	30 000	
销售费用	60 000	
管理费用	52 000	
财务费用	20 000	
加：投资收益	10 000	
加：补贴收入	20 000	
二、营业利润（亏损以“-”号填列）	298 000	
加：营业外收入	12 000	
减：营业外支出	10 000	
三、利润总额（亏损以“-”号填列）	3 000 000	
减：所得税费用	75 000	
四、净利润（净亏损以“-”号填列）	225 000	

（2）利润总额=主营业务收入 100-主营业务成本 60-税金及附加 3+其他业务收入 12-其他业务成本 9-销售费用 6-管理费用 5.2-财务费用 2+投资收益 1+补贴收入 2+营业外收入 1=30（万元）。

所得税费用=30×25%=7.5（万元）。

净利润=30-7.5=22.5（万元）。

任务 5　财务管理与分析

一、财务管理目标

企业组织形式的不同，可能使其在财务管理目标的定位和表述上不尽相同。但一般在理论上，财务管理目标至少存在以下表述方式。

1. 利润最大化

以利润最大化为财务管理目标，意味着企业生产经营所涉及的各项财务决策都必须以能否带来利润、能带来多少利润为判断依据。

2. 股东财富最大化

股东财富最大化是指企业经理人通过财务上的合理运营，为股东带来更多的财富。该目标强调财务管理的终极服务对象是股东。

为实现企业利润最大化或股东财富最大化的整体目标，需要将财务管理目标分解为财务管理活动的具体目标：企业筹资管理的目标可表述为在满足生产经营需要的情况下，不断降低资金成本和财务风险；投资管理的目标可表述为认真进行投资项目的可行性研究，力求提高投资报酬，降低投资风险；企业运营资金的管理目标可表述为合理使用资金，加速资金周转，不断提高资金的利用效率；利润管理的目标可表述为通过采取各项措施，努力提高企业利润水平，合理分配企业利润。企业经营者应当以财务管理目标为依据，进行各项生产经营决策，不断提高企业利润，增加股东财富。

二、企业运营资金需要量预测

资金需要量预测是指企业根据生产经营的需求，对未来所需资金的估计和推测。它是企业编制融资计划的基础。企业所需要的这些资金，一部分来自企业内部，另一部分来自外部融资。企业筹集资金时，首先要对资金需要量进行预测，即对企业未来组织生产经营活动的资金需要量进行估计、分析和判断。

1. 定性预测法

定性预测法是根据调查研究所掌握的情况和数据资料，凭借预测人员的知识和经验，对资金需要量做出预测的方法。这种方法一般不能提供有关事件确切的定量概念，主要是定性地估计某一事件的发展趋势、优良程度和发生的概率。定性预测是否正确，取决于预测者的知识和经验。在进行定性预测时，虽然要汇总各方面人士的意见，综合地说明财务问题，但也须将定性的财务资料进行量化，这并不改变这种方法的性质。定性预测法主要是根据经济理论和实际情况进行理性的、逻辑的分析和论证，以定量方法作为辅助。该方法一般在缺乏完整、准确的历史资料时采用。

2. 定量预测法

定量预测法是指以资金需要量与有关因素的关系为依据，在掌握大量历史资料的基础上选用一定的数学方法加以计算，并将计算结果作为预测的一种方法。定量预测方法有很多，如资金习性预测法、趋势分析法、相关分析法和线性规划法等。下面主要介绍资金习性预测法和趋势分析法。

资金习性预测法是指根据资金占用量与产品产销量之间的依存关系进行定量预测的方法。按照这种依存关系，占用资金可以分为不变资金、变动资金和半变动资金。不变资金是指在一定的产销规模内不随产量（或销量）变动的资金，主要包括为维持经营活动展开而占用的最低数额的现金、原材料的保险储备、必要的成品储备，以及厂房、机器设备等固定资产占用的资金。变动资金是指随产销量变动而同比例变动的资金，一般包括在最低储备以外的现金、存货、应收账款等所占用资金。半变动资金是指受产销量变动的影响不成同比例变动的资金，如一些辅助材料占用的资金等。半变动资金可采用一定的方法划分为不变资金和变动资金两个部分。

趋势分析法是指通过对有关指标的各期对基期的变化趋势的分析，从中发现问题，为追索和检查账目提供线索的一种分析方法。例如，通过对应收账款的趋势分析，就可以对坏账的可能性与应催收的贷款做出一般评价。

3. 资金需要量的回归分析预测法

回归分析预测法是指假定资金需要量与销售额之间存在线性关系，然后根据历史资料，用最小二乘法确定回归直线方程的参数，利用直线方程预测资金需要量的一种方法。其预测模型为

$$y = a + bx$$

式中，y 为资金需要量；x 为销售额；a 为固定的资金需要量（即不随销售额增加而变化的资金需要量）；b 为变动资金率（即每增加 1 元的销售额需要增加的资金）。

三、现金流管理

企业现金流量管理水平往往是决定企业持续运营的关键，国为现金不仅可以促使企业持续经营，还可以壮大企业。加强对企业现金流的管理，确保企业随时有足够的现金来支持经营及支付债务，是企业财务管理的基本原则之一。创业者可以借助现金预算的手段，结合企业以往的经验，通过精确地预测未来的现金流状况，确定合理的现金预算额度和最佳现金持有量，保证充足的流动性。

编制现金预算通常采用的方法是现金收支全额法。这一方法是把计划期内涉及资金流动的财务活动全部加以反映。其基本结构可分为四大部分，即预期资金流入、预期资金流出、期末现金净流量和资金融通与调剂。

1. 预期资金流入

预期资金流入的主要来源是产品销售收入，其次是其他业务收入、营业外收入及投资收益等。投资者追加投入、吸收风险投资等也是企业预期资金流入的重要渠道，在预计现金流量时需予以考虑。

2. 预期资金流出

预期资金流出包括采购直接材料的现金支出、直接人工支出、制造费用、销售费用、管理费用、还本付息、分红及购买固定资产等项目中的现金支出。这些支出的数据分别来源于直接材料采购预算、直接人工预算、制造和营业费用预算、其他现金支出预算等。

3. 期末现金净流量

预期现金收入合计减去支出合计，就是期末现金净流量。若期末现金净流量为正数，说明现金溢余，企业可根据需要用于偿还过去的借款或进行短期投资，但还款或投资后仍需保持最低现金余额，以保证企业的资金供应；若期末现金净流量为负数，说明现金不足，企业需从外部筹集资金，如通过向银行取得新借款或发行债券或股票等方式筹资，以满足企业经营业务的需要。

4. 资金融通与调剂

资金融通是指企业内部营业机构之间互相借款。它是以信用方式调剂资金余缺的一种经济活动，具有偿还性特征。资金调剂是指企业内部营业机构之间 A 借用 B 的资金或设备，B 借用 C 的资金或设备。

四、现金预算

1. 现金预算的编制

现金预算的编制是以各项营业预算和资本预算为基础的，它反映各预算期的收入款项和支出款项，并做对比说明。

现金预算可以是年度现金预算，也可以是月度现金预算。如果采用计算机进行编制，还可以按日进行预算，以更好地监控企业每日的现金流入与流出数量。

现金预算的格式如表 4-9 所示。

表 4-9 现金预算

单位：元

时　　间	1月	2月	3月	4月	5月	6月	7月	8月	9月	10月	11月	12月	全年
期初现金余额													
加：销货现金收入													
其他现金流入													
可供使用现金													
减：各项支出													
直接材料费													
直接人工费													
制造费用													
营业费用													
所得税费用													
购买设备、厂房费用													
支出合计													
现金多余或不足													
借款融资													
归还借款													
借款利息													
期末现金余额													

2. 现金流管理

现金流管理不仅要编制现金预算、合理估计未来的现金需求，还要对日常现金收支进行控制，以加速收款、延迟付款、减少资金占用和加快资金周转，为企业带来更高的经济效益。

（1）加速收款。应收账款是赊销过程中形成的客户对企业的欠款。应收账款的使用成本可分为三部分：一是应收账款占用了企业可投资于其他项目的资金而形成的一定的机会成本；二是对应收账款的管理带来的管理成本；三是应收账款因故不能收回而形成的坏账成本。因此，加强应收账款管理、尽快收回货款，可以减少客户对企业资金的免费占用，降低应收账款的使用成本。

（2）延迟付款。应付账款是企业在赊购过程中形成的对供应商的欠款。尽管创业者希望在尽可能不损害与供应商关系的前提下延迟付款，增加可供企业使用的现金流量，但延迟付款不一定总是好事。在企业拥有足够的现金或者能够取得更低利率的借款时，享受由供应商提供的付款折扣也许会大大降低企业的资金成本。

假定供应商提供的付款条件是“2/10，*n*/30”，则意味着全部款项在 30 天到期时支付，但如果企业在 10 天内付款可以享受 2%的现金折扣。这时企业放弃现金折扣的成本计算为

$$放弃现金折扣成本=2\%\div(1-2\%)\times[360\div(30-10)]\approx36.73\%$$

如果企业能够借到年利率低于 36.73%的款项，则应该享受该笔现金折扣，而不是延迟付款。

五、财务分析

财务分析是以财务核算、报表资料及其他相关资料为依据，采用一系列专门的分析技术和方法，对企业等经济组织过去和现在的有关筹资活动、投资活动、经营活动、分配活动的盈利能力、营运能力、偿债能力和增长能力等进行分析与评价的经济管理活动。它能够为企业的投资者、债权人、经营者及其他关心企业的组织或个人了解企业过去、评价企业现状、预测企业未来和做出正确决策提供准确的信息或依据。

财务分析的方法与分析工具众多，具体应用应根据分析者的目的而定。

1. 比较分析法

比较分析法，是通过对比两期或连续数期财务报告中的相同指标，确定其增减变动的方向、数额和幅度，来说明企业财务状况或经营成果变动趋势的一种方法。

（1）不同时期财务指标的比较。不同时期财务指标的比较主要有以下两种方法：一是定基动态比率，它是以某一时期的数额为固定的基期数额计算出来的动态比率；二是环比动态比率，它是以每一分析期的数据与上期数据相比较计算出来的动态比率。

（2）财务报表项目构成的比较。财务报表项目构成的比较以财务报表中的某个总体指标作为 100%，再计算出各组成项目占该总体指标的百分比，从而比较各个项目百分比的增减变动，以此来判断有关财务活动的变化趋势。

2. 比率分析法

比率分析法是通过计算各种比率指标来确定财务活动变动程度的方法。比率分析法的指标主要有构成比率、效率比率和相关比率。

（1）成比率，又称为结构比率，是某项财务指标的各组成部分数值占总体数值的百分比，反映部分与总体的关系。

（2）效率比率是某项财务活动中所费与所得的比率，反映投入与产出的关系。

（3）相关比率是以某个项目和与其有关但又不同的项目加以对比所得的比率，反映有关经济活动的相互关系。

3. 因素分析法

因素分析法是依据分析指标与其影响因素的关系，从数量上确定各因素对分析指标影响方向和影响程度的一种方法。因素分析法有两种，即连环替代法和差额分析法。

4. 营运能力分析法

营运能力是企业在一定时期管理资产运营效率的能力。营运能力通常用各种资产的周转率表示，反映企业资产使用的效率情况，代表企业投入和运用单位资产产生营业收入的能力。资金周转得越快，企业创造营业收入的能力越强。测度资产运营效率的指标主要有总资产周转率、流动资产周转率、非流动资产周转率、存货周转率、应收账款周转率和营业周期等。

（1）总资产周转率。它是营业收入与平均资产总额的比值，表明企业全部资产在一年中的周转次数，反映企业单位资产投资所产生的营业收入。其计算公式为

总资产周转率=营业收入/平均资产总额

在营业收入净利率不变的情况下，资金周转的次数越多，资产的运营效率越高，产生的利润就越多。一年按 365 天计算，总资产周转天数=365÷总资产周转率。总资产周转天数表示总资产周转一次所需要的时间。时间越短，总资产的运营效率越高，获取利润的能力越强。

（2）流动资产周转率。它是营业收入与平均流动资产的比值，表明流动资产在一年中周转的次数，反映单位流动资产所产生的营业收入。流动资产周转速度快，会相对节约流动资产，等于相对扩大了资产投入，增强了企业获取利润的能力。其计算公式为

流动资产周转率=营业收入/平均流动资产

在制造企业的流动资产中，应收账款和存货占到很大的比重，其周转率会对流动资产周转率有较大的影响。

（3）非流动资产周转率。它是营业收入与平均非流动资产的比值，表明非流动资产在一年中周转的次数，反映单位非流动资产所产生的营业收入和非流动资产的管理效率。其计算公式为

非流动资产周转率=营业收入/平均非流动资产

非流动资产周转率的影响因素是在建工程、工程物资等当期不能投入企业生产中的资产项目，以及固定资产、无形资产、其他长期资产等项目。过多的在建工程、工程物资等会导致整个企业的资产周转率下降。

（4）存货周转率。它是指营业收入与平均存货的比值或主营业务成本与平均存货的比值。存货周转率表明存货在一年中的周转次数，是衡量和评价企业购入存货、投入生产、销售收回等各环节管理状况的综合性指标。存货周转率越高，存货的占用水平越低，流动性越强，存货转换为现金、应收账款的周转速度越快。其计算公式为

存货周转率=主营业务收入/平均存货

用 365 天除以存货周转率可以计算出存货的周转天数。存货的周转天数反映存货周转一次所需要的时间。企业的运营模式、组织结构、生产流程、其他财务政策及行业特征等都可能会影响到企业的存货周转率。企业可以通过采用订单式生产、减少分支机构、优化生产工艺流程、采用较为紧缩的信用政策等方式加速存货周转，提高存货的管理效率。

（5）应收账款周转率。它是主营业务收入与平均应收账款的比值，表明应收账款在一年中的周转次数，是反映企业应收账款变现速度和管理效率的指标。应收账款周转率越高，周转次数越多，表明企业应收账款的回收速度越快，企业经营管理的效率越高，资产的流动性越强，短期偿债能力也越强。其计算公式为

应收账款周转率=主营业务收入/平均应收账款

企业通过赊销可以扩大产品的销量、增强竞争力、提升市场份额、巩固客户关系等，但应收账款作为企业扩大销售和盈利而进行的投资，会带来管理成本、机会成本、收账成本和坏账损失成本等。企业应在赊销带来的收入和应收账款增加带来的成本之间进行比较与分析，以寻求总成本最小的应收账款管理政策。

（6）营业周期。它是存货周转天数与应收账款周转天数之和。其计算公式为

营业周期=存货周转天数+应收账款周转天数

创业者应提高各种资产的周转速度，使其发挥更大的作用，从而提升企业的运营能力，合理利用资金，创造更多的财富。

5. 盈利能力分析法

盈利能力是企业在一定时期内产生利润的能力。企业经营的直接目的是赚取利润，在保持企业经营持续稳定的基础上追求良好的成长性。盈利能力较强的企业具有较强的主营业务竞争力和通过持续投入研发与投资新项目拓展新业务的能力。另外，盈利能力对投资者的收益回报和再投资有重要影响。因此，盈利能力通常被认为是企业重要的经营业绩衡量标准。常用的衡量盈利能力的指标有净资产收益率、总资产收益率和营业收入净利率等，分别从净资产、总资产和营业收入的角度测度企业产生净利润的能力。

企业盈利能力的分析指标均是正指标。在其他条件相同的情况下，企业盈利能力的分析指标值越高，说明企业单位总资产、净资产和营业收入赚取利润的能力越好。创业者出于对投资资产保值增值的需要，会密切关注企业的盈利能力。

6. 财务状况的综合分析法

财务状况的综合分析法是以财务报表等核算资料为基础，将各项财务分析指标作为一个整体，全面、系统、综合地对企业财务状况、经营成果进行分析与评价，从而掌握企业整体财务状况和效益情况的方法。

通过对资产负债表和利润表的分析，以及对偿债能力、盈利能力和营运能力的分析，可以从不同的角度了解企业的财务状况和经营成果，但其未能揭示企业不同报表之间及各种财务指标之间的内在联系。实际上，企业的财务状况是一个完整的系统，各因素之间都是相互依存、相互影响的，而且任何一个因素的变动都会引起企业整体财务状况的改变。因此，创业者必须深入地了解企业财务内部的各项因素状况及相互关系。

【例 4-9】假设黎明公司 2016—2018 年没有对外投资，营业外收支均为零，所得税税率为 25%。其部分的财务指标如表 4-10 所示。

表 4-10 黎明公司的部分财务指标

单位：万元

指 标	2016 年	2017 年	2018 年
营业收入	500	520	600
总资产	300	320	350
总负债	100	120	150
所有者权益合计	200	200	200
流动比率	1.1	1.2	1.2
应收账款周转天数	20	25	22
存货周转率	8.0	7.0	6.0
长期债务/所有者权益	0.40	0.35	0.45

续表

指　标	2016 年	2017 年	2018 年
总资产周转率/%	2.5	2.2	2
营业利润率/%	16.0	18.0	17.0

要求：（1）计算该公司 2016—2018 年的资产负债率与利润。

（2）分析该公司运用资产获利能力的变化及其原因。

（3）试从创业者的角度分析，在 2019 年公司应从哪些方面努力才能改善目前的财务状况和经营业绩。

解：

（1）根据财务指标可知：

2016 年资产负债率=100/300×100%≈33.3%

2017 年资产负债率=120/320×100%≈37.5%

2018 年资产负债率=150/350×100%≈42.9%

2016 年利润=500×16.0%=80.0（万元）

2017 年利润=520×18.0%=93.6（万元）

2018 年利润=600×17.0%=102.0（万元）

（2）该公司运用资产获利能力的变化总体趋势良好，总负债、总资产、营业收入也在逐年提升。但是，应收账款周转天数、营业利润率等在波动，还不够稳定；2018 年营业利润率比 2017 年下降了 1 个百分点。

（3）从创业者的角度分析，在 2019 年公司应从以下几个方面努力才能改善目前的财务状况和经营业绩：一是拓宽营销渠道；二是提高总资产周转率和存货周转率（次数）；三是缩短应收账款周转天数；四是增加销售收入。

课后作业

创业基础课程

1．如何理解股权融资与债权融资？在实际创业中如何运用股权融资和债权融资？

2．如何了解企业财务状况与盈利能力？

第五章　商 业 模 式

教学内容

1. 商业模式的类型。
2. 创业画布。
3. 商业模式的设计。

教学目的

1. 了解商业模式的类型。
2. 熟悉创业画布。
3. 掌握商业模式的设计。

对于一个企业来讲，商业模式关系着其在未来发展的方向，是非常核心、基础的问题。可以说，如果缺乏好的商业模式，再好的产品、技术甚至品牌最终都会消失。由此可见，商业模式对企业经营十分重要。如果将商业模式比作道，那么企业的产品、技术、品牌和销售就是术，两者是相辅相成、辩证统一的。好的商业模式需要配备强大的执行力、品牌建设、技术研发及产品精准设计等。因此，创业者要在充分重视产品、技术、品牌和销售的基础上，更加重视企业商业模式的设定。商业模式是企业发展的方向、原点和基石，如果企业确定的商业模式出现问题，那么企业就难以长期运营。

第一节　商业模式概述

商业模式的首次提出是在 20 世纪 50 年代，但一直到 20 世纪 90 年代后才开始被广泛使用和传播，现在已经成为创业者和风险投资者常用的名词。创业者将发现的机会与信息逻辑化后形成的商业创意，最终可能会演变为商业模式。

简而言之，商业模式是指盈利的模式，即企业通过什么途径或方式来获取利润。例如，饮料公司通过卖饮料来获取利润；快递公司通过送快递来获取利润；网络公司通过点击率来获取利润；通信公司通过收话费来获取利润；超市通过平台和仓储来获取利润；等等。只要有获取利润的地方就有商业模式存在。

一、商业模式的含义

企业与企业之间、企业的部门之间、企业与顾客之间、企业与渠道之间都存在各种各样的交易关系，它们共同组成了商业模式。商业模式是一种包含了一系列要素及其关系的概念性工具，用以阐明某个特定实体的商业逻辑。它描述了公司能为客户提供的价值，以及公司的内部结构、合作伙伴网络和关系资本等用以实现（创造、推销和交付）这一价值并产生可持续盈利收入的要素。商业模式有两种不同的含义：一是企业从事商业的具体方法和途径；二是强调模型方面的意义。这两者有实质上的不同，前者泛指一个企业从事商业的方式；后者是指这种方式的概念化，提出了一些由要素及其之间的关系构成的参考模型，用以描述公司的商业模式。

二、商业模式的形成

随着市场需求的日益清晰及资源日益得到准确的界定，机会将超脱其基本形式，逐渐演变为创意（商业概念），包括如何满足市场需求或者如何配置资源等核心计划。随着商业概念的提升，它将变得更加复杂，具体包括产品（服务）、市场、供应链、营销和运作等概念。这个准确并具有差异性的创意（商业概念）逐渐成熟，最终演变为完善的商业模式，从而形成一个将市场需求与资源结合起来的系统。

三、成功的商业模式的特征

（1）成功的商业模式能提供独特的价值。这个独特的价值有时可能是新思想，但更多的时候是产品和服务独特性的组合。这种组合可以向客户提供额外的价值，使客户能够用更低的价格获得同样的利益，或者用同样的价格获得更多的利益。

（2）商业模式是难以模仿的。企业通过确立自己与众不同之处，如对客户的悉心照顾等，来提高行业的进入门槛，从而保证利润来源不受侵犯。例如，人们都知道直销模式（仅凭直销一点，还不能称其为一种商业模式）如何运作，也都知道戴尔公司是直销模式的标杆，但大家很难复制戴尔公司的商业模式，原因在于直销模式的背后是一整套完整的、极难复制的资源和生产流程。

（3）成功的商业模式是能透彻地认识自身。企业要获得利润，这个目标看似简单，实则并不容易。现实中的很多企业（不管是传统企业还是新型企业）其实不太了解本公司的盈利来源、客户选购本公司产品或服务的原因，以及有多少客户实际上不能为企业带来利润等关键问题。

商业模式是一个企业满足消费者需求的系统。这个系统组织与管理企业的各种资源（包括资金、原材料、人力资源、作业方式、销售方式、信息、品牌与知识产权、企业所处的环境和创新力等），生产消费者必须购买的产品和服务，从而具有自己能复制而别人不能复制，或者自己在复制中占据市场优势地位的特性。

第二节　商业模式的类型

商业模式是一个非常宽泛的概念。大多数商业模式依赖于技术，尤其是互联网行业。该行业的创业者发明了许多全新的商业模式，而这些商业模式完全依赖于现有的和新兴的技术。利用技术，企业可以用最小的代价接触更多的消费者。与商业模式有关的说法有很多，包括店铺模式、B2B（Business to Business，商家对商家）模式、C2C（Customer to Customer，客户对客户）模式、B2C（Business to Customer，商家对客户）模式、O2O（Online to Offline，线上线下）模式和 BNC（Business Name Customer，商业名称客户）模式等。一般来说，服务业的商业模式要比制造业和零售业的商业模式更复杂。

任务 1　店铺模式

案例导入

海底捞模式

海底捞国际控股有限公司成立于 1994 年，是一家以经营川味火锅为主，融各地火锅特色于一体的大型跨省直营餐饮民营企业。公司在服务差异化战略的指导下，始终秉承“服务至上、顾客至上”的理念，以创新为核心，改变传统的标准化、单一化的服务，提倡个性化的特色服务，将用心服务作为基本经营理念，致力于为顾客提供“贴心、温心、舒心”的服务。在管理上，海底捞倡导双手改变命运的价值观，为员工创建公平、公正的工作环境，实施人性化和亲情化的管理模式，提升员工的价值。

资料来源：编者根据资料整理得到.

课堂思考：

海底捞属于哪种商业模式？

店铺模式，就是在具有潜在消费者群的地方开设店铺并展示其产品或服务的传统的、基本的商业模式。商业模式可以分为两大类：一类是运营性商业模式。该模式重点解决企业与环境的互动关系，包括与产业价值链环节的互动关系。运营性商业模式创造企业的核心优势、能力、关系和知识；另一类是策略性商业模式。该模式对运营性商业模式加以扩展和利用。策略性商业模式涉及企业生产经营的各个方面，包括业务模式、渠道模式和组织模式。业务模式是指企业向客户提供什么样的价值和利益，包括品牌、产品等。渠道模式是指企业如何向客户传递业务和价值，包括渠道倍增、渠道集中压缩等。组织模式是指企业如何建立先进的管理控制模型，如建立面向客户的组织结构，通过企业信息系统构建数字化组织等。

任务 2　B2B 模式

B2B 模式中的电子商务主要是进行企业间的产品批发业务，因此也称为批发电子商务。电子商务远不止网络零售业，其更核心的是市场潜力比零售业大一个数量级的企业级电子商务。

一、B2B 模式的定义

B2B 模式是一个将买方、卖方及服务于他们的中间商（如金融机构）之间的信息交换和交易行为集成到一起的电子商务运作方式。这种模式的使用会从根本上改变企业的计划、

生产、销售和运行模式，甚至改变整个产业的基本生产方式。因此，这种企业之间的电子商务经营模式越来越受到重视，被许多业内人士认为是电子商务未来发展的一个重要方向。

二、B2B 模式的发展状况

传统的企业间的交易往往要耗费企业大量的资源，无论是销售、分销还是采购都要占用产品成本。通过 B2B 模式，买卖双方能够通过网络完成整个业务流程——从建立最初印象，到货比三家，再到讨价还价、签单和交货，最后到客户服务。B2B 模式使企业之间的交易减少了许多事务性的工作流程和管理费用，降低了企业经营成本。网络的便利性及延伸性使企业扩大了活动范围，使企业发展跨地区、跨国界业务更方便，成本更低。任何一家企业，不论它具有多强的技术实力或多好的经营战略，要想单独实现 B2B 模式都是不可能的，因此企业间建立合作联盟逐渐成为发展趋势。企业之间可以通过网络在市场、产品或经营等方面建立互惠互补的合作关系，进行水平或垂直形式的业务整合。B2B 模式是电子商务中历史最长、发展最完善的商业模式，能为企业带来利润。它的利润来源于相对低廉的信息成本带来的各种费用的降低，以及供应链和价值链整合的好处。企业间的电子商务是电了商务的重要组成部分。企业间的电子商务的实施将带动企业成本下降，同时可扩大企业的收入来源。

传统 B2B 模式为中国广大企业提供了一个新的广告媒介，方便企业进行信息匹配，扩大了企业的销售半径，在过去的十几年对一些企业的发展起到了积极的促进作用。然而，其促进作用仅停留在信息匹配方面。B2B 模式要进一步发展，就必须打破仅停留在信息匹配的局面，真正将交易搬到线上。

三、B2B 模式的运营模式

企业要实现完善的 B2B 模式需要许多系统的共同支持，如制造企业需要有财务系统、企业资源计划（Enterprise Resource Planning，ERP）系统、供应链管理（Supply Chain Management，SCM）系统和客户关系管理（Customer Relationship Management，CRM）系统等，并且这些系统要有机地整合在一起，实现信息共享、业务流程的完全自动化。实现这样的系统需要企业投入数量可观的人力、物力和财力，因此，多数中小企业会对这样大的投入望而却步。考虑到这些企业的需求，一些服务商便开始从事这方面的业务。例如，新网提供了企业支付得起的 B2B 电子商务解决方案：第一，企业可以采用网络提供的产品，从低端到高端、从单一到全面，有步骤地实现 B2B 模式。例如，分销商可以针对业务的主要特点采用新网的 DRP（Distribution Resource Planning，资源分配计划）系统，商业企业可以使用新网的 SCM 系统，以销售、服务等业务为重点的企业可以采用 CRM 系统。第二，在中小企业有限的资金、人员条件下，新网将以 ASP（Active Server Pages，是微软公司开发的服务器端脚本环境，可用来创建动态交互式网页并建立强大的 Web 应用程序）应用软件服务提供商的方式，向企业用户提供基于互联网的软件托管、分发、管理、租用及相关服务。企业用户可以将业务应用所需的基础结构、业务运作和应用管理等完全托管给新网这样的应用服务提供商，使用户以低成本的投入方式得到高质量的技术和服务保障，从而确保企业电子商务战略的顺利实施。

B2B 模式是企业实现电子商务、推动企业业务发展的一个切入点。B2B 模式给企业带来的最直接利益就是降低成本和提高效率，从长远来看能为企业带来巨额的回报。现代企业在总体战略中越来越重视与信息技术的结合。信息技术对企业的作用越来越重要，新的信息技术投资能真正增强企业的实力，而不是仅限于改善企业的日常运作。B2B 模式具体包括以下三种。

（1）垂直 B2B 模式。这种模式可以分为两个方向，即上游和下游。生产商或商业零售商可以与上游的供应商形成供货关系，如戴尔公司与上游的芯片和主板制造商就是通过这种方式进行合作的。生产商与下游的经销商可以形成销货关系，如 Cisco 与其分销商之间就是通过这种方式进行交易的。

（2）水平 B2B 模式。这种模式是将各个行业中相近的交易过程集中到一个场所，为企业的采购方和供应方提供交易的机会。B2B 模式只是企业实现电子商务的一个开始，它的应用将会得到不断发展和完善，并适应所有行业企业的需要。

（3）自建 B2B 模式。自建 B2B 模式是大型行业龙头企业基于自身的信息化建设程度，搭建以自身产品供应链为核心的行业化电子商务平台。大型行业龙头企业搭建的这种电子商务平台，串联起了行业的整条产业链，可以让供应链的上下游企业通过该平台实现咨询、沟通和交易，但此类电子商务平台过于封闭，缺少产业链的深度整合。

四、B2B 模式的运作程序

B2B 模式的交易方主要有用户（购买商）、交易中心（销售商）、供应商（或制造商）、运输商（配送中心）、银行及认证机构和支付网关。

B2B 模式的运作程序如下。

（1）客户在销售商的网站上提交一份商品订单。

（2）销售商接到订单后，立即向商品供应商提交一个查询库存数据的信息。

（3）商品供应商查询计算机库存数据，如果当前库存数量能完成这个订单，则商品供应商进行应答，产生一个供货时间表。

（4）销售商向运输商的商品系统提交一个查询运输能力的信息。

（5）运输商的系统首先核对自己的运输能力，然后提供一个运输这批商品的时间表。

（6）销售商向用户的系统发出订单确认。

（7）销售商根据用户时间表、供货商时间表、运输商时间表向供货商发出发货通知。

（8）销售商向运输商发出运输通知。

（9）用户向银行发出付款通知，银行确认付款信息的真实性。

（10）银行确认后开始付款，银行划账后通知销售商货款已到。

五、B2B 模式的盈利渠道

B2B 模式的盈利渠道有以下几种。

（1）会员费。企业通过第三方电子商务平台参与电子商务交易，必须注册为 B2B 网站的会员，每年交纳一定的会员费，才能享受网站提供的各种服务。目前，会员费已成为我国 B2B 网站主要的收入来源之一。

（2）广告费。网络广告是门户网站的主要盈利来源之一，同时也是 B2B 网站的主要收入来源之一。

（3）竞价排名。为了促进产品的销售，企业都希望在 B2B 网站的信息搜索结果中自己的商品信息能够排名靠前。针对企业的这种需求，网站推出了竞价排名服务，即在确保信息准确的基础上，根据会员交费的不同对排名顺序做出相应的调整。

（4）增值服务。B2B 网站除了为企业提供贸易供求信息以外，还会提供一些独特的增值服务，包括企业认证、独立域名、提供行业数据分析报告和搜索引擎优化等。例如，现货认证就是针对电子行业提供的一种特殊的增值服务。另外，B2B 网站可以根据行业的特殊性去深挖客户的需求，然后提供具有针对性的增值服务。

（5）线下服务。线下服务主要包括展会、期刊、研讨会等。在展会上，供应商和采购商可以面对面地交流，因此一般中小企业会青睐于展会。例如，环球资源的展会现已成为重要的盈利渠道，占其 B2B 网站收入的 1/3 左右，而 ECVV 网站组织的各种展会和采购会也已取得不错的效果。期刊主要是出版行业资讯等信息，也可以植入广告，所以也可以带来盈利。

（6）商务合作。商务合作包括广告联盟、政府与行业协会合作、传统媒体合作等。广告联盟通常是网络广告联盟，如亚马逊公司通过这种方式已经取得了不错的成效。在我国，广告联盟营销还处于萌芽阶段，大部分网站对于联盟营销还比较陌生。国内做得比较成熟的几家广告联盟有百度联盟、淘宝联盟等。

（7）按询盘付费。按询盘付费是指从事国际贸易的企业不按照时间来付费，而是按照海外推广带来的实际效果，即海外买家实际的有效询盘来付费。其中，询盘的有效权由付费企业自行判断。虽然 B2B 市场的发展势头良好，但 B2B 市场还是存在不成熟的一面，具体表现在 B2B 交易的许多先天性交易优势（如在线价格协商和在线协作等）还没有充分发挥出来。因此，传统的按年收费模式逐渐受到以 ECVV 网站为代表的按询盘付费平台的冲击。按询盘付费具有零首付、零风险、有主动权、有消费权，免费推、针对广、及时付、便利等特点。采用按询盘付费模式，从事国际贸易的企业零投入就可享受免费全球推广，而且在成功获得有效询盘，辨认询盘的真实性和有效性后，只需在线支付单条询盘价格，就可以获得与海外买家直接谈判成单的机会，所以主动权完全掌握在企业手里。

任务 3　C2C 模式

案例导入

拍拍网：商品超千万只是另一个起点

2006 年 3 月，拍拍网对外宣布正式运营。一年多的快速成长，让依托腾讯公司的拍拍网成为中国 C2C 领域一匹潜力十足的黑马。2006 年 5 月，拍拍网发布的“蚂蚁搬家”让马云开始认真打量这个快速崛起的竞争对手。2007 年 3 月，拍拍网正式宣布其在线商品数突破千万，并且成为最短时间内打破这一纪录的行业领先者，而这距其正式运营的时间不过一年，成长速度之快，令人咋舌。当然，拍拍网的快速发展让中国的 C2C 市场格局悄然发生了变化。在线商品数突破千万，让拍拍网在不经意间又逼近了淘宝网一步。在Alexa上，拍拍网占据国内C2C网站流量排名第二位的位置已久。业内专家指出，对于购物网站来说，商品和人流量是两个关键指标。简而言之，当一个商场的商品非常丰富，而来商场的消费者又非常多时，商场成交额的提升将是必然。而拍拍网的这两项指标都跃居第二，这也意味着C2C市场格局正在悄然改变，而三足鼎立的传统格局很有可能会被淘宝网、拍拍网双峰对峙的局面替代。业内资深人士认为，和腾讯公司其他业务的密切捆绑，使拍拍网拥有了很多其他购物平台所无法比拟的差异化优势，而这是拍拍网快速发展的另一个关键原因。以交易腾讯增值产品为主的QQ特区在拍拍网中占据着重要的位置。在拍拍网和QQ空间共同推出的QCC商城就取得了很大的成功。据保守估计，QCC商城给拍拍网带来的流量和交易量的提升都在20%以上。尽管有着业界最快的成长速度和强劲的发展势头，但是和淘宝网相比，拍拍网在市场份额上的差距也并不是凭一日之功就能赶超的。对此，拍拍网负责人有着非常清醒的认识："在线商品数突破千万，对于我们来说只是一个新的起点。接下来，我们会在商品搜索、购物流程、支付、物流等方面做持续改进，不断提升用户体验。例如，在最近推出的QQ新版本中，我们就融入了更多的拍拍元素，让买家在与卖家进行对话时，可以清晰地看到卖家和商品信息，这样就有助于在沟通过程中快速达成交易。毕竟，用户的选择才是评判一个购物平台是否具有良好发展前景的最好标准。"在挑战的道路上，拍拍网任重而道远。

资料来源：C2C原有格局悄然改变 进入后三国时代[EB/OL].（2007-03-30）. http://www. techweb. com. cn/news/2007-03-30/175049. shtml.

课堂思考：

简述C2C模式的含义。

一、C2C模式的定义

C2C模式是美国eBay公司所采用的商业模式。目前，国内的网站如易趣网等采用的就是这一模式。采用C2C模式，可以让用户自己解决付费、运输和验货等问题。

二、C2C模式的发展状况

在我国C2C市场，淘宝网的市场份额超过了60%。如果是在传统行业，淘宝网完全可以高枕无忧，然而在瞬息万变的互联网领域，这样的优势并不是不可逾越的。下面以淘宝网为例，来介绍C2C模式的发展状况。

2006年，阿里巴巴集团推出的招财宝受挫，让马云意识到淘宝网的市场领先地位并不稳固，竞争对手完全可能爆发出惊人的能量，直接挑战淘宝网的领先地位。

2007年，淘宝网显示了其在创新上的勇气，收购口碑网，推出分类信息，大力拓展品牌商城，将团购做成一个频道，并将交易的视野扩至全球，推出"全球购"频道。很难说这些尝试给淘宝网带来的直接收益有多大，但是淘宝网的工作人员依靠不断地尝试维护了淘宝网的领先地位。对于淘宝网而言，领先还有一个代价，需要巨大的资金投入。淘宝网面临的资金压力越来越大。淘宝网对入驻品牌/商城的用户开始收取服务费，而在政策和资源上对该部分商户的倾斜，以及对小商户的忽视，都显示了免费的淘宝网已经不能承担巨大的资金压力。

2008 年以后，淘宝网还在前行，但是每一步都不会再像以前那样轻松和自如了。易趣网从本土企业发展成跨国企业，再从跨国企业回归本土企业，不同的是其名字由易趣改成了 TOM 易趣，而且所有者也完成了更替。近几年来淘宝开始探索收费模式，而一旦淘宝网收费，将使大批中小商户陷入生存困境。易趣网在这个时候提出了免费，就是想达到抢夺用户的目的。

三、C2C 模式的市场服务

C2C 模式的市场服务将以百度 Hi 为例进行介绍。

百度 Hi 是打通和整合百度社区产品的通行证。用户能从百度空间页面上添加好友到百度 IM；在百度贴吧、百度空间、百度知道等页面上可以向百度好友发起即时通话；百度贴吧的吧主可建立属于该贴吧的百度 IM；用户可在群里向贴吧“图片库”上传图片；与百度音乐掌门人结合，可在好友列表里实时显示出好友发布的专辑；建立基于百度 IM 的社区聊天室。用户注册为会员之后，百度交易平台和百度 Hi 的会员名将通用，可与卖家及时地发送、接收消息，了解对方信用情况，还可以发起多方聊天，等等。百度一直致力于为用户提供简单、可依赖的优秀产品。通过技术手段，辅助卖家判断重复铺货情况，而判断标准是一个复杂的技术问题，可看作一个包括商品标题、商品描述等在内的数学向量运算问题。例如，百度新闻搜索对于相同新闻的聚类算法判断，就有超过 10 个因素在计算范围中。为此，百度公司进行了各种各样的复杂且负责的考量、计算，才制定出相应的标准。

四、C2C 模式的运作流程

如今 C2C 网站的购物方式大同小异，相对于 B2B 来说，C2C 更复杂一些。C2C 模式的运作主要有以下几个流程。

1. 搜索

搜索有以下几种方法。

（1）明确搜索词搜索。客户只需要在搜索框中输入需要搜索的物品、店铺名称等相关内容，按“Enter”键或单击“搜索”按钮即可得到相关资料。

（2）使用分类搜索。许多搜索框的后面设置了下拉菜单，有物品的分类、限定的时间等选项，选定后搜索就不会混淆分类了。

（3）妙用空格搜索。想用多个词语进行搜索时，可以在词语间加上空格。

（4）精确搜索。使用双引号搜索，如搜索“佳能相机”，只会显示网页中“佳能相机”这四个字连在一起的商品，而不会显示诸如“佳能 IXUSI5 专用数码相机包”之类的商品。另外，也可以使用加减符号搜索，如在两个词语间用加号，意味着准确搜索包含这两个词的内容；如使用减号，意味着避免搜索减号后面的那个词。

2. 联系卖家

通过搜索找到所需的商品后，买家可以联系卖家，了解商品的细节，询问是否有货等。多沟通能增进买家和卖家的了解，避免产生误会。联系卖家有以下三种方法。

（1）发站内信件给卖家。站内信件是只有买家和卖家才能看到的，相当于某些论坛里的短消息。买家可以向卖家询问关于商品的细节、数量等问题，也可以试探性地询问是否有折扣。

（2）给卖家留言。每件物品的下方都有一个空白框，供买家填写需要咨询卖家的问题。注意，只有卖家回复后，这条留言和答复才能显示出来。因为这里显示的信息所有人都能看到，建议买家不要在这里公开自己的手机号码、邮寄地址等私人信息。

（3）利用聊天工具联系。不同的网站支持不同的聊天工具，如淘宝网的聊天工具是阿里旺旺，拍拍网的聊天工具是 QQ，尽量利用它们直接与卖家进行沟通。

3. 购买

当买家和卖家达成共识后，即可进行购买。

4. 评价

当买家收到商品之后，需要确认收货，并对卖家的服务做出评价。如果对商品不满意，可以申请退换货。

任务 4　B2C 模式

**案例导入**

自主经营卖产品

2011 年 4 月 1 日，京东商城宣布获得 15 亿美元的融资，从此拉开了自主经营的序幕——花费巨资自建物流仓库、重金打造广告宣传、与行业竞争对手打价格战。随着这些行动的进行，京东商城的市场份额不断提升，并且利用资金优势重创了线上与线下的竞争对手，使苏宁控股集团有限公司不得不做起自己的网络商城——苏宁易购，国美控股集团不得不自建国美网络商城并收购库巴网。京东商城的模式类似于现实生活中的沃尔玛、乐购、家乐福等大型超市，引进各种货源进行自主经营。京东商城先通过向各厂商进货，然后在自己的商城上销售，可以让消费者进行一站式采购。京东商城负责经营庞大的网络商城，盈亏自付。消费者在购买的商品出现问题时，可以直接通过京东商城解决。这种模式的优点在于：第一，经营的产品多样，综合利润高；第二，可以根据市场情况、企业战略对自己销售的产品做出整体调整；第三，拥有经营权，内部竞争小，对外高度统一。这种方式的缺点是内部机构庞大，市场反应较慢。

资料来源：天猫京东凡客 B2C 模式简析[EB/OL].（2014-12-14）[2019-05-16]. http://www.51g3.com.cn/pos08168/info-7629853. html.

课堂思考：

京东商城采取的 B2C 模式有何优势？

一、B2C 模式的定义

B2C 模式是“商对客”的一种电子商务模式，即通常说的直接面向消费者销售产品和服务的商业零售模式。这种形式的电子商务一般以网络零售为主，主要借助于互联网开展在线销售活动。采用B2C模式的企业通过互联网为消费者提供一个新型的购物环境——网上商店，让消费者通过网上购物、网上支付等进行消费。采用B2C模式的企业的竞争对手较多，产品种类扩充不灵活，容易与供货商发生矛盾。采用B2C模式的企业还有当当网。

二、B2C模式的运作流程

B2C模式的付款方式是货到付款与网上支付相结合，而大多数企业的配送选择物流外包方式，以节约运营成本。随着用户消费习惯的改变及优秀企业示范效应的促进，网上购物的用户数量不断增长。此外，一些大型考试，如公务员的录用考试也开始实行B2C模式。其基本需求包括用户管理需求、客户需求和销售商的需求。

（1）用户管理需求。用户管理需求包括用户注册及用户信息管理。

（2）客户需求。客户需求包括提供电子目录，帮助用户搜索、发现需要的商品；进行同类产品比较，帮助用户进行购买决策；将商品加入购物车、下订单、撤销与修改订单和评价商品；能够通过网络付款；对订单的状态进行跟踪。

（3）销售商的需求。销售商需求包括：检查客户的注册信息；处理客户订单；完成客户选购产品的结算，处理客户付款；发布商品信息，发布和管理网络广告，与银行之间建立接口，进行电子拍卖；进行商品库存管理；与物流配送系统建立接口；能够跟踪产品销售情况；实现客户关系管理；提供售后服务。

三、B2C模式的市场服务

B2C模式的市场服务主要有以下几种。

（1）导购信息。大部分B2C网站只是展示与销售产品，内容单调，很难留住客户。另外，很多客户在有需求的时候，面对众多的同类产品，会出现选择困难的情况。如果有非常合理的导购信息可供选择和对比，客户就可以很容易地购买到令自己满意的商品。人性化的导购信息可以帮助客户快速获得各类产品的信息。

（2）购物文化。大部分购物网站缺少购物文化。购物文化就是在购物网站上营造出一种氛围，让客户感觉在这种氛围内购买商品是一种享受。

（3）仓储物流服务。随着电子商务日益发展，物流配送业务也日趋庞大，甚至出现了供不应求的市场局面。因此，近几年仓储物流行业变得异常火爆。仓储物流企业的主要业务除了仓储、代发货、物流配送之外，还包括配送跟踪、终端消费者退货投诉处理等业务。而一家全面的仓储物流企业还会帮助供应商提供具体的物流解决方案，如高效的配送方案、低成本的配送方案等。而这类企业主要集中在上海、北京、广州这些资源集中型城市。

（4）支付方式。支付方式的便捷直接决定着用户的购买选择。大部分消费者属于冲动型购物者，如果购物过程烦琐，这些消费者就会转化成理智型购物者。因此，支付方式越便捷，对B2C网站的销售就越有好处。这也是大部分B2C网站只提供两三种简单的支付方式的原因。

（5）盈利渠道。盈利渠道包括收取服务费、收取会费和降低价格以扩大销售量。

（6）B2C网站组成。B2C网站组成包括：为用户提供在线购物场所的商场网站；为用户所购商品进行配送的配送系统；负责用户身份的确认及货款结算的银行及认证系统。

任务 5　O2O 模式

一、O2O 模式的定义

O2O 模式是指将线下的商务机会与互联网结合，让互联网成为线下交易的前台。这个概念最早来源于美国。O2O 的概念非常广泛，只要产业链中既涉及线上，又涉及线下，就可称为 O2O。

二、O2O 模式的发展状况

2013 年，O2O 模式进入高速发展阶段，开始了本地化及移动设备的整合。于是 O2P（Online to Place，在线到地点）商业模式横空出世，成为 O2O 模式的本地化分支，将线下商务的机会与互联网结合在一起，让互联网成为线下交易的前台。在这种模式下，线下企业就可以通过线上来吸引消费者，而消费者可以通过线上来筛选服务，并且成交之后可以在线结算。该模式的显著特点是推广效果可查，每笔交易可跟踪。

采用 O2O 模式经营的网站除了团购网站外，还有一种是为消费者提供信息和服务的网站。值得一提的是，在业内受到争议且已在全国建立 20 余家实体店铺的青岛某品牌所推行的 ITM（Interactive Trading Mode，互动交易模式），无论是经营理念、经营构架还是经营方式，都与传统 O2O 模式不同。例如，传统的 O2O 模式更注重线上交易，而 ITM 模式更偏重于线上预订，线下交易；传统 O2O 模式的实际经营可适用于办公室等任何实体经营场所，而 ITM 模式适用于店铺式经营。

三、O2O 模式的运作流程

线上线下如何对接是 O2O 模式需要解决的核心问题之一。使用较多的解决方案是电子凭证，即线上订购后，消费者收到一条包含二维码的信息，到服务网点用专业设备验证该信息并通过后，可以享受对应的服务。这一模式很好地解决了线上到线下的验证问题，不仅安全可靠，而且可以通过后台统计服务的使用情况，在方便了消费者的同时也方便了商家。

O2O 社区化消费综合平台，与团购的线上支付订单、线下实体店体验消费的模式有所不同。以多拿网为例，它创造了全新的线上查看商家或活动，线下体验消费之后再买单的新型 O2O 消费模式，有效地规避了网购存在的不确定性，即线上订单与线下实际消费不对应的情况，并依托二维码识别技术应用于所有商家。

四、O2O 模式的市场服务

O2O 模式的核心就是把线上的消费者带到现实的商店——在线购买线下的商品和服务，再到线下享受服务。O2O 模式联盟商家，锁定消费终端，打通消费通路，最大化地实现了信息和实物之间、线上和线下之间、实体店与实体店之间的无缝衔接，创建了一个全新的、共赢的商业模式。O2O 模式的网站涵盖时尚购物、生活服务、餐饮美食等多种品类，旨在打造一个绿色、便捷、低价的 O2O 购物平台，为消费者提供诚信、安全、实惠的网购新体验。

任务 6 BNC 模式

一、BNC 模式定义

BNC 模式是商场、消费者均以个人姓名为域名的商场互动，可以减少中间环节，让企业利益最大化、终端消费者的购买价格最低化的一种新的商业模式。

二、BNC 模式的特点

BNC 模式具有 B2C、C2C、O2O 等模式的优势，同时弥补了以上模式的不足，可以快速免费地推广企业和产品，使每个人拥有自己姓名命名的商城，从而最大限度地挖掘每个人的资源和潜力。BNC 模式是一个集高端云技术和独特裂变技术为一体的网络平台，是一个超越所有传统商业模式和电子商务模式的新型商务模式，也是一个真正符合广大消费者零起步创业的舞台。

三、BNC 模式的市场前景

BNC 模式悄然兴起，它是由商家、消费者和个人姓名组成的独立消费平台，让每个人都可以拥有自己姓名的产权式独立网站。其特点是快速裂变，抑制同行模仿。BNC 模式将是互联网及电子商务的一大创举，同时也将让电子商务快速进入后电子商务时代。

第三节 商业模式画布

商业模式画布是对商业模式建立的一种结构化的分析模型。一个视觉化的商业模型架构和分析工具。这个工具类似于画家的画布，其中预设了九个空格，可以在空格中画上相关构造块，来描绘现有的商业模式或设计新的商业模式。商业模式画布具体模块包括价值主张、收入来源、成本结构、客户细分、客户关系、渠道通路、关键业务、重要伙伴和核心资源等。

任务 1 创业模式画布内容

案例导入

价 值 取 向

长虹电子控股集团有限公司（以下简称“长虹集团”）创始于 1958 年，前身是国营长虹机器厂，是我国“一五”期间的 156 项重点工程之一，是当时国内唯一的机载火控雷达生产基地。从军工立业、彩电兴业到信息电子的多元拓展综合型跨国企业集团，长虹集团逐步实现了产业结构的转换。2015 年，长虹品牌价值达 1 135.18 亿元，在中国企业 500 强

中排名第152位，居中国制造业500强第64位。长虹集团坚持以用户为中心、以市场为导向，强化技术创新，夯实内部管理，积极培育核心技术能力，构建消费类电子技术创新平台，立足互联网、面向物联网，大力实施智能化战略，不断提升企业综合竞争能力，逐步建设成为全球值得尊重的企业。长虹集团凭借资金与规模优势，坚决奉行全面成本领先，因此在价格战中，始终掌控住了竞争的主导权。2003年后，虽然由于顾客价值取向的变化，长虹集团在中高档市场成为跟跑者，但是在价格战再次爆发的时候，它又迅速地夺回了市场的主导权。与长虹集团相反，海信集团是采取产品创新领先战略的楷模。在众多厂家不顾一切地投身价格战时，海信集团始终坚持数字电视技术与产品的研发。2003年，当顾客价值取向出现变化时，海信集团迅速脱颖而出，成为市场领跑者。

虽然海信集团是产品创新领先战略的代表企业，但在价格战中并没有置身事外，而是使自己成为靠近长虹集团的跟跑者之一。正因为如此，在顾客价值取向发生变化时，它才能在最短的时间内超越所有对手，成为市场的新领导者。

资料来源：编者根据资料整理得到.

课堂思考：

长虹集团和海信集团的价值取向的不同之处有哪些？

一、价值主张

1. 价值主张的含义

价值主张是指对客户真实需求的产品或服务的深入描述，具体需要全面陈述顾客从企业提供的产品或服务中获得的利益和顾客在与供应商互动的过程中的所有体验。

2. 价值主张的发展策略

价值主张应采取又稳健而持续的发展策略：首先，企业对顾客价值取向的发展趋势做出正确的判断，对未来市场竞争趋势做出正确的阶段性预测；其次，根据企业的资源结构特点，进行战略选择；最后，在顾客价值取向发生不利于自身战略的转变时，企业要做出色的跟跑者。

二、收入来源

1. 收入来源的含义

收入来源是指企业在日常活动中所形成的，会导致所有者权益增加的，非所有者投入资本的经济利益的总流入。它包括销售商品收入、劳务收入、让渡资产使用权收入、利息收入、租金收入和股利收入等，但不包括为第三方或客户代收的款项。

2. 收入的分类

（1）按照企业从事的日常活动的性质，收入可以分为销售商品收入、提供劳务收入、过渡资产使用权收入和建造合同收入等。

（2）按照企业从事的日常活动在企业的重要性，收入可以分为主营业务收入和其他业务收入。

（3）按照税法计入的收入项目，收入可以分为企业的销售货物收入、提供劳务收入、转让财产收入、股息红利等权益性投资收益、利息收入、租金收入、特许权使用费收入、接受捐赠收入、企业资产溢余收入、确实无法偿付的应付款项、企业已做坏账损失处理后又收回的应收款项、债务重组收入、补贴收入、违约金收入和视同销售收入等。

3. 收入的确认条件

收入的确认应当符合以下条件：第一，与收入相关的经济利益很可能流入企业；第二，经济利益流入企业的结果会导致资产的增加或者负债的减少；第三，经济利益的流入额能够可靠地计量。

三、成本结构

成本结构可以反映产品的生产特点，从各个费用所占的比重看，有的大量耗费人工，有的大量耗用材料，有的大量耗费动力，有的大量占用设备引起折旧费用上升，等等。成本结构在很大程度上还受技术发展、生产类型和生产规模的影响。

1. 成本结构的含义

成本结构是指企业产品成本中各项费用的占比，如原材料费、工资、机器设备折旧费、销售宣传费、技术指导费、产品研发费、能源消耗、利息支出、土地使用费和管理服务费等成本项目各占总成本的比重。当某种生产因素的成本占企业总成本比重高时，该生产因素便成为企业的主要风险。

2. 成本项目的构成

成本项目的构成主要包括三种：一是主营业务成本，主要包括原材料、直接人工费、制造费用等；二是其他业务成本，主要包括劳务费支出、租赁费支出、销售原材料成本等；三是期间费用，主要包括销售费用、管理费用、财务费用等。

3. 成本结构的分析

（1）对各个成本项目的上年实际数、本年计划数、本年实际数的增减变动情况进行观察，了解其增减变动额和变动率。

（2）将本期实际成本的结构同上年实际成本的结构和计划成本的结构进行对比，结合各个项目成本的增减情况，了解成本结构的变动情况。

（3）结合其他有关资料，如工艺技术、消耗定额、劳动生产率、设备利用率等方面的变化情况，进一步分析各个项目成本发生增减及成本结构发生变化的原因。

如果经过分析发现产品成本超过了总成本的六成，就应采取措施降低产品成本，提高生产效率。

四、客户细分

1. 客户细分的含义

客户细分是指企业在明确的战略业务模式和特定的市场中，根据客户的属性、行为、需求、偏好及价值等因素对客户进行分类，并提供有针对性的产品、服务和销售模式，按照客户的外在属性分层。客户细分要求企业提供有针对性的符合客户需求的产品和服务，满足客户多样化的异质性的需求。

2. 客户细分的依据

一般来说，客户细分的依据有以下三个方面。

（1）外在属性，包括客户的地域分布、客户的产品需求、客户的组织归属（企业用户、个人用户、政府用户）等。通常来讲，这种分类简单、直观，也容易得到数据，但比较粗放。采用这种分类，企业只能了解客户的消费能力强弱和是否属于大企业客户，而不能区分优质客户、一般客户和较差客户。

（2）内在属性，是客户的内在因素所决定的属性，如性别、年龄、信仰、爱好、收入、家庭成员数、信用度、性格和价值取向等。

（3）消费行为分类，是通过对客户消费行为的分析，得出一定的标准，即最近消费的频率与消费额。这些指标需要在账务系统中得到，但并不适用于每个行业。例如，在通信行业，对客户进行分类主要依据话费量、使用行为特征、付款记录、信用记录、维护行为、注册行为等变量。按照消费行为分类通常只适用于现有客户，而对于潜在客户，因为消费行为还没有开始，所以消费分层无从谈起。即使对于现有客户，消费行为分类也只能满足企业进行客户分层的特定目的，如奖励贡献多的客户。至于要找出客户的特点以帮助市场营销活动制定对策，则要做更多的数据分析工作。

五、客户关系

1. 客户关系的含义

客户关系是指企业为达到其经营目标，主动与客户建立起的某种联系。这种联系可能是单纯的交易关系，也可能是通信联系，还可能是为客户提供一种特殊的接触机会，或者是为双方利益而形成某种买卖合同或联盟关系。

2. 客户关系的类型

（1）买卖关系。一些企业与其客户之间的关系维持在买卖关系水平，即客户将企业作为一个普通的卖家，两者只是进行一次公平交易，交易目的简单。当企业与客户仅维持买卖关系时，企业与客户之间只有低层次的人员接触，企业在客户企业中知名度低，双方较少进行交易以外的沟通，因此获得的客户信息极为有限。另外，由于客户只是根据自己的需求购买企业所生产的产品，因此维护关系的成本与关系创造的价值均极低。无论是企业损失客户还是客户丧失这一供货渠道，均对双方业务并无太大的影响。

（2）优先供应关系。企业与客户的关系可以发展成为优先选择关系。处于此种关系的企业，其销售团队与客户都有良好的关系，能够提前了解客户的需求，所以企业可以获得许多优先甚至独占的机会，在同等条件下甚至竞争对手有一定优势的情况下仍受客户的偏爱。

（3）合作伙伴关系。当双方的关系存在于企业的最高管理者之间，企业与客户的交易长期化，双方就产品与服务达成高度一致认知的时，双方就进入了合作伙伴关系阶段。在这个阶段，企业深刻地了解客户的需求并进行客户导向的投资，双方人员共同探讨行动计划，从而对竞争对手形成了很高的进入壁垒。当双方达到这一阶段时，客户将这一关系视为垂直整合的关系，客户的成员承认两个企业间的特殊关系，并认识到企业的产品和服务对于他们的意义，有着很强的忠诚度。在此关系水平上，价值由双方共同创造、共同分享，企业对客户成功地区别于其竞争对手、赢得竞争优势发挥重要作用。双方对合作伙伴关系的背弃均要付出巨大代价。企业对客户信息的利用表现在战略层面，关系的核心由价值的分配转变为新价值的创造。

（4）战略联盟关系。战略联盟是指双方有着正式或非正式的联盟关系，双方的目标和愿景高度一致，可能有相互的股权关系或成立了合资企业。两个企业通过共同安排争取更大的市场份额与利润，使竞争对手进入这一领域存在极大的难度。现代企业的竞争不再是企业与企业之间的竞争，而是一个供应链体系与另一个供应链体系之间的竞争，因此供应商与客户之间的关系是内部关系外部化的体现。

以上四类关系并无优劣之分，并不是所有企业都需要与客户建立战略联盟。如果企业与客户之间彼此具有重要意义且双方的谈判能力都不足以完全操控对方，而且具有较高的转移成本，那么建立合作伙伴关系才是恰当的。对大部分企业来说，与客户保持优先供应关系就足够了，因为关系的建立需要资源，如果资源的付出比企业的所得还多，那么这种关系就是“奢侈的”。

六、渠道通路

1. 渠道通路的含义

渠道通路是指促使产品或服务顺利地被使用或消费的一整套相互依存的组织，其最终目的在于让产品和服务以最有效的方式被消费。营销渠道是指某种货物或劳务从生产者向消费者移动时，取得这种货物或劳务所有权或帮助转移其所有权的所有企业或个人。对于初创企业，渠道的选择就是商业模式的选择，就是企业竞争力打造的方向，就是这个企业品类产品的通路模式。

2. 渠道战略设计

渠道战略设计要经过以下几个步骤。

（1）当前环境分析，包括审视企业渠道现状和渠道系统；搜集渠道信息，分析竞争者的渠道。

（2）制定短期的渠道对策，包括评估渠道的近期机会和制订近期进攻计划。

（3）渠道系统优化设计，包括最终用户需求定性分析、最终用户需求定量分析、行业模拟分析和理想的渠道系统设计。

（4）限制条件与差距分析，包括设计管理限制和分析差距。

（5）渠道战略方案决策，包括制订战略性选择方案和最佳渠道系统的决策。

七、关键业务

1. 关键业务的含义

关键业务是创造和提供价值主张、接触市场、维系客户关系并获取收入的基础。而关键业务也会因商业模式的不同而有所区别。例如，对于软件制造商而言，其关键业务是软件开发；对于计算机制造商来说，其关键业务是供应链管理；对于咨询企业而言，其关键业务是问题求解。

2. 关键业务的类型

（1）制造产品：涉及生产一定数量或满足一定质量的产品，与设计、制造及发送产品有关。制造产品业务活动是企业商业模式的核心。

（2）问题解决：为个别客户的问题提供新的解决方案。例如，咨询公司、医院和其他服务机构的关键业务就是问题解决。它们的商业模式需要知识管理和持续培训等业务。

（3）平台/网络：以平台为核心资源的商业模式，其关键业务都是与平台或网络相关的。网络服务、交易平台、软件甚至品牌都可以看成平台。此类商业模式的关键业务与平台管理、服务提供和平台推广相关。

3. 关键业务的区分

区分关键业务是十分重要的。企业的各个业务部门都认为自己的业务很重要，属于关键业务。对关键业务的关键程度进行量化，应该按照二八原则，即只有小部分属于关键业务。通过区分关键业务，将会大大降低整体的投资成本。

八、重要伙伴

在企业发展中，重要伙伴主要指合作伙伴。

1. 合作伙伴的含义

合作伙伴有助于在合作过程中实现能力的互补，从而达到成功或发展壮大的目的。合作伙伴应当做到共同投资，共担风险。

2. 合作伙伴的目标

合作伙伴需要有一个共同的目标。合作伙伴的主要目标是构建一个合作载体，共同出资、共同经营、共负盈亏、共担风险，从而提高企业的市场竞争力。

3. 合作伙伴的合作内容

（1）建立保障制度，确保每一个股东的合法权益。

（2）合作伙伴中要有一个主导公司发展的股东。

（3）建立企业的组织架构图，明确每一个岗位的责、权、利。

（4）面向社会招聘优秀人才，不能由股东完全代替公司其他职员的运作。

（5）定期召开董事会。

（6）建立监督制度。

（7）逐步创建企业文化。

九、核心资源

1. 核心资源的含义

核心资源是指有价值的、稀缺的、不完全模仿和不完全替代的资源，是企业持续竞争优势的源泉，也指在固有的广泛资源中占比较大的资源。在企业中，核心资源需求涵盖了人力资源、科技资源、原材料资源、能源资源及地理资源等。狭义的核心资源是指为企业创造价值与竞争优势的关键性的人才。不同的产品或服务对不同资源的需求依赖度不同，而且针对的需求市场也不同，所以会形成同行业的竞争点。综合资源的优势是核心竞争实力评估的重要组成部分。

2. 核心资源的类型

（1）人才，是指具有一定的专业知识或专门技能，进行创造性劳动，并对社会做出贡献的人，是人力资源中能力和素质较高的劳动者。

（2）技术，是指制造一种产品所需的系统知识，或者所采用的一种工艺、提供的一项服务。这种知识、工艺和服务反映在一项发明、一项外形设计、一种植物新品种上，或者反映在专家为设计、安装、开办、维修一个工厂或为管理一个工商业企业及其活动而提供的服务、协助等方面。

（3）资金，是指经营工商业的本钱，可分为房屋、机器设备等的固定资金和原材料、在制品、制成品、商品、银行存款等的流动资金。

（4）社会关系，是指企业或人们在共同的物质和精神活动过程中所结成的相互关系的总称，即企业与企业或人与人之间的一切关系。

3. 核心资源的获取途径

在这个资源争夺比较激烈的时代，初创企业要想生存与发展，必须找到足够的资源。哪些资源是创业企业最需要的呢？调研结果显示，大多数初创企业处在人才、资金、技术等“饥荒”状态。企业具备适应市场的项目就会自然地吸引顶尖人才，而资金也会因为产品符合市场的需求而向企业靠拢。在企业拥有资金和人才之后，技术问题便会迎刃而解。

第四节 商业模式的设计

商业模式是一种包含了一系列要素及其关系的概念性工具，用以阐明某个特定实体的商业逻辑。在这个模式制胜的时代，商业模式设计关乎企业成败，那么企业该如何设计自己的商业模式呢？建议企业根据发现和验证市场机会、市场把控、产品创意、产品定位、财务分析和组织保障六个步骤设计适合自己的商业模式。

一、发现和验证市场机会

首先，企业必须明确为哪部分人服务，锁定一个相对狭窄的市场，进行市场调研和客户消费心理研究，将有限的资源用在刀刃上。其次，企业要花时间去研究这部分目标客户目前存在的问题。最后，将客户需求分层，是重要而且迫切、重要但不迫切、迫切但不重要，还是既不重要也不迫切。如果能把握住客户既重要又迫切的需求，就容易成功。企业还需考虑客户的购买动机。通常来说，温饱型客户最关心经济因素（价格），小康型客户最关心功能因素（实用价值），而富裕型客户最关心心理因素（面子）。因此，群体所处的社会阶层会影响他们对各种解决方案的价值评估。

如何给客户提供独到的价值呢？企业可以从四个方面考虑：第一，强化的要素，即提供比现有解决方案更好的方案；第二，弱化的要素，即把那些客户并不在意的内容尽量减少，或降低标准；第三，去掉的要素，即把那些客户用不到的功能去掉；第四，创新的要素，即要有独创的方面。有了初步的产品创新设想后，企业必须与目标客户沟通，检验自己的想法是否有实际意义。同时，企业还必须了解客户是否愿意消费这个产品，以及他们的切换成本，这是市场调研时容易忽视的。把客户、供应商、合作伙伴等相关者的关系描述出来的最好办法就是把自己的想法用一张图表现出来，即进行图形化思考、沟通。之后，企业必须整合相应的外部资源，把商业模式图上涉及的核心单元、上下游企业、各种合作伙伴、各种外围资源都考虑进来。接下来，要考虑的是价值链上各个利益相关者如何受益，这是每个参与者一定会考虑的问题。

二、市场把控

在一个相对稳定的市场中很难发现好机会，因为商机往往出现在经济转折点，出现在社会急剧变化的时期。市场把控要求企业分析竞争的状况，包括分析竞争对手和潜在竞争对手的实力。中小企业一般缺少资本积累，不能急于直接向大企业、品牌发起进攻，可以考虑自身情况，采用迂回包抄战术，不与任何企业发生正面冲突。也就是说，中小企业一般应通过错位竞争，开辟新市场，把握好发展时机，寻找触发点，从而推出畅销产品。

三、产品创意

产品创意应该能在 30 秒内将产品的价值定位描述清楚，让人听后可以产生共鸣和兴趣。有了完整的产品创意思路，创业者还要与客户沟通创意，听取客户对创意的反馈，以便掌握客户的态度和反应。要想让目标客户理解产品的价值和作用，创业者需要制作一个样品，既可以是电子版的模拟样品（通过计算机来演示幻灯片），也可以是真正的样品。概念测试的结果很容易指导市场人员提炼出产品的价值诉求。产品的价值诉求可以利用 FAB 分析法提炼：F（features）是指这个产品有哪些特点，主要是产品本身固有的一些特点；A（advantages）是指这个产品与同类产品相比有什么优点，强调与众不同之处，是一个相对的比较优势概念；B（benefits）是指这个产品给目标客户带来了什么利益和价值，侧重于客户的“买点”和消费动机。利用 FAB 分析法提炼出产品的价值诉求之后，客户购买的理由也充分了。不同层次的消费者在选择产品时关注的重点不同，而任何产品都很难在价格、实用价值和面子三个方面同时实现突破。因此，企业要根据目标客户群的层次，确定自己的产品在哪些方面必须超越竞争对手，从而给客户选择自己的产品的理由。

四、产品定位

产品定位阶段需要考虑完整的产品的概念。完整的产品由三个层次组成：第一层是核心层，主要包括性能、指标、功能、品质等，是产品发挥作用的关键因素；第二层是外围层，主要是增值服务，目的是让客户更好地发挥核心产品的功效，如售前/售后服务、电话咨询服务等；第三层是外延层，主要是客户体验与感觉。中小企业通常依靠外围产品和外延产品的差异化去吸引客户。产品定义完成之后，就要把第二版的样品做出来，接下来就要进行测试。产品定位中一项重要的工作就是定价，因为定价的背后是产品的定位。定价方法可以分成优质优价、优质同价、同质低价和低质低价。企业应根据自己的客户层次选择合适的定价方法。产品生产出来后通过什么渠道走向市场，即明确产品从厂家到客户需要经过哪些中间环节也是在产品定位阶段必须完成的一项工作。产品销售渠道最好能以关系图的形式表示，从而让人简洁明了地看清各个渠道之间的关系。为了提高销售环节的效率和成功率，给目标客户留下良好的印象，企业应先做市场，再做销售，即先设计好产品的统一说辞，明确产品的价值定位。统一说辞一般基于产品创意阶段完成的FAB分析来确定。

五、财务分析

有了好的产品，还需要制订精密的销售计划，要按照不同的销售渠道、不同的地域划分销售指标。销售指标分解到人以后，就要求每个销售人员制订销售计划。除此之外，还要考虑销售人员和渠道人员的培训，教会他们如何销售、如何与客户沟通，甚至如何“卖思想”。接下来，企业要根据销售指标确定未来一年的资源分配计划，落实人、财、物三个方面的资源。指标高的部门配套资源就多，反之则少。管理层运用利益驱动的办法来激励员工是一条非常有效的途径。将人、财、物这些固定成本落实之后，剩下的就是运营费用等可变成本的预算。有了销售指标、固定成本和可变成本的预算，可以得出一年的财务分析，算出衡量企业管理水平的运营利润，而且所有的参数都可以量化。对于风险投资者来说，在审核一个创业项目时，最关心的问题是如何实现销量倍增，即这样的产品、商业模式是否存在倍增的机制。因此，对于那些希望得到风险投资的新项目来说，必须把产品和商业模式的倍增机制表达清楚。

六、组织保障

合理的企业组织设计是实现企业目标的组织保障。对于创业项目来说，一定要说清楚发起人和核心团队成员的优势，让投资者感到放心。此外，企业要向投资者展示未来的组织架构是怎么设计的，最好能用一张图来描述，同时还要把股权结构展示给投资者。风险投资者不是作为企业的股东持有企业的股份，他们是需要一种机制来获得收益的，因此，如何退出是他们优先考虑的一个问题企业的。当然，为了防止投资者、发起人或其他创业股东过早退出，可以事先商定退出的时间表和基本原则。

商业模式的设计应遵循上述六个步骤，只有借鉴国外已经成功的商业模式，根据我国国情及行业特征加以改进和创新，或者根据市场调研的结果及寻找到的产品创新的源泉，并根据自身实力与行业竞争状况，用全新的思维去改变目前市场上的商业模式，才有可能设计出能提供独特价值、难以复制、脚踏实地的商业模式。希望初创企业可以在实践中探索与构建适合自身的商业模式，在市场竞争中取得快速、持续的发展。

课后作业

请同学们认真阅读案例，并回答问题。

一袋洗衣粉的价格的15%左右是利润，85%左右是成本。洗衣粉的成本主要包括原料费（香精、漂白粉及各种洗涤成分等）、员工工资（即劳动力成本），以及分销成本和运输费。其中员工工资基本上占总成本的20%。

软件开发产业的利润率为50%左右。它最大的成本是智力，即员工工资，要占总成本的40%～50%；其他的日常管理维护费用可能占总成本的10%，利润占总成本的50%左右。软件产品的价格一般不低，所以员工工资相对较高。成本结构中智力所占的份额越大，工资标准就越高。业务性质由行业的成本结构决定，不管什么体制的企业都有一个共同的行业基础。

问题：洗衣粉制造业与软件开发产业成本结构不同的原因是什么？

第六章　创 业 风 险

教学内容

1. 创业风险的含义、来源及类型。
2. 创业风险的危害。
3. 创业风险的规避。

教学目的

1. 了解创业风险的含义、来源及类型。
2. 熟悉创业风险的危害。
3. 掌握创业风险的规避方法。

第一节　创业风险概述

任务 1　创业风险的含义与来源

一、创业风险的含义

创业风险是指在创业过程中，不确定性因素导致的结果与预期目标的偏差。

创业者在创业过程中要投入大量的人力、物力和财力，要引入和采用各种新的生产要素与市场资源，要建立或者变革组织结构、管理体制、业务流程和工作方法。在这个过程中，创业者会遇到各种意想不到的困难，从而使结果与创业预期目标出现偏离。

二、创业风险的来源

1. 创业风险的来源

创业风险的来源主要有创业者能力缺乏、商机选择失误、团队实力不足、资源整合不充分和环境不确定。创业风险的来源主要表现为以下“五大缺口”。

（1）融资缺口，即创业者可以证明其构想的可行性，但没有足够的资金将其实现商品化。

（2）研究缺口，即凭个人兴趣所做的研究判断和基于市场潜力的商业判断之间，缺乏需要的大量的且可能耗巨资的研究工作。

（3）信任缺口，即技术专家和管理者不能信任对方或不能进行有效的交流。

（4）资源缺口，即创业者不一定也不可能拥有所需的全部资源。

（5）管理缺口，即创业者可能是技术专业人员，也可能是商业创意人员，不一定是出色的企业家或管理人员。

2. 创业风险的具体来源

创业风险的具体来源包括以下九个方面。

（1）对市场了解不够深入，项目选择太盲目。

（2）缺乏操作性训练，创业技能与技巧运用不娴熟。

（3）资金管理不善，导致资金链断裂。

（4）对社会资源整合不充分，缺乏管理资源的能力。

（5）组织管理能力不足，缺乏管理艺术。

（6）不能全面掌握竞争对手的实力，竞争意识不强。

（7）目标不够明确，团队成员意见出现分歧。

（8）未能把握高精尖技术，核心技术缺乏。

（9）管理不到位，导致企业人力资源流失。

任务 2　创业风险的类型

预测的市场需求发生变化，新的技术难以实现，竞争对手采取了有效的对策，需要的资金难以到位，等等，都可能导致创业失败。自然灾害和意外事故等带来的风险，也会导致企业产生损失。在创业活动中，对创业者来说，风险和利益是同时存在的，即风险是利益的代价，利益是风险的回报。风险是不可避免的，但创业者可以降低风险造成的损失。

一、按创业风险主客观性分类

按创业风险主客观性不同，创业风险可以分为主观创业风险和客观创业风险。主观创业风险是指由创业者的身体与心理素质等主观方面的因素导致创业失败的可能性。客观创业风险是指市场变动、政策变化、竞争对手的出现、资金缺乏等客观因素导致创业失败的可能性。

二、按创业投资影响程度分类

按创业投资影响程度不同，创业风险可以分为安全性风险、收益性风险与流动性风险。安全性风险是指投资方财产的安全存在危险。收益性风险是指预期实际收益有损失的可能性。流动性风险是指资金有可能不能按期转移或支付，造成资金运营停滞的风险。

三、按创业风险的内容分类

按创业风险的内容不同，创业风险可以分为资金风险、技术风险、市场风险、管理风险、政治风险、生产风险和环境风险。资金风险是指应收账款过多，外部借贷过多而导致的投资损失风险、创业损失风险等。技术风险是指技术方面的变化和不确定性可能导致创业失败的风险。市场风险是指市场情况的不确定性导致的创业者和创业企业损失的可能性。管理风险是指创业企业因管理不善而造成的风险。政治风险是指战争、国际关系变化或国家政策改变导致创业者和企业蒙受损失的风险。生产风险是指企业提供的产品从小批量试制到大批生产的风险。环境风险是指社会环境变化、法律环境变化、政策环境变化和意外灾害发生等造成创业失败的可能性。

第二节　创业风险分析

任务 1　政策风险

案例导入

黑龙江一污水处理厂被罚 2 800 万元

生态环境部透露，就黑龙江省污水处理厂宾西经济技术开发区污水处理厂（以下简称“宾西经济技术开发区污水处理厂”）超标排放问题，黑龙江省宾县环保局曾下达《行政处罚决定书》《责令改正违法行为决定书》。其中，第一次下达的《责令改正违法行为决定书》要求宾西经济技术开发区污水处理厂在 2018 年 2 月 14 日前达标排放，并处罚款 100 万元；此后，宾县环保局再次下达《责令改正违法行为决定书》，并要求这家企业立即改正违法行为，并处罚款 2 800 万元。

资料来源：黑龙江一污水处理厂被罚 2 800 万[EB/OL]. (2018-11-10). http://www.hlj5.com/2018/11/10/%e5%8e%82%e9%95%bf%e5%90%93%e5%93%ad%e4%ba%86%ef%bc%81%e9%bb%91%e9%be%99%e6%b1%9f%e4%b8%80%e6%b1%a1%e6%b0%b4%e5%a4%84%e7%90%86%e5%8e%82%e8%a2%ab%e7%bd%9a2800%e4%b8%87/. 经重新整理.

课堂思考：

国家政策可能给企业带来哪些风险？

一、政策风险的含义

政策风险是指创业者遇到国家政策变化或不确定性而创业失败或遭受损失的风险。政策风险中的政策变化或不确定性，包括法律法规的变化、政策制度的变化、管理体制的变化、规划变动、税率变化、利率变化、行业专项整治和外贸摩擦等。

二、政策风险的内容

政策风险包括两部分内容：一是反向性政策风险，即政策的导向与创业企业的发展方向不一致而产生的风险；二是突变性政策风险，即管理层政策口径发生突然变化而给创业造成的风险。

三、政策风险的危害

政策风险的危害主要有以下几个方面。

（1）减少人才支撑。

（2）增加企业税负。

（3）增加赔偿罚没支出。
（4）增加举债利息负担。
（5）减少资源供给。
（6）减少外汇收入。

任务 2　市场风险

案例导入

麦当劳成年人专属汉堡黯然收场

麦当劳于 20 世纪 90 年代推出过一款招牌汉堡，声称是专门针对成年人的口味打造的。这种排斥儿童的汉堡与其一贯的形象定位有出入，因为麦当劳给消费者的联想是欢乐和家庭，而且这种汉堡增加了消费者的选择难度，有悖于其便捷的宗旨，所以这款花费大量心血研制并寄予厚望的招牌汉堡并未能成为招牌，最终只能黯然收场。

资料来源：编者根据资料整理得到.

课堂思考：

如何避免新产品进入市场后无人问津？

一、市场风险的含义

市场风险是指市场变化或市场的不确定性造成创业者创业失败或遭受损失的风险。

二、市场风险的内容

市场风险的内容主要包括以下几个方面：一是市场的供求变化；二是行情的变化；三是汇率的变化；四是产业结构的调整与变化。

三、市场风险的危害

市场风险的危害主要有以下几个方面。
（1）材料的供应不足或短缺。
（2）产品难以销售，形成产品的积压。
（3）市场上同类产品与行业之间的竞争加剧。
（4）为了减少产品库存，企业更多地采用赊销的方法，迫使企业的应收账款增多，等等。

任务 3　管理风险

案例导入

不要轻易为他人提供担保

2011 年 7 月 3 日，上海 A 小额贷款公司与案外人 B 公司签订借款合同，约定由 A 小

额贷款公司给予B公司借款10万元。借款合同签订当日，A小额贷款公司还与B公司的担保人张某签订了保证合同，约定由张某对B公司的上述贷款承担连带责任。之后A小额贷款公司按约放款，但贷款期满后B公司未按约还款。经A小额贷款公司调查，B公司已不具备实际清偿债务的能力。A小额贷款公司将张某起诉至法院，要求其承担保证责任。

资料来源：编者根据资料整理得到.

课堂思考：

谈一谈该案例对于新创企业的启发。

一、管理风险的含义

管理风险是指管理运作过程中因信息不对称、管理不善、判断失误等造成的损失。

二、管理风险的内容

管理风险主要包括以下几项内容。

（1）管理者的道德修养、知识水平、实际工作能力等素质较低。

（2）企业的职务设置、职权划分、分工协作等组织结构不合理。

（3）员工的共同价值观、工作态度、行为准则等不一致。

（4）企业的计划、实施、控制、考核等管理过程不完善。

三、管理风险的危害

管理风险的危害主要包括以下几个方面。

（1）企业人才流失。

（2）企业经济损失。

（3）信息泄露。

（4）存在安全隐患。

任务4　财务风险

案例导入

资金链断裂而跑路

2012年，温州奥米流体设备科技有限公司董事长孙某成为"回归"温州的第2个"跑路"老板。他在接受媒体采访时表示，自己"跑路"的主要原因是资金链断裂。企业在高峰时扩大生产规模，却在银根收紧的背景下未能及时偿还民间借贷，"我的资金链彻底断裂，人也被债务逼疯了，最终被逼得出走。"孙某表示，温州市政府采取一系列帮扶措施支持企业走出困境，使他看到了希望，勇敢地重回温州负起责任，把企业重新"整"了起来。

资料来源：刘新宇，黄佩. 温州信泰集团董事长胡福林跑路归来 眼镜业务望先复工[EB/OL].（2012-02-21）[2019-08-26]. http://finance.ifeng.com/news/region/20120221/5625807. shtml.

课堂思考：

企业如何解决资金困难问题？

一、财务风险的含义

财务风险是指创业者创办的企业的财务结构不合理、融资不当，使企业可能丧失偿债能力而导致投资者预期收益下降的风险。

二、财务风险的内容

财务风险的内容包括以下几个方面。

（1）负债数额多。

（2）资金成本高。

（3）融资渠道窄。

（4）赊销数额大。

（5）监督控制少。

三、财务风险的危害

财务风险的危害主要有以下几个方面。

（1）资不抵债。

（2）形成坏账。

（3）造成企业亏损。

（4）导致企业破产倒闭。

第三节　创业风险的规避

任务 1　政策风险规避

案例导入

环境保护部史上最大罚单

据 2014 年 6 月《天下财经》报道，环境保护部开出史上最大罚单，19 家企业因脱硫设施存在重大问题，被罚缴纳脱硫电价款或追缴排污费，合计 4.1 亿元。被罚企业涉及电力、钢铁、有色金属和化工行业。除了罚款，环境保护部还要求这些企业在 30 个工作日之内，编制完成烟气脱硫设施整改方案，并在本年年底之前完成整改任务，逾期没有完成的将依法从重处罚。

资料来源：应在国企推行“环保罚单”追偿制度[EB/OL].（2014-06-18）. http://news. sina. com. cn/0/2014-06-18/063030380400.sthml.

课堂思考：

1. 创业有哪些政策风险？
2. 企业如何化解政策风险？

政策风险按照创业过程的不同阶段，分为前期风险、中期风险和后期风险。下面主要介绍政策风险的应对方法。

一、前期风险的预防方法

前期风险的预防方法主要包括以下几个方面。

（1）熟悉国家相关政策。

（2）熟悉所处地区的相关政策、产量限制、处罚条例等。

（3）熟悉所在行业企业政策。

二、中期风险的控制方法

中期风险的控制方法主要包括以下几个方面。

（1）调整产业方向。

（2）产业转型升级。

（3）减少产量，降低库存。

（4）转换产品或生产方式。

三、后期风险的补救方法

后期风险的补救方法主要包括以下几个方面。

（1）关闭污染源，减少排放。

（2）及时改正，降低惩罚。

（3）停业整顿，跨行发展。

（4）执行政府政策。

任务 2　市场风险规避

案例导入

“价格战”引发的市场风险

“价格战”本身是一种市场竞争手段，具有杀伤力强、短平快等特点，受到广大厂商的青睐。如今的“价格战”实际上是指价格竞争，是企业应用价格战略的一个突出表现。价格竞争实际上是市场经济下基本的竞争形式，也是较容易应用的竞争形式。企业为了降低库存、收回成本，一般会在价格上大做文章。同时，一些企业在打“价格战”时，没有做好市场调查，也没有调整企业经营策略，更没有做好长期发展战略部署，只顾渡过眼前的困境，盲目跟风降价，最终引起整个行业的恶性竞争。

资料来源：编者根据资料整理得到.

课堂思考：

1. 企业如何化解价格战带来的风险？
2. 创业有哪些市场风险？

市场风险按照创业过程的不同阶段，分为前期风险、中期风险和后期风险。下面主要介绍市场风险的应对方法。

一、前期风险的预防方法

前期风险的预防方法主要包括以下几方面。

（1）把握国际、国内产业形势。

（2）预测自身行业发展趋势。

（3）掌握所在行业企业产品市场，如结构、份额等。

（4）熟悉本产品市场细分，如对消费群体的划分等。

二、中期风险的控制方法

中期风险的控制方法主要包括以下几个方面。

（1）根据国际、国内产业形势，及时调整产品。例如，阿里巴巴集团从提供网络零售交易平台到开发支付宝，为消费者提供了简单、安全、快速的支付服务。

（2）及时调整产品产量。

（3）及时调整营销策略，如在新零售思维中，加入设计产品思维、场景思维、品牌思维、互动思维、定制思维、网络思维和无界思维等来设计营销方案。

三、后期风险的补救方法

后期风险的补救方法主要包括以下几个方面。

（1）促销，减少产品积压。

（2）停止生产或减少产量。

（3）及时沟通，降低被惩罚的损失。

任务3　管理风险规避

**案例导入**

企业智能开关被员工贩卖

深圳一家智能家居企业开发出了可用智能手机控制的“Wi-Fi 内置开关”。当初为了研发这套程序，该团队用了 3 年时间，累计投入超过 150 万元，预估价格不低于 100 万元。该公司一直以产品的独特性为卖点，然而在 2016 年 6 月，市场上出现了和自家产品高度相似的产品，而且价格更低。通过调查发现，这个高度相似的产品是由公司离职的一个业务员丁某出售的，而进一步调查发现，正是 4 个程序开发人员之一的雷某将技术以 6 000 元的价格卖给了丁某。

资料来源：编者根据资料整理得到.

课堂思考：

企业应如何规避管理风险？

管理风险按照创业过程的不同阶段，分为前期风险、中期风险和后期风险。下面主要介绍管理风险的应对方法。

一、前期风险的预防方法

前期风险的预防方法主要包括以下几个方面。

（1）招收员工，应注重德才兼备。

（2）了解员工的素质与工作岗位的性质，使二者相匹配。

（3）制定完善的管理制度。

二、中期风险的控制方法

中期风险的控制方法主要包括以下几个方面。

（1）对员工实行动态管理，实施高层领导述职、中层干部考核、管理人员效率评定、普通员工成绩计量等动态管理办法。

（2）对重要岗位与核心技术实行监控。

（3）及时发现与处理管理上的疏忽与漏洞。

（4）有计划地开展思想政治学习、学历提升进修、凝聚力训练、管理能力提升等教育与培训。

三、后期风险的补救方法

后期风险的补救方法主要包括以下几个方面。

（1）发现员工离岗时，应及时安排顶岗，保证企业正常运作、持续经营。

（2）及时查明原因，堵住漏洞。

（3）妥善处理问题，降低损失。

任务 4　财务风险规避

案例导入

企业无力支付工资，放弃经营

2017 年 8 月 13 日，广东莱盛隆电子股份有限公司（以下简称“莱盛隆公司”）贴出一则公告，公告称公司因经营不善，现仍拖欠全厂员工 2018 年 5 月部分及 6—8 月工资。根据公司的实际情况，并经各股东充分考虑，正式向全体员工公告：莱盛隆公司已无能力支付以上拖欠工资，并决定正式放弃经营。莱盛隆公司的窘境也并非没有征兆。2016 年度、2017 年度，莱盛隆公司经营活动产生的现金流量净额分别为–2 688 万元、–305 万元，持续为负；2018 年，莱盛隆公司主要通过银行借款维持现有的经营。但随着业务规模的扩大，莱盛隆公司需要更多的资金才能满足日常经营需求。在 2017 年年报中，莱盛隆公司曾进行

风险提示，称营运资金较紧张，主要债务为银行短期借款，而且银行借款存在短借长用现象。2016 年年末、2017 年年末，公司资产负债率分别为 63.15%、58.33%，流动比率分别为 1.51 倍、1.62 倍，短期偿债能力较弱。在这种情况下，对无人机的投入又加大了公司对资金的需求，但无人机业务进展并不顺利，最终导致企业放弃经营。

资料来源：新三板首例:穷到发不出工资 莱盛隆宣布放弃经营[EB/OL].（2018-08-15）. http://finance.sina. com. cn/spreall/thirdmarket/2018-08-15/doc-inhtfwqr7173519. shtml.

课堂思考：

企业应如何规避财务风险？

财务风险按照创业过程的不同阶段，分为前期风险、中期风险和后期风险。下面主要介绍财务风险的应对方法。

一、前期风险的预防方法

前期风险的预防方法主要包括以下几个方面。

（1）注重财务人员的素质。

（2）完善财务管理制度。

（3）加强培训进修学习。

（4）设立足够的预备金。

二、中期风险的控制方法

中期风险的控制方法主要包括以下几个方面。

（1）轮岗到位，不留死角。会计人员轮岗，不仅是会计工作本身的需要，还是加强会计人员队伍建设的需要。定期、不定期地轮换会计人员的工作岗位，有利于增强会计人员之间的团结合作意识，进一步完善单位内部控制制度。

（2）通过调查与了解，对客户的商业信用实行 A 级、B 级、C 级三级九等的信用评级制度，采用跟踪与监控措施，以达到降低坏账损失的目的。

（3）实施内部资金监控，把负债率控制在合理范围。

三、后期风险的补救方法

后期风险的补救方法主要包括以下几个方面。

（1）启动资金应急预案，动用预备金，启用应急通道，等等。

（2）通过交换岗位、权力转移、业务交接等手段，及时调整员工岗位。

（3）实施合理的财务重组，具体有谈判协商、达成共识、免除部分债务、重新确立还款计划、对债务人实施控制等方式。

（4）安抚员工，对接债权人进行合理的融资。

（5）杜绝暴力事件，避免员工集体抗议，与债权人沟通协调，争取银行适时放贷，等等。

第七章　创业计划书

教学内容

1. 创业计划报告书的内容和撰写技巧。
2. 创业计划报告书编制实训。

教学目的

1. 了解创业计划报告书的内容和撰写技巧。
2. 掌握创业计划报告书的编制过程。

第一节　创业计划书概述

撰写创业计划书不是一件容易的事，需要创业者付出大量的时间和精力，但实际上这是帮创业走了捷径，节省了时间。所谓磨刀不误砍柴工，创业者不应该在没有撰写创业计划书的情况下创建自己的企业。

任务 1　创业计划书的意义与作用

一、创业计划书的含义

创业计划书又称商业计划书，是创业者在初创企业成立之前就已经准备好的一份书面计划，用来描述创办一个新的企业时所有的内部和外部要素。创业计划书通常是各项职能如市场营销计划、生产和销售计划、财务计划、人力资源计划等的集成，同时也是创业的头三年内所有中期和短期决策制定的方针。

创业计划书是对企业进行宣传和包装的文件，它向风险投资企业、银行、供应商等外部相关组织宣传企业及其经营方式，同时又为企业未来的经营管理提供必要的分析基础和衡量标准。相比于过去的创业计划书单纯地面向投资者，现在的创业计划书对外是企业推销自己、获得资金和生意机会的工具，而对内为企业指明了方向，为经营管理提供了依据。

二、创业计划书的作用

在创业初期，创业者不可能对市场有很详细的调查数据，也无法准确地了解竞争对手的情况。虽然创业计划书不一定能为未来规划出必然的蓝图，但是至少有以下几个方面的作用。

1. 把计划书中要创立的企业推销给自己

撰写创业计划书时，创业者必须建立自信，先过自己这一关。创业者应该以认真的态度对自己所拥有的资源、已知的市场情况和初步的竞争策略进行简单的分析，并提出初步计划。写作创业计划书，是逼迫自己做到知己知彼，这样才能够真正做到心中有数，否则创业者很容易偏离方向。通过将心中的设想编写成书面的、规范的创业计划书，创业者可能会发现事情原来并非想象中的那么简单。这个时候需要创业者保持清醒的头脑，客观地、严肃地、不带个人主观情感地从整体角度审视自己的创业思路，并且适当地进行调整，使得计划书更趋完美，以确保计划书的可操作性。当然，在撰写创业计划书时，如果发现原来的设想根本不可能实现，创业者就应该明智地放弃该创业念头，把一切停留在纸上，这样才能把损失降至最低。

2. 把要创办的风险企业推荐给风险投资家

创业计划书是创业融资的必备工具。对于初创的风险企业来说，创业计划书的作用尤为重要。企业的成长基本上离不开外来资金。如果没有创业计划书，创业者就无从知道创办这家企业所需资金的确切数目，也就不知道到底还缺多少资金。如果没有创业计划书，风险投资家就没有办法深入了解一家还没有正式营业的企业。风险投资家都要求创业者提供创业计划书，然后依据创业计划书进行风险评估，选择他们认为最有发展潜力的企业进行投资。但是，必须明确的是，即使创业者既不需要借钱，也不需要寻找合作伙伴，也必须撰写详细的创业计划书。

3. 有利于获得银行贷款等其他资金

因为初创的企业经营风险太大，所以银行往往不愿意为这类企业提供贷款。即使为这类企业提供贷款，银行一般也会要求创业者先提供创业计划书。对于银行来说，一份制作规范且专业的创业计划书就等于一张考究的名片，会提供很多的信息，是一份浓缩了的企业经营设想。在银行阅读创业计划书之前，计划书本身已经告诉银行：该企业的创始人是一位非常重视计划、做事认真细致、有信誉、脚踏实地的未来企业家。一份详尽的、与众不同的、切实可行的创业计划书，大大降低了银行拒绝发放贷款的风险，获得贷款的机会自然也会增加不少。当然，创业计划书也有利于初创企业获得其他形式的资金支持。

4. 有利于企业的经营管理

完美的创业计划书可以增强创业者的自信，使创业者明显感到对企业更容易控制、对经营更有把握。这是因为创业计划书提供了企业全部的现状和未来发展的方向，也为企业提供了良好的效益评价体系和管理监控指标。创业计划书使得创业者在创业实践中有章可循。

创业计划书还可以激励管理层和公司普通员工。创业初期，创业者一般都有同样的感受，就是“人才可遇不可求”。创业初期的企业往往缺乏吸引力，留住人才的关键是创业计划书能否打动他们的心。在创业初期，如果企业内部的每一位员工对企业的发展战略有不同的看法，则企业很难取得什么成就。那么，如何让每一位员工了解企业的发展战略和创业计划，并朝同一目标努力呢？创业计划书可以解决这个问题。

5. 其他方面

创业计划书还对合作伙伴、供应商和分销商的确定很有价值，他们可以通过创业计划书了解初创企业，并决定是否参与进来。这些人对企业的发展起至关重要的作用：合作伙伴可能是企业资金或技术的主要来源，而供应商和分销商分别是企业的稳定的原料来源和产品销售渠道。

一份完美的创业计划书不但会增强创业者自己的信心，也会增强风险投资家、合作伙伴、员工、供应商和分销商对创业者的信心，而这些信心正是企业走向成功的坚实基础。

任务 2　撰写创业计划书前的准备工作

一、明确撰写人

创业计划书由创业者自己来撰写最合适，但不可能由其一个人单独完成，而应以其为主体，同时由其他人予以支持和协助。创业计划书是创业者能力和构思的具体体现，所以亲自撰写创业计划书可以帮助创业者厘清思路，把创业的激情融入计划之中，有利于增添计划的感染力。但是，创业计划书非常复杂，是各方面知识的结晶，如市场营销知识、企业管理知识、财务管理知识、人力资源知识和调查与预测知识等。任何一位创业者都不可能是各方面的专家，所以为了尽可能使得创业计划书更加符合现实，更加具有可操作性，在撰写的过程中，创业者应该向其他人员咨询。财务专家、市场营销专家、律师、工程师等在计划书的撰写过程中将起到非常重要的作用。

二、明确创业计划书的范围

“阅读者是谁”常常会影响到创业计划书的实际内容和焦点问题。因为不同的阅读者阅读计划书时抱有的目的不同，所以创业者首先必须明确创业计划书主要是给谁阅读的，然后充分考虑这个或这几个阅读者对哪些问题感兴趣。在某种情况下，创业计划书必须试图满足阅读计划书的每一个人的需要，但这很难做到，也不现实，因为每一位阅读者感兴趣的内容相差太远，创业计划很难面面俱到。通常的情况是，创业计划只有满足特定群体的需要，有针对性地突出重点，才能吸引阅读者的兴趣，做到事半功倍。

在撰写创业计划书时，创业者必须从不同的角度进行广泛而深入的思考，以确定创业计划书的范围。

（1）创业者的角度。创业者比任何人都了解包含在自己的企业中的创造力和技术。创业者首先必须很清晰地表达出企业是经营什么的，有什么特色和有什么卖点。

（2）市场的角度。如果创业者是一位技术专家，他往往只会考虑技术和产品本身，而不考虑产品能否卖得出去，这是失败的前奏。创业者必须以用户的眼光来审视企业的经营运作，采取一种以顾客为导向的市场营销策略。这就需要进行大量的市场调查工作，甚至还要亲自请教市场营销专家。

（3）投资者的角度。创业者应该试图用投资者的眼光来考察企业的生产经营，因为投资者往往特别关注计划书中的财务规划。如果创业者不具有财务分析和预测的能力，就应该聘请外部的财务专家提供帮助。

创业计划所达到的深度和细致程度有赖于所设想的企业的规模和范围。如果创业者计划开发销售一种新产品，那么这份创业计划书就需要涵盖开发、生产、销售等各个方面，内容非常具体而烦琐，是一份典型的综合性创业计划。如果创业者计划只从事零售业或服务业，那么提交的创业计划书就简单得多。当然，市场规模、竞争状况和发展潜力等也会影响创业计划书的范围。

三、明确需要搜集的信息

正式撰写创业计划书之前，应根据企业未来的目标搜集相关的信息。撰写创业计划书时需要的信息很多，主要包括市场信息、运营信息、财务信息和生产信息等。信息的来源渠道多种多样，其中互联网就可以为创业者提供大量的有价值的信息资源。

1. 市场信息

产品或服务的潜在市场信息对创业者尤为重要。为了判断市场规模，创业者需要明确地定义市场，包括目标顾客是男性还是女性，是企业还是消费者个人，是高收入人群还是低收入人群，是城市居民还是农村居民，是国内市场为主还是国外市场为主。目标市场的确定将会使初创企业的市场规模和市场目标比较容易确定。这些资料主要来源于相关组织已经公布的信息（即第二手资料），也可以通过市场调查来获得（即第一手资料）。不过，为了确保市场信息的真实性、及时性，创业者往往要花费较多的资源进行市场调查。

2. 运营信息

撰写创业计划书可能需要的运营信息主要包括以下几类。

（1）地点。创业计划书中应该明确公司坐落的地点，这就需要提前去物色合适的地点。确定地点主要考虑是否方便顾客、是否接近供应商及分销商、价格或租金的高低、周围顾客群的消费能力和消费习惯、当地的法律规定等。选址是关乎创业成败的一个非常重要的工作，必须遵循一定的原则，充分考虑各方面的因素。

（2）生产制造。为了保证生产的正常进行，企业应该明确需要拥有或掌握哪些技术，同时也应该明确具体的工序是由企业自己完成还是分包给其他企业。如果是分包，企业应明确由谁来完成及如何确保质量等。

（3）原材料。创业者需要明确生产产品需要的原材料种类及其供应商，以及原材料的价格、原材料的供给有没有保障等。

（4）设备。创业者需要明确需要哪些设备、设备的维护和保养怎么解决、设备是选择购买（新的还是旧的）还是租赁，以及从哪里购买或租赁设备，等等。

（5）劳动技能。创业者需要明确需要工人掌握哪些技能、员工的工资如何确定（是计时还是计件）、如何对员工提供技能培训，以及员工的招聘何时开始（一般而言，应该在企业成立之前着手招聘事宜），等等。

（6）生产或办公场所的大小。创业者需要明确企业运作需要的空间大小（生产、生活用的场所都应该考虑进去）、这些场所是自己购买还是租赁等。

（7）其他相关的开支，如办理证照的费用、购置办公用品的费用等。

3. 财务信息

创业者必须对企业的资金需求、资金周转和盈利能力有一个全面的评价。这些信息主要用来说服投资者对该企业进行投资。财务信息主要包括以下几类。

（1）资金的需求和来源，即创办这家企业需要多少资金，为什么需要这么多的资金，创业者自己准备出资多少，以及不足的资金准备如何解决。

（2）未来的销售情况，即未来三年能实现多少销售额及相应的费用开支，能否实现盈利，何时开始有利润，每年的利润是多少。

（3）资金的周转，即未来三年的现金流量如何，能否应付日常的开支和偿还债务的需要。

（4）企业的投资收益率和投资回收期。

（5）风险资本的退出。如果引进风险资本，风险资本将何时、以何种方式退出，需要创业者及其参与者根据过去的市场情况和企业的具体状况加以分析确定。

四、准备一份优秀的创业计划书做参考

创业计划书的写作有较大的难度，单纯看几本参考书并不能马上解决问题，最好找一份类似的、已经成功的创业计划书作为参考，然后按照提纲来写。当然，只能借鉴，绝对不能照抄，因为每一家企业都应该有自己的特色。

任务 3　撰写创业计划书的原则

一份好的创业计划书必须呈现竞争优势与投资者的利益，同时也要具体可行，并提出尽可能多的客观数据来加以佐证。在写作过程中应该遵守以下八个原则。

一、市场导向

利润来自市场的需求，没有对市场进行深入的调查和分析，所撰写的创业计划书将会是空洞的。创业计划书应该以市场导向的观点来写，并充分显示对于市场现状的掌握与未来发展趋势的预测能力和具体成就。

二、开门见山

创业计划书应该避免那些与主题无关的内容，要开门见山，直入主题。风险投资家没有时间，也不愿意花过多的时间阅读一些对他来说毫无意义的东西。这种开门见山的写法较容易引起风险投资者的注意和兴趣，从而可以提高融资成功的可能性。

三、清晰明了

创业者应该在创业计划书中把自己的观点清晰明了地亮出来。如果读完整篇计划书都没有发现创业者明确的观点，那么别人不可能产生兴趣。

四、观点客观

创业计划书中的所有内容必须实事求是，即使是财务规划，也不应该是凭空想象出来的，必须事先进行大量的调查和科学的分析。

五、通俗易懂

创业计划书中应该尽量避免技术性很强的专业术语。这些术语不是谁都可以看明白的，

而且风险投资者更关心的是计划能为企业创造多少价值。即使不得已要使用专业术语，也应该在附录中加以解释和说明。

六、前后一致

创业计划书的内容复杂繁多，容易出现前后不一、自相矛盾的现象。如果出现这种情况，就会让人很难明白，甚至对计划产生怀疑。因此，列出的数据和事实一定要前后一致，互相之间没有冲突。

七、突出优势

突出优势也就是突出这份创业计划书的卖点。这就需要在创业计划书中呈现竞争优势、创业者强烈的企图心、创业者非凡的经营管理能力和目标一致的管理团队、独一无二的技术优势、对市场的清晰认识等信息。但是，在创业计划书中也应该说明可能遇到的风险或威胁，不能只强调优势和机遇而忽略不足与风险。

八、循序渐进

创业计划书不是一个简单的计划书，而是指导企业运行的管理工具。在创业初期，计划书的主要功能是吸引投资者和雇员，但这并不是说计划只要吸引到投资者和雇员就行了。在创业计划书中应该确定企业的目标和具体措施，以指导企业未来的工作。创业计划书的内容非常繁杂，写作时应该注意逻辑性，遵循循序渐进的原则，不能企求一气呵成，更不能杂乱无章。

第二节　创业计划书的内容与撰写技巧

各项准备工作就绪之后，创业者应该立即行动，将心中所想书面化。创业计划书应尽可能充实，以便为自己和潜在投资者描绘一个完整的蓝图。

任务 1　创业计划书的内容

一、执行摘要

执行摘要，也可以称为计划摘要或计划概况。执行摘要应该放在创业计划书的最前面，也是阅读者最先阅读的部分，但是这部分的写作却要在最后完成。执行摘要浓缩了整个创业计划书的精华，涵盖了计划书的所有要点，应力求一目了然，以便阅读者能在最短的时间内评审计划并做出判断。

阅读者尤其是投资者，都希望创业计划书开门见山。如果没有执行摘要，就要等看完整个创业计划书才能了解企业的情况，这对于认为时间就是金钱的投资者来说是不能容忍的。投资者看完执行摘要后，如果产生兴趣，那么他就愿意花时间仔细看计划书的全部内容，然后再做决定；否则他是不会继续看下去的，更不会投资。因此，执行摘要的写作很重要，一定要能激起投资者的兴趣，使其有进一步探究项目内容的欲望。

执行摘要应该以简洁的和可信的方式强调创业经营的要点，特别要说明企业的不同之处及促使企业成功的因素。具体的内容可能包括公司介绍、主要产品与业务范围、市场情况、营销策略、组织与管理、生产销售、财务计划和资金需求等。

在介绍企业时，首先，要说明创办新企业的思路、新企业的目标和发展战略。其次，要说明企业未来的经营情况，包括自身的和竞争对手的经营情况。最后，还要介绍创业者自己和团队其他主要成员的背景、经历、特长等。管理团队的素质对企业成功与否往往起到关键的作用。

为了使风险投资家看得懂创业计划书，执行摘要应该尽可能通俗易懂；为了让风险投资家能够在短时间内充分理解手中的创业计划书，执行摘要应该尽可能简洁；为了引起风险投资家的兴趣，执行摘要应该尽可能地浓缩整份创业计划书的精华，把深入探讨的部分放在后文。

二、产品或服务

创业计划书的阅读者最关心的问题之一就是产品或服务是否具有创新性、能否卖得出去、市场有多大，以及能否盈利。这就要求初创企业提供的产品或服务能解决现实生活中的问题，或者能够帮助消费者节约开支、增加收入。

通常的产品介绍应包括产品的概念、性能和质量、主要的产品类型、产品的竞争优势、产品的市场前景预测、产品的品牌与专利和产品的成本分析等。

创业者要对新产品或服务做出详细的说明，而且说明应该准确、通俗易懂，尽量避免用专业性很强的术语。一般而言，如果可能的话，产品介绍应该附上产品的原型、技术图纸或相关照片等介绍资料。产品或服务的介绍比较具体，因而写起来较其他部分容易。虽然吹嘘自己的产品在推销时是应该且必需的，但是在计划书中关于产品或服务的内容应力求实事求是，因为计划书中的每一项承诺都需要企业尽力去兑现。创业者与投资者的合作不是“一锤子买卖”，而应该是一种长期合作的伙伴关系。一旦某一项承诺无法兑现，投资者就会重新审视与创业者的合作，甚至不再对创业者予以支持。同时，因为承诺无法兑现，企业的信誉就会受损，从而导致客户流失。这些代价是企业承受不起的，最终可能导致创业者创业失败。

三、组织与管理

1. 组织就是描述企业的组织结构和所有制形式

企业的组织结构包括直线制、直线职能制、事业部制等。在现实中，为选择合适的组织形式，初创企业应该综合考虑行业特点、企业规模、技术复杂程度、市场需求的变化、职工素质的高低、企业内部的分工与布局和管理者的管理水平等因素。一般来讲，初创企业很多都采用直线制或直线职能制。不管采用何种形式，这部分内容都应该包括初创企业的组织结构图（也可以放在附录中）、部门的划分、各部门的责权利，以及每一个岗位的要求和职责。

所有制形式就是初创的企业是独资形式、合伙形式还是公司制形式。依据法律的规定，不同的所有制形式下，创业者承担的责任有很大的差别。

（1）采用“个人独资企业”形式，创业者要对企业的债务承担无限责任。若企业的资产不足以偿还企业到期债务，就需要用创业者的其他个人可执行资产来清偿这笔债务。也就是说，企业的责任就是创业者个人的责任，企业和创业者的责任连为一体。虽然这种所有制形式加大了创业者的责任和风险，但却向潜在的投资者表明了自己的信心和决心，有一种“不成功，便成仁”的气势，也极大地增强了外来投资者的投资意愿。

（2）采用“合伙企业”形式，创始人就有两个以上，他们通常要对企业债务承担连带无限责任。若企业的资产不足以偿还企业的到期债务，所有创始人要以自己的个人财产来清偿这笔债务。正是因为这样，所有创始人都非常关注企业的生产经营，甚至直接参与企业的日常经营运作。采用“合伙企业”形式，应该签订合伙协议，需要明确合伙人之间的分工，明确各合伙人的责权利，以免出现职责冲突和利益纠纷。有资料显示，2/3 的合伙企业解散的主要原因是合伙人的利益发生了变化或者合伙人之间发生了人际冲突。同时，这类企业的创始人的自有资金规模一般较个人独资企业大，有利于从外部获得资金支持。

（3）采取“公司制”形式，创业者自己只需承担有限责任。如果公司不能偿还到期债务，创业者（股东）仅以其对公司的投资额为限来对公司债务承担责任，即债权人没有权利要求创业者（股东）拿出个人的其他财产来替公司还债。这有利于降低创业者的风险，但法律要求创业者投入的资金规模较大。这种所有制形式是现代企业制度的要求，也是实践中采用最多的形式。在创业计划书中应该说明企业采用的所有制形式、每一位投资者投入资金的数量和形式、每一位投资者承担责任的形式、投资者的责权利、企业的管理机构设置及其职权等。

2. 管理就是强调管理团队的问题

一般来说，创业的成败在很大程度上取决于团队人员的素质。企业失败的一个很大的原因就是管理不善。外来投资者特别注重对管理团队的评价。这一部分的主要内容包括：哪些人将参与企业的经营管理；每个人将承担什么工作；每个人的学历、经历、特长；每个人可能给企业带来的贡献；管理层的薪酬；等等。

创业者首先应该心中有数，及早明确企业需要哪种类型的人才。企业的管理人员应该是互补型的，而且要有团队精神。一个企业需要负责产品设计与开发、生产制作、市场营销、企业理财等方面的人才。如果能够聘请到有相关工作经验的人，或者所聘人员的技能可以弥补创业者自己的不足与弱点，那么经营的企业很容易成功。如果计划安排亲戚朋友来帮助经营企业（仅仅因为是亲戚朋友来找自己），那就要三思而后行，最好不要把企业办成家族企业。

企业能够成功，是因为经营者能够做出比竞争对手更高明的决策。要做出正确的决策，需要企业拥有一支有竞争优势的团队。一支能干、能力互补且有经验的团队，能促使企业尽快地步入正轨，能帮助创业者实现企业的既定目标，同样也能够增强外部利益相关者对企业的信心。

四、行业与市场

如果企业准备推出新的产品或服务，或者开拓新市场，首先就要仔细地对准备进入的行业及市场进行分析和预测。如果分析的结果并不乐观，或者预测的结果出乎意料的差，那么创业者承担的风险就有可能超出他（或她）的可承受范围。此时，明智的创业者会立即放弃这个计划，以将损失减至最低。首先，创业者要对需求进行预测，包括：市场是否存在对这种产品或服务的需求；需求的大小能否足以给企业带来利润；需求未来的发展趋势如何；影响需求的因素有哪些。其次，创业者需要对市场竞争情况进行分析，包括：竞争对手有哪几家，他们的势力如何，他们的竞争优势何在；本企业未来能达到的市场占有率是多少；本企业的进入会对竞争带来何种变化，企业有没有相关的措施来应对；是否存在有利于企业的市场空当。

这部分内容应该包括市场现状综述、竞争对手介绍、目标顾客和目标市场、本企业产品或服务的市场定位、市场特征等。为了做好市场分析，创业者必须深入市场进行调查研究，尽量扩大信息的搜集范围，重视对宏观环境与微观环境的预测，利用科学的预测手段和方法。未来的市场不是凭空想象出来的，对市场的错误认识是创业失败的重要原因。

五、营销策略

营销策略是创业计划书的重要组成部分，它主要描述企业的产品或服务将如何进行分销、定价和促销。营销策略的制订是计划制订中最富有挑战性的环节。制订营销策略应该考虑的因素主要有消费者的类型及特点、相关产品或服务的种类及特性、企业自己的实际情况和外部环境因素等。比如，一般来讲，如果企业的顾客主要是个人消费者，那么促销策略应该注重广告和营业推广；如果顾客主要是企业，那么促销策略应该注重使用人员推销的方式。

这部分内容主要包括市场机构与营销渠道的选择、营销队伍及其管理、促销计划与策略和价格策略。对于初创企业来说，这些工作非常重要，尤其是价格策略，不仅关系到能否打开市场，而且关系到企业能否盈利及盈利多少。

创业初期，企业往往采取低价格、高投入的营销战略，比如花大量资金做广告、搞促销、向批发商和零售商提供更多的返利，以求尽快打入市场。在这一阶段，企业不应该指望有太多的回报，反而应该做好亏钱的准备。只要企业能够坚持下去，并且不断地扩大销售，总会等到赚钱的那一天。

六、生产计划

如果初创企业属于制造业，那么计划书中必须要制订生产计划。这个计划主要是描述完整的产品生产制造过程。一件产品的制造过程一般包括很多工序或工艺，其中部分工序或工艺由企业自己完成，另一部分则分包给其他企业来完成（要么因为成本低，要么因为自己没有这项技术）。如果出现分包，则应该说明分包的相关情况，如分包商的名称、地点、合同和分包的原因等。对于自己完成的工序或工艺，则应该说明厂房的布局、需要的机器设备、需要的技术条件、生产程序的设计、生产的步骤、生产周期标准和生产作业计划的制订、所需的原材料及供应商、生产成本、质量监控和改进计划等。

如果初创企业不属于制造业，而属于零售业或服务业，则不需要制订生产计划，而应该制订相应的“经商计划”。其内容相对简单，主要包括货物从哪里采购、存储控制系统的建立和库存需求等。

七、财务计划

财务计划需要花费较多的时间来做具体的分析，而且通常需要财务专家的帮助才能够完成。财务计划的内容包括经营规划与资金预算、盈亏平衡点分析、预计的现金流量表、预计的损益表、预计的资产负债表、财务比率的分析、资金的来源与运用等。

1. 经营规划与资金预算

在编制预计财务报表之前，创业者应筹划经营，进行资本预算。如果创业者是独自经营，那么预算决策就由他自己全盘负责；如果采用合伙经营或公司制形式，那么资金预算就需要在分工的基础上共同完成。首先，应该制定销售预算，用来反映季节变化及营销策略对需求的影响。其次，应该制定经营成本预算，其中经营成本包括固定成本和变动成本。固定成本是指与销售量无关的成本，即不管销售量如何变化，这部分支出始终保持不变，如固定资产的折旧、房屋和设备的租金、固定的工薪等。变动成本是指与销售量保持同方向变化的成本。一般而言，随着销售量的增加，这部分支出也随之增加，如销售成本、广告费用和原材料费用等。资金预算的目的在于为评估影响企业一年以上的支出奠定基础。资金预算可以是估计购置新设备或者聘用新职员所需的费用，可以是评估自己生产还是购买的抉择，也可以是购买和租赁设备的比较等。这些决策需要利用净现值方法计算资金成本和投资的期望回报，因而有较大的难度，一般需要寻求财务顾问的帮助。

2. 盈亏平衡点分析

创业者应该清楚企业何时才开始获利，并且需要反映在计划书中。刚开始由于产销量很小，一般企业都处于亏损状态，但随着产销量的增加，企业将出现既不盈利也不亏损的情况，这就是盈亏平衡点。这时的销售量称为盈亏平衡点销售量，这时的销售额称为盈亏平衡点销售额。盈亏平衡时的销售额向创业者指明了支付全部的固定成本和变动成本所需的销售额。如果销售单价低于或等于产品的单位可变成本，企业永远无法实现盈利，这一点是应该清楚的。只有销售单价高于产品的单位可变成本，随着产销量的增长，才会出现盈亏平衡点，而随着产销量进一步扩大，企业才会开始盈利。通过盈亏平衡点分析，可以预测到为实现既定的利润目标，企业的产销量及销售额应该达到什么样的规模。

3. 预计损益表

损益表是反映企业一定期间内经营成果的财务报表，主要提供有关经营成果方面的信息，包括收入、成本、费用和利润等。利用这些信息，可以了解这一期间内收入的实现情况和费用耗费情况，了解生产经营活动的成果，了解企业的盈利能力和变化趋势。

（1）按月估计销售收入。销售收入的估计应立足于市场研究、行业销售状况及一些试销经验，然后利用一些比较科学的预测方法，如专家意见法、德尔菲法和时间序列分析法。任何一家初创的企业，起步都是非常艰难的，开业的前几个月的销售收入少得无法想象，只有经过一段时间的潜心经营之后，销售收入才能达到一定的规模。

（2）按月估计经营开支。每一笔支出都不可遗漏，应该仔细地评估，以保证每一笔开支尽可能地符合实际。创业初期，收入不多，但开支不少，往往入不敷出，所以创业者必须对此做好充分的准备。

4. 预计现金流量表

现金流量表是反映企业一定期间内现金及现金等价物流入和流出信息的财务报表。通过现金流量表，可以评价企业的支付能力、偿债能力和周转能力，可以了解企业未来的现金流量，有助于分析企业收益质量及影响现金净流量的因素。这一些信息对外部投资者来说非常重要，因为现金流量影响到银行的贷款能否顺利地收回，风险投资者的资金能否及时地退出。有一些企业损益表上有大量的盈利，却无力偿还到期债务，就是因为现金流出现了问题。

一个盈利的企业也会因为现金的短缺而破产，这样的例子很多。因此，如果初创企业的现金流出现明显的亏空，那么仅用利润这个指标来评估初创企业是否成功就可能会得出错误的结论。

现金流量表的编制需要使用预计的销售收入及销售成本费用等数据，但和编制损益表不一样的是，需要根据现金可能变化的时间对这些数据进行适当的调整。如果某一时期的现金流支出大于流入，创业者就应该有渠道筹集资金，以确保有足够的现金流来应付对外支出。这种现象往往出现在入不敷出的创业初期。

无论是预计损益表，还是预计现金流量表，有时候设置多种情境的假设是必要的。这些情境与预计不仅是为了编制预计损益表和预计现金流量表，而且更重要的是它能令创业者熟悉影响经营的各种因素，了解这些因素的变化对企业经营将会产生怎样的影响。

5. 预计资产负债表

资产负债表是反映企业在某一特定日期财务状况的报表。通过资产负债表，可以了解企业资产和负债的总额及构成情况，可以了解所有者所拥有的权益。企业未来的每一笔经济业务都会影响到资产负债表。资产=负债+所有者权益，资产负债表就是根据这一关系，按照一定的分类标准和顺序，把企业一定日期的资产、负债和所有者权益各项目予以适当排列。资产是企业拥有的或者能够控制的能以货币计量的经济资源，包括流动资产、长期投资、固定资产、无形资产和其他资产。负债是企业对债权人的负债或欠款，包括流动负债和长期负债。所有者权益是所有者在企业资产中享有的经济利益，其金额为资产减去负债后的余额，包括实收资本、资本公积、盈余公积和未分配利润。

创业者至少应该给出初创企业开始的3～5年的预计财务报表，以便对企业的长期经营有一个全面的估计和认识。

八、风险与机遇

任何一家初创的企业都将面临一些潜在的危险。创业者有必要进行风险估计以便及早制定有效的战略来应对。初创企业面临的风险可能有技术不成熟、资源短缺、管理不到位、市场和产品有不确定性、对关键人员有依赖性、竞争残酷和技术的进步导致产品过时等。对风险的应急计划和备选战略是向潜在投资者表明，创业者对经营中存在的风险是十分重视的，而且对可能发生的风险已经做了充分的准备。

机遇将给整个计划带来闪光点，也是各方关注的焦点之一。面对机遇，创业者应该不失时机地把握和利用，并且也应该具体地制定相应的策略，让机遇带动企业的发展，给企业带来丰厚的利润。机遇包括政府政策的倾斜、市场需求的急剧扩大、强有力竞争对手的退出和技术的垄断等。

九、退出战略

很多创业者太沉浸于应付开办企业带来的挑战，从不考虑如何退出的问题。但是，人一生的时间终究是有限的，退出是迟早的事。因此，在计划书中应该解决将来的企业“给谁、何时给、多少钱”等问题。

更为重要的是，如果初创企业准备吸引风险投资的话，那么在创业计划书中必须说明风险资本退出的方式，因为风险投资家并不愿意长期持有企业的股份。具体退出的方式包括三种：一是股份回购，即由创业者在一定的时候按照约定的价格和比例回购风险投资者持有的股份；二是公开上市，即如果企业能够实现公开上市，则风险投资家能够通过证券市场把手中持有的股份卖出去，这样就能够成功地退出企业；三是股权协议转让，就是在创业计划书中注明允许风险投资家在一定的条件下将手中持有的股份通过协议的方式转让给其他投资者。

十、附录

创业计划书一般应该有附录，用以补充不必在正文中列明的资料。附录可能包括主要人员的简历、专利技术的证明文件、相关资料的来源与说明、协议与合同、专业术语的阐释和供应商的资料等。

任务2 创业计划书的撰写技巧

一、主题明确

创业计划书应该从以下几个方面体现出明确的主题。

（1）项目名称应该简洁明了，体现创业投资的主旨或目标。

（2）封面应该精心设计、简洁规范，体现项目特色。

（3）摘要对创业计划书的内容进行综述，主要包括项目名称、技术特点、产品优势、所属产业、发展趋势、市场需求、发展前景、投资效益和基本结论等。

二、结构合理

创业计划书的结构一般包括封面、摘要、目录、正文、附录和参考文献。其中，正文应该包括报告摘要（执行摘要）、项目或服务简介和公司简介、市场需求及所属行业的竞争和发展趋势、生产和运作模式、市场营销方案、企业管理方案、企业融资方案、投资（财务）效益可行性、风险及其防范和企业机制等。

三、内容充实、重点突出

1. 计划书摘要

计划书摘要即计划书的内容摘要，是创业计划书中不可缺少的一部分，是一篇具有独立性的短文。它用简单、明确、易懂、精辟的语言对全文内容加以概括，留主干，去枝叶，提取创业计划书的主要信息。

2. 项目或服务简介和公司简介

（1）项目或服务简介包括技术价值和应用价值。

（2）公司简介包括公司组建、注册资本和股权结构、发展战略。

3. 市场需求及所属行业的竞争和发展趋势

市场需求及所属行业的竞争和发展趋势需要阐述以下三个内容。

（1）市场容量调查、预测过程和结果。

（2）产品或服务的生命周期、产业的特征和生命周期。

（3）行业的竞争对手和方式。

4. 生产和运作模式

创业计划书中应当阐明产品的生产组织方案（采购、生产、仓储、运输、销售）、生产工艺流程、人员和设备的配置。

5. 市场营销方案

市场营销方案中应该根据实际情况，具体分析适用的几种营销策略及组合，如 4P 组合，即产品（Product）、价格（Price）、渠道（Place）和宣传（Promotion）。对所选营销策略及组合进行利弊分析和调整，形成具有参考价值的方案。

6. 企业管理方案

企业管理方案中应重点说明以下内容：一是企业的组织结构设置和调整情况；二是董事会、总经理、部门经理等的职能（权、责、利）；三是中层经理的职责；四是部门管理（人事、财务、生产、采购、销售等）的职能范围；五是职工管理的具体规范。

7. 企业融资方案

企业融资方案具体要阐明以下内容：一是资金来源和比例，明确企业中技术入股、风险资本投资入股、管理者股本、出资入股和银行贷款的比例；二是计算资本成本，具体包括各种资本的成本和加权平均资本成本。

8. 投资（财务）效益可行性

投资（财务）效益可行性要形成明确的可行性报告，具体需要编制损益表、（经营性）现金流量表、资产负债表和还贷计划表，形成测算投资效益的指标，如静态和动态回收期、净现值、内部收益率、盈亏平衡点等。

9. 风险及其防范

风险具体包括政策风险、市场风险、管理风险和财务风险。

（1）政策风险，即国家政策变化或不确定性造成创业者创业失败或遭受损失的风险。政策风险有以下规避措施：调整产业方向；减少产量，降低库存；转换产品或生产方式；等等。

（2）市场风险，即市场变化或市场的不确定性导致创业者创业失败或遭受损失的风险。市场风险有供求变化、汇率变化、行情变化等。创业者应根据国际、国内产业形势，及时调整产品结构、产量、营销策略等规避市场风险。

（3）管理风险，即创业者在创业过程中对企业内部管理不善等问题造成企业倒闭或发生损失的风险，如核心技术被盗、商业秘密泄露、员工过度流失和安全事故等。管理风险可以通过以下措施进行规避：对员工实行动态引导与管理；对重要岗位与核心技术实行监控；及时发现与处理管理漏洞；有计划地开展教育与培训等。

（4）财务风险，即创业者创办企业的财务结构不合理、融资不当，使公司可能因丧失偿债能力而导致投资者预期收益下降的风险。财务风险有以下规避措施：轮岗到位，不留死角；对客户实行信用评级与跟踪监控；实施内部资金监控，把负债率控制在合理范围；等等。

10. 企业机制

企业机制是指推动、调节、制约企业系统各生产要素正常运转，以实现企业目标的功能体系，主要涉及股权转让机制、公司上市机制、市场调研分析机制、技术工艺机制、财务效益机制、营销机制、风险评价机制和撤出机制。

四、方法科学、分析规范

市场调研和预测方法要具有科学性、合理性和可操作性。财务效益可行性研究方法应科学、规范。

五、文字通畅、表述准确

创业计划书行文应表述准确、通俗易懂、逻辑严谨。

六、排版规范、装帧整齐

创业计划报告书的排版应该规范、美观，尤其是封页、标题、分标题、引言、表格、公式、数字表示、参考资料等，具体规范如下。

（1）标题（大、中、小）用二号字，加粗，全文格式。

（2）分标题用小四号字，不加粗；正文用小四号字，不加粗；段落用单倍行距。

第三节　创业计划报告书编写实训

介绍完创业计划书的撰写要求，下面根据相关要求进行编制。

一、创业计划书的封面

在编制创业计划书封面时，应注意标题简洁明了、突出主题，并应列明项目名称、项目单位、地址、电话、传真、电子邮件和联系人等，注意版式要美观。其具体格式如下。

创业计划书

项目名称 ______________________________

项目单位　（盖章）______________________________

地　　址 ______________________________

电　　话 ______________________________

传　　真 ______________________________

电子邮件 ______________________________

联 系 人 ______________________________

××××有限公司编制

______年______月______日

二、保密承诺

创业计划报告书的保密承诺格式如下。

本创业计划报告书内容涉及本公司商业秘密，仅对有投资意向者公开。本公司要求投资公司项目经理收到本创业计划报告书时做出以下承诺：妥善保管本创业计划报告书，未经本公司同意，不得向第三方公开本创业计划报告书涉及的本公司的商业秘密。

项目经理签字：

接收日期：______年____月____日

三、创业计划书的目录

目录由标题和对应页码构成，体现了整个创业计划书的整体结构和篇幅。一般来讲，创业计划书的目录除了摘要外，还包括 14 个部分，具体如下：第一部分，公司概况；第二部分，公司管理层；第三部分，产品/服务；第四部分，行业及市场分析；第五部分，技术来源及前景；第六部分，产品制造；第七部分，营销策略；第八部分，公司管理；第九部分，竞争分析；第十部分，财务计划；第十一部分，融资计划；第十二部分，风险分析；第十三部分，发展战略；第十四部分，附录。

四、创业计划书摘要

摘要是将创业计划报告书的内容做进一步的浓缩，使阅读者在未浏览全部内容之前就可以大致了解计划书的情况。创业计划报告书的摘要主要包括：公司概况；主要经营管理人、技术负责人简介；项目涉及的产品或服务的先进性、新颖性、独特性描述；市场分析；现金流量、投资回报率等财务预测；融资计划与投资后股东构成表；等等。

五、创业计划报告书的形式与内容

创业计划报告书的形式与内容详见附录 1。

创业基础课程

课后作业

1. 创业计划书有什么作用？应包括哪些内容？
2. 请以团队为单位，撰写一份创业计划书。

第八章　创 办 企 业

教学内容

1. 企业的法律形式和组建。

2. 企业开办实务。

教学目的

1. 了解企业的法律形式和组建过程。

2. 掌握在企业组建中涉及的公司取名、办理流程与专项审批、注册登记、购买现成企业、特许加盟等相关内容。

第一节　企业法律形式及组建

企业法律形式是由法律规定的，是可以发展变化的。企业法律形式决定了企业的内部组织结构，决定了企业的法律地位和投资人的责任风险范围，是企业立法的体现。

企业法律形式的种类有个人独资企业、合伙企业和公司制企业。

任务 1　个人独资企业

一、个人独资企业的含义

个人独资企业即为个人出资经营、归个人所有和控制、由个人承担经营风险和享有全部经营收益的企业。个人独资企业主要盛行于零售业、手工业、农业、林业、渔业和服务业等。

二、个人独资企业的设立条件

个人独资企业的设立有以下五个条件。

（1）投资人为一个自然人。

（2）有合法的企业名称。

（3）有投资人申报的出资。

（4）有固定的生产经营场所和必要的生产经营条件。

（5）有必要的从业人员。

三、个人独资企业的优缺点

1. 个人独资企业的优点

（1）企业的建立与解散程序简单。

（2）经营管理灵活、自由，企业主可以完全根据个人的意志确定经营策略，进行管理决策。

（3）利润归企业主所有，不需要与其他人分享，满足个人的成就感。

（4）在技术和经营方面易于保密，有利于保护其在市场中的竞争地位。

2. 个人独资企业的缺点

（1）企业主对企业债务承担无限责任，经营风险较大。

（2）企业经营规模有限。独资企业有限的经营所得、企业主有限的个人财产、企业主一人有限的工作精力和管理水平等都制约着企业经营规模的扩大。

（3）独资企业的存续完全取决于企业主个人的得失与安危，因此企业的寿命有限。

任务 2　合伙企业

一、合伙企业的含义

合伙企业是指由 2 人或 2 人以上按照协议投资，共同经营、共负盈亏的企业。合伙企业的财产由全体合伙人共有。合伙人对企业债务承担连带无限清偿责任。

二、合伙企业的设立条件

合伙企业的设立有以下五个条件。

（1）有 2 个以上合伙人，并且都是依法承担无限责任者。

（2）有书面合伙协议。

（3）有各合伙人实际缴付的出资。

（4）有合伙企业的名称。

（5）有经营场所和从事合伙经营的必要条件。

三、合伙企业的优缺点

1. 合伙企业的优点

（1）相比个人独资企业，合伙企业扩大了资本来源，增强了企业信用能力。

（2）合伙人具有不同的专长和经验，能够发挥团队作用，增强了企业的管理能力。

（3）相比个人独资企业，合伙企业扩大经营规模的可能性增强了。

2. 合伙企业的缺点

（1）某一个合伙人有意向合伙人以外的人转让其在合伙企业中的全部或部分财产时，必须经过其他合伙人的一致同意。

（2）合伙人对企业债务承担无限连带责任。

任务 3　有限责任公司

一、有限责任公司的含义

有限责任公司是指由 50 个以下的股东出资设立，每个股东以其所认缴的出资额对公司承担有限责任，公司以其全部资产对其债务承担责任的经济组织。有限责任公司一般适合于中小企业。

二、有限责任公司的设立条件

有限责任公司的设立有以下五个条件。

（1）股东符合法定人数。

（2）有符合公司章程规定的全体股东认缴的出资额。

（3）股东共同制定公司章程。

（4）有公司名称，建立符合有限责任公司要求的组织机构。

（5）有公司住所。

三、有限责任公司的优缺点

1. 有限责任公司的优点

（1）设立程序比较简单，不发公告，不公布账目。

（2）公司的所有权与经营管理权分离，可以聘任专职的经理人员管理公司。

（3）股东之间可以相互转让其全部或者部分股权。

（4）适合中小企业。

2. 有限责任公司的缺点

（1）不能公开发行股票，筹集资金的范围和规模一般比较小，难以满足大规模生产经营活动的需要。

（2）股东向股东之外的人转让股权时，应当经半数以上的其他股东同意。

（3）双重纳税，即公司盈利要上交企业所得税，股东股息要上交投资所得税或个人所得税。

任务 4　股份有限公司

一、股份有限公司的含义

股份有限公司是指公司资本为股份所组成的公司。股东是以其认购的股份为限对公司承担责任的企业法人。设立股份有限公司，应当有 2 人以上 200 以下为发起人，注册资本的最低限额为人民币 500 万元。

二、股份有限公司的设立条件

股份有限公司的设立条件有以下六个。

（1）发起人符合法定人数。

（2）有符合公司章程规定的全体发起人认购的股本总额或者募集的实收股本总额。

（3）股份发行、筹办事项符合法律规定。

（4）发起人制订公司章程，并经创立大会通过。

（5）有公司名称，建立符合股份有限公司要求的组织机构。

（6）有公司住所。

三、股份有限公司的优缺点

1. 股份有限公司的优点

（1）通过公开发行股票，提高了公司的社会声望，因而融资能力很强。

（2）股份有限公司的股东可以自由转让股份，不需要经过其他人同意。

（3）股份有限公司的股东对公司债务负有限责任，其限度是股东应交付的股份额。

（4）股份有限公司将全部资本划分为等额的股份，通过向社会公开发行的办法筹集资金，任何人在缴纳股款之后，都可以成为公司股东。

2. 股份有限公司的缺点

（1）公司设立的程序比较复杂，创办费用高。

（2）按照相关法律要求，股份有限公司需要定期披露经营信息，公开财务数据，容易造成商业机密的外泄。

（3）因为股份有限公司是从社会吸纳资金，所以为了保护利益相关者，政府对公司的限制较多，而且法律法规的要求也较为严格。

（4）股份有限公司的发起人应当有 2 人以上 200 人以下，其中须有半数以上在中国境内有住所。

第二节　企业开办实务

任务 1　公司取名

案例导入

“埃克森”——迄今最昂贵的改名

美国埃克森美孚公司前身是新泽西石油公司。新泽西石油公司改名的原因有两点：一是“New Jersey”拼写复杂，蕴意狭窄；二是各国名称和标志需要统一。于是，该公司挑选心理学、语言学、社会学、统计学等各领域的专家设计新名称，调查了世界上 55 个国家的语言，走访了 7 000 多人，并对一般群众的心理、感情等进行调查研究，查阅了 15 000 个电话指南，通过计算机制作了约 10 000 个名称，经过淘汰最后剩下 8 个。这 8 个名称再用 100 种以上的语言进行搜索，以保证没有确切的意思，并保证在 100 种语言中找不到与之

雷同的词，且蕴意无恶感。最后，以花费 6 年的时间和 10 亿美元（包括变更名称费、起名设计费、新名称广告宣传费）的代价，确定了埃克森（Exxon）这个名称。这个名称是完全创造性品牌，容易记忆，内含叠字，便于拼读，在世界上是独一无二的。

最后，新泽西石油公司接受了董事会将公司名称改为埃克森（Exxon）公司的建议。这是历史上最昂贵的改名。

资料来源：公司起名字：最昂贵的改名——埃克森[EB/OL]. https://www.sheup.net/ info_gongsiqiming_3.php?id=3185&s=1232097384. 经重新整理.

课堂思考：

新泽西石油公司为什么要改名？

一、企业名称命名的形式

企业名称命名的形式为行政区划+字号+行业特点+组织形式，如浙江（行政区划）索思（字号）科技（行业特点）有限公司（组织形式）、中国（行政区划）正泰（字号）电气（行业特点）股份有限公司（组织形式）。

二、企业名称命名的规定

企业名称不得含有下列内容和文字。

（1）有损于国家、社会公共利益的。

（2）可能对公众造成欺骗或者误解的。

（3）外国国家（地区）名称、国际组织名称。

（4）政党名称、党政军机关名称、群众组织名称、社会团体名称及部队番号。

（5）外国文字、汉语拼音字母、阿拉伯数字。

（6）其他法律、行政法规规定所禁止的。

三、企业起名的原则和方法

（1）努力挖掘公司名称的文化底蕴。如果公司所处的位置有历史渊源，不妨直接用地名为公司命名。

（2）公司名称应与品牌、商标名称统一。

（3）名称要有鲜明的“个性”，要有气魄，朗朗上口，寓意吉祥。

（4）公司名称应体现公司理念和服务宗旨，如娃哈哈、报喜鸟、阿里巴巴等。

任务 2 办理流程与专项审批

一、办理流程

企业组建时，直接登记的办理流程如下：首先，在工商登记机关办理字号与名称预先核准；其次，在工商登记机关办理营业执照的核准。

企业组建时，经相关部门前置审批后再登记的办理流程如下：首先，在工商登记机关办理字号与名称预先核准；其次，在前置审批机关进行前置审批；最后，在工商登记机关办理营业执照的核准。

二、专项审批

专项审批分为前置审批和后置审批。专项审批涉及的证件有生产食品卫生许可证、施工许可证、安全生产许可证、音像制品经营许可证、网站经营许可证和新办民办学校办学许可证。

下面以电度表专项审批计量器具许可证的办理为例，具体介绍专项审批。其办理条件有以下六个。

（1）具有与所制造、修理计量器具相适应的技术人员和检验人员。

（2）具有与所制造、修理计量器具相适应的固定生产场所及条件。

（3）具有保证所制造、修理计量器具量值准确的检验条件。

（4）具有与所制造、修理计量器具相适应的技术文件。

（5）具有相应的质量管理制度和计量管理制度。

（6）申请制造计量器具许可的，还应当按照规定取得计量器具型式批准证书，并具有提供售后技术服务的能力。

电度表专项审批需要的资料有：《制造（修理）计量器具许可证申请书》原件一式两份；营业执照、有效的组织机构代码证复印件一份；《制造计量器具许可考核通用规范》自我评价记录表；计量器具《型式批准证书》复印件一份；与生产规模相适应的检验人员能力证明（至少两名）；产品技术标准和检定规程（或检定方法）一份；质量管理和计量管理文件（或制度）一份。

电度表专项审批过程如图 8-1 所示。

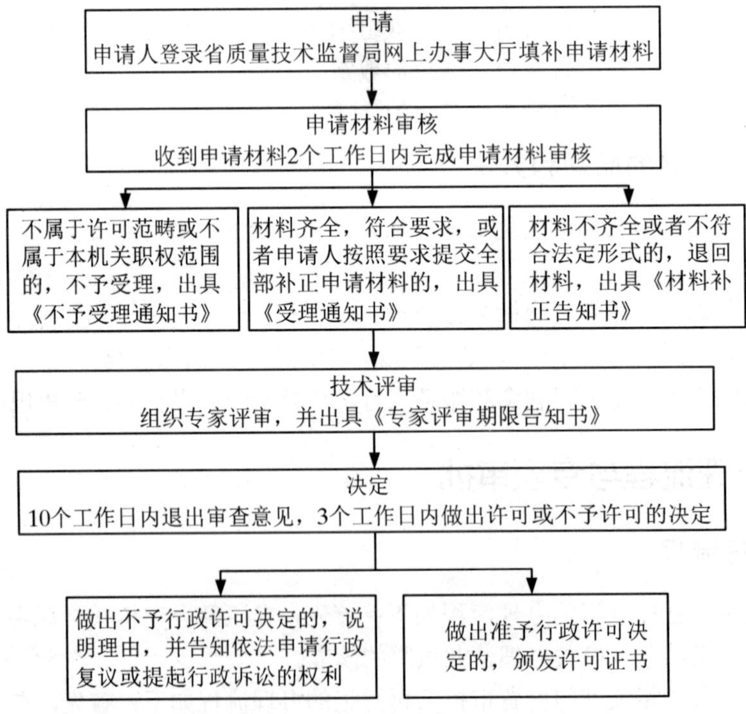

图 8-1 电度表专项审批过程

任务 3　注册登记

初创企业在开办过程中需要经过办理营业执照、刻制印章、办理机构代码证、企业银行开户和办理税务登记证等若干必要步骤。

一、办理营业执照

营业执照是工商行政管理机关发给工商企业、个体经营者的准许从事某项生产经营活动的凭证。其格式由国家市场监督管理总局统一规定。

营业执照的登记事项包括名称、地址、负责人、资金数额、经济成分、经营范围、经营方式、从业人数和经营期限等。营业执照分为正本和副本，二者具有相同的法律效力。其中正本应当置于公司住所或营业场所的醒目位置。营业执照不得伪造、涂改、出租、出借和转让。没有营业执照的工商企业或个体经营者一律不许开业，不得刻制公章、签订合同、注册商标和刊登广告，银行不予开立账户。

另外，初创企业的营业执照的经营范围中有属于行政法规限定的项目的，必须依法经过专项审批并取得有关部门的批准文件和颁发的许可证、资质证后方可经营。

二、刻制印章

印章是公司权力和信用的证明，在公司的对内、对外活动中是必不可少的。因此，公司一旦成立就必须刻制印章。印章包括企业公章、法定代表人章、各类专用章和部门印章等。印章实行使用审批制度。印章使用按制度办理，事先必须经过本企业法定代表人批准或授权人批准。批准手续不完备，一律不能使用印章。

三、办理组织机构代码证

组织机构代码证是各类组织机构在社会经济活动中的通行证。企业向银行申请基本账户或一般账户时必须提供组织机构代码证。企业到税务部门办理相关税务登记手续，必须使用组织机构代码证。

四、企业银行开户

对于企业来说，银行账户至关重要，是企业正常运营的基础条件。在企业银行账户开户许可证取消后，银行将按照规定审核企业身份、开户意愿真实性及基本存款账户唯一性后，即可为符合条件的企业开立基本账户。

五、办理税务登记证

税务登记证是从事生产、经营的纳税人向生产、经营地或者纳税义务发生地的主管税务机关申报办理税务登记时所颁发的登记凭证。税务登记证用于申请减免退税、购领发票、取得一般纳税人的资格、申请纳税申报方式和办理外出经营活动证明等税务事项。纳税人应将税务登记证的正本在其公司住所或者营业场所公开悬挂，接受税务机关检查。

税务登记证的主要内容包括纳税人名称、税务登记代码、法定代表人或负责人、生产经营地址、登记注册类型、经营范围（主营、兼营）和发证日期等。

2015 年 8 月 13 日，国家工商行政管理总局、中央机构编制委员会办公室、国家发展和改革委员会、国家税务总局、国家质量监督检验检疫总局和国务院法制办公室六部门联合印发通知，要求加快推进“三证合一”登记制度改革，确保“三证合一、一照一码”登记模式如期实施。作为“双创”的助推器，深化商事登记制度改革正在为中国经济孕育新的起飞“风口”。作为商事登记制度改革的具体体现，“三证合一”工作将法定注册时间从 20 天减少到 5 天，大大便利了企业。

任务 4 购买现成企业

一、购买现成企业概述

创业者没有开办过企业，对于业务开展、客户拓展等不熟悉，就可以选择购买现成企业。现成企业通常具备以下特点：具备注册证书、公司印章、股票簿等法律上要求的文件；购买者只需要提供所需文件便可购买。

从时间上看，现成企业可以分为新成立企业和成立 1 年以上的企业。前者的优点是刚刚成立，没有发生任何业务活动，比较容易交接。后者的特点是可以马上用来进行国内投资，但之前有可能发生了商务活动，必须先厘清账务之后方可出售。从行业上看，现成企业可以分为投资公司、国际贸易公司、船运公司、实业公司、科技公司、化工公司和纺织公司等。

购买现成企业的程序：确定公司名称→提交股东资料→填写委托书及签署协议→支付预付款→签署法定文件→领取绿盒（指公司全套文件的包装盒）并付清余款。

二、购买现成企业的优缺点

在购买现成企业时，购买者必须分析购买现成企业的优缺点，考虑该企业的发展前途、财务状态和购买价格等。购买现成企业的优缺点如表 8-1 所示。

表 8-1 购买现成企业的优缺点

购买现成企业的优缺点	内　　容
优点	低风险 较多的个人自由 已经产生现金流 已经建立起了与供应商和银行的关系 现成的产品或服务、现成的客户、现成的经营方式、现成的员工队伍和企业名称 可能有不错的经营地点
缺点	产品或服务有可能处于衰退的市场 发展潜力可能有限 债务或库存可能太高 产品有可能陈旧或过期 企业主有可能隐瞒了出售的真实原因，如企业已经连续衰退好几年了 企业在周围的声誉可能不好或经营位置较差

任务 5 特许加盟

一、特许加盟概述

特许加盟是特许人与受许人之间的一种契约关系。根据契约，特许人向受许人提供一种独特的商业经营特许权，并给予人员训练、组织结构、经营管理、商品采购等方面的指导和帮助，而受许人向特许人支付相应的费用。

创业者选择加盟的原则有以下六条。

（1）选择本身已有相当经验的连锁体系，包括经营时间的长短及店数的多寡。

（2）技术难度不能太高。一般加盟者为外行，所以技术性越低的行业越适合加盟。

（3）注意选择的行业的发展趋势。

（4）考量个人兴趣。

（5）考量总部在同业中的竞争能力。

（6）了解加盟体系的品牌健全程度和营运状况。

二、特许加盟的优缺点

表 8-2 列出了特许加盟的优缺点。

表 8-2 特许加盟的优缺点

	内　　容
优点	开办风险较低 开办成本透明 产品或服务有较好的市场 有经过实践证明了的营销方案 有特许人的培训保证
缺点	企业决策力受到限制 特许费用使利润减少 不可能再引进其他供应商产品 对特许人的依赖性较强 一旦特许人失去市场，受许人也就失去了市场

课后作业

请同学们谈谈有限责任公司设立的主要程序。

第九章　项目运营技巧

教学内容

1. 创业团队人员管理。
2. 创业项目的产品定价与分销。
3. 市场营销策略、职能与管理。

教学目的

1. 熟悉创业团队人员管理。
2. 掌握各种产品策略与分销策略。

创业者在创业之前或者创业过程中需要对所选创业项目实际生产的产品与服务有明确的了解，以规避产品与服务带来的管理风险、市场风险等。本章主要介绍创业团队的人员管理、创业项目的产品与服务、市场营销策略等方面的内容，为大学生创业提供参考与决策依据。

第一节　创业团队人员管理

任务 1　团队人员配置

团队人员配置应根据团队的工作目标、任务、团队类型和工作要求进行。

一、分析工作岗位

（1）分析工作岗位的工作内容和工作性质，包括工作目的和任务、工作责任和权力、工作条件和主要困难、工作与其他工作的关系，以及工作在整个组织结构中的位置。

（2）分析工作岗位需要的人员素质、条件，包括学历与专业背景、工作经验、工作技能，以及对工作个性的要求（性格、能力、性别等）。

二、分析候选人员

团队人员的选择取决于团队的工作岗位要求和个人因素。总的要求是：人与事匹配，即工作任务性质与个人因素匹配；人与人和谐，即成员之间的个性匹配。

团队成员的选择应考虑个人的学历和专长、个人的工作经验、个人的个性品格、个人承担具体岗位的意愿、候选人员相互的人际关系、候选人员技能的互补情况，以及候选人员个性的匹配情况。

人的因素是重要的，但是我们不能用僵化的观点来看人，特别是人的能力和专长，应该充分认识到每个人的能力和技能处于发展状态。当个人暂时没有完全具备某种技能时，通过一段时间的学习和实践就可能具备，所以既要考虑每个人当前已经掌握的知识和技能，也要考虑每个人的发展潜力和发展动力。如果过分强调一个人当前具备的知识和专业能力，就很可能失去一个不错的人选。

三、人员配置方式

1. 指派领导

指派领导就是根据团队工作岗位分析和人员分析的结果，由组织管理者征求团队成员候选人的个人意见后再确定人员名单，然后指定一个团队领导人，再由这个团队领导人分配团队角色给其他成员。这种方式比较适合组织对候选的团队领导者已经有明确的人选，而且建立团队的时间比较紧迫的情况。

2. 沟通协商

沟通协商就是根据团队工作岗位分析和人员分析的结果，由组织管理者征求候选人意见后确定团队成员名单，然后提供条件让候选人进行互动沟通自行选出团队领导人，再在团队领导人的主持下与成员协商分配角色。这种方式比较适合建立团队的时间表进程比较从容，而且对领导人的人选一时难以确定的情况。

3. 自荐考核

自荐考核就是岗位一律公开招聘，由应聘者自荐拟担任的工作，然后由组织管理者组织专家进行考核，确认岗位人员配置。这种方式开放程度大，适合组织管理者对组织系统人才情况不够清楚的情形。使用自荐考核，那些平时不为人注意的人才很可能冒出来。

4. 临时组合

临时组合就是面对某个需要讨论、研究的临时问题，临时召集一批人组成讨论型团队，除了讨论会的主持人和少数负责记录的工作人员外，不需要具体分配工作角色。这种方式适合需要应用“头脑风暴法”征集各部门尽可能多的意见的情况。

任务 2　团队人员融合

团队新成员融合的过程是一个不断交换个人信息、彼此理解、加深关系和感情、建立比较稳定的互动关系的过程。

一、交流个人表层信息的阶段

人们刚刚加入一个新组合的团队时，要经历一个相互认识的阶段。个人信息的分享是相互信任的基础。人们对于陌生的合作者总是不信任的，对于合作伙伴不了解是令人尴尬的。合作伙伴的相互了解是从表层的个人信息开始的，包括个人姓名、原来的工作部门、学历、专长、专业，甚至家庭的某些信息。这个阶段持续时间比较短。

二、交流个人深层信息的阶段

当合作伙伴相互分享了彼此的个人表层信息以后，随着合作互动的增加，彼此交谈得越来越多，也越来越深入，于是开始分享个人的深层信息。个人的深层信息包括个人对事物的态度、对事物价值的评价和判断。这时，合作伙伴之间常常能够相当直率地交换看法。这个阶段持续时间比较长。

三、暴露互动关系不协调的阶段

经过交流个人深层信息的阶段后，团队成员之间已相当熟悉了，对彼此的需要、动机、情感、态度、技能、特长、个性特点和行为方式等个人信息有了相当全面的了解。所以团队成员的合作互动总的来说很默契。但是，个人的一些缺陷、缺点开始暴露出来，而且成员之间可能存在误解偏见，导致人际互动关系开始出现一些不和谐、不协调的情况，甚至出现争论、争吵。

四、重新调整互动关系的阶段

在这个阶段，人们开始对团队内部的不协调互动关系进行调整。在调整阶段，一方面，人们逐渐适应彼此的特点，并进行自发的个人自我调整；另一方面，团队管理者也会采取一定的措施促进调整。例如，在团队成员发生激烈冲突的时候，召开会议，提供直接交流意见的机会，或者帮助成员找到关系不和谐的原因及提高如何改善互动方式的认识。

五、稳定运行的强凝聚阶段

团队成员的互动进展顺利的话，团队将进入凝聚力很强的稳定阶段。在这个阶段，团队工作流程顺畅，人际关系融洽。凝聚力对于群体的合作是重要的因素，尤其对于团队更是如此。凝聚力体现为人们相互信任、相互喜欢和有强烈的群体归属感等三个特征。这种凝聚力体现在以下几个方面。

（1）个人有归属群体的需要。每个心理正常的人都希望与其他一些人沟通并结成一个群体。个人在群体中可以获得许多利益，从而满足个人多方面的需要。在工作群体中，个人获得了工作的机会、个人业务能力发展的机会、工作经验积累的机会、与同伴沟通的机会、发展友谊的机会和共同娱乐的机会。

（2）合作愉快。人们在实现群体共同的目标和利益的过程中，积累了合作的经验，体验到彼此相互支持、相互尊重的积极情感，逐渐树立起相互尊重和相互关爱的态度。

（3）个性相容。由于成员加入群体和群体挑选成员取决于许多因素，而且个人的个性特征不可能是完美的，因此，群体成员的个性必然是复杂的、有差异的。一个和谐的群体不追求成员的个性完美，而追求成员之间在性格特征方面能够相容、和谐相处。

任务 3 团队精神培养

团队精神是指为了实现共同目标，团队成员们同心同德、相互协作的意愿与作风。它是精神文化、组织文化、制度文化在团队中的创新性的应用，也是塑造企业团队员工形象的一种科学而有效的手段。团队精神的培养应从以下几个方面入手。

一、在团队及其成员的关系方面

要使团队成员强烈地感受到自己是团队的一分子，把自己的命运与团队的前途联系在一起，愿意为其所在团队的利益与目标而尽心尽力、全力拼搏。不仅如此，团队成员对其所在团队还应有无限忠诚，绝不允许任何对团队的发展和利益有损害的事情发生。

二、在团队成员对团队事务的态度方面

团队在其发展过程中，应努力争取其成员的全方位投入，让成员参与管理，共同决策，统一行动，充分调动起其积极性、主动性和创造性。同时，团队成员也应真心地把团队的事视为自己的事，不仅要尽职尽责，而且要认真勤勉，充满活力与热情。

三、在团队成员之间的关系方面

团队成员应相互依存、同舟共济、荣辱与共、肝胆相照。团队成员之间要做到：一是相互宽容，彼此容纳对方的差异性，在发生过失时，见大义容小过；二是互敬互重，待人以诚，彼此信任，一诺千金；三是相互帮助支持，不仅在工作上相互协作、共同提高，而且在生活上彼此关怀、相互慰藉；四是在利益面前互相礼让，相互理解，急他人之所急，想他人之所想。

任务 4　团队人员激励

激励的方式多种多样，恰当地运用可以使其作用得到充分的发挥。具体来说，激励的方式有如下几种。

一、奖惩激励

奖励是对人的某种行为给予肯定或表扬，使人保持这种行为。奖励的心理机制是人的荣誉感、进取心理，有物质和精神的需要。如果奖励得当，能进一步调动人的积极性。惩罚是对人的某种行为予以否定或批评，使人消除这种行为。惩罚的心理机制是人的羞怯、过失心理，不愿受到名誉或经济上的损失。如果惩罚得当，不仅能消除人的不良行为，而且能化消极因素为积极因素。

二、考评激励

考评是指各级团队对所属成员的工作及各方面的表现进行评定。考评具有目标导向作用、反馈调节作用和强化作用。通过考核和评比，可以及时指出成员的成绩、不足以及下阶段努力的方向，从而激发成员的积极性、主动性和创造性。随着现代人事制度的改革，考评激励越来越成为人事部门普遍采用的一种激励方式。

三、竞赛与评比激励

竞赛在团队内是一种客观存在。在正确思想的指导下，竞赛和竞赛中的评比对调动人

的积极性有重大意义：第一，竞赛与评比对动机有激发作用，使动机处于活跃状态；第二，竞赛与评比能增强团队成员的心理内聚力，明确团队与个人的目标，激发人的积极性，提高工作效率；第三，竞赛与评比能增强人的智力效应，使人的感知敏锐、注意力集中、思维敏捷和操作能力提高；第四，竞赛能调动人的非智力因素，并能促进集体成员劳动积极性的提高。

四、榜样激励

榜样的力量是无穷的。榜样激励对榜样自己、先进人员、一般人员和后进人员都有激励的心理效应，即对榜样自己是一种鞭策，对先进人员是一种挑战，对一般人员有激励作用，使后进人员产生心理压力。榜样应是公认的，具有权威性，能使大家产生敬仰之情，同时也要引导成员一分为二地看待榜样，学其所长。

第二节　创业项目的产品、定价与分销

任务 1　产品策略

案例导入

2018 年 7 月，服装师 A 发现中国生产男式西装的厂家不多。她想，中国有十几亿人口，就算女性占一半，市场份额也是很大的。同年 10 月，她就租用场地，开办了一家日产 100 件的男式西装厂。一年后，男装市场打不开，工厂不得不关闭了。后来她就请教产品策划师。策划师说，中国有 13 亿人口，除去女性还有 6 亿多，除去老人、小孩子、学生还有 2 亿，再除去不需要穿着西装的农民、工人等，就只有 1 亿多了，目前生产西装的厂家已经能够满足市场需要了。制作男式西装前景渺茫。没有做好前期的市场调查，初创企业往往会遭受巨大的损失。

资料来源：编者根据资料整理得到.

课堂思考：

为什么说没有做好前期的市场调查就贸然地决定项目的产品，对企业来说是在冒险？

一、产品的含义及层次

1. 产品的含义

产品是指能够提供给市场、被人们使用和消费并满足人们某种需要的任何东西，包括有形物品、服务、人员、组织、观念及其组合。

2. 产品的层次

产品有五个层次，如图 9-1 所示。

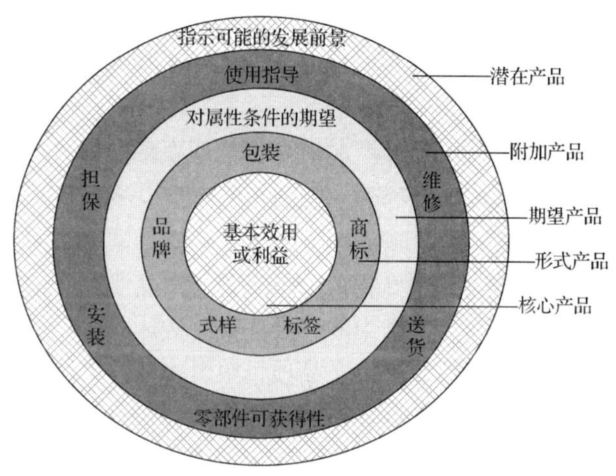

图 9-1　产品的层次

第一个层次是核心产品，即顾客真正需要的基本效用或利益。例如，旅馆的核心产品是提供顾客休息与睡眠的空间。

第二个层次是形式产品，是实现核心利益所必需的产品，即产品的基本形式。例如，旅馆的形式产品包括床、浴室、毛巾、衣柜和厕所等。

第三个层次是期望产品，即购买者在购买产品时通常期望或默认的一组属性和条件。例如，旅馆的期望产品包括干净的床、新的毛巾、清洁的厕所和相对安静的环境。

第四个层次是附加产品，即超出顾客期望的服务和利益，能将公司的提供物与竞争者的提供物区别开。例如，旅馆的附加产品包括电视机、网络接口、鲜花、快捷结账服务和美味的晚餐等。

第五个层次是潜在产品，即该产品在将来可能会实现的全部附加部分和转换部分（产品将来的发展方向）。例如，旅馆发展成为全套家庭式旅馆，如书斋旅馆、社交旅馆等。

二、产品的分类

1. 按耐用性和有形性分类

（1）耐用品。耐用品属于有形产品。其使用时间长，价格相对较高。

（2）非耐用品。非耐用品属于有形产品。其消费快，购买频率高，价格相对便宜。

（3）服务。服务是无形的、不可分离的，是可变的、易消失的。对于服务这种无形的产品，人们一般要求更严格的质量控制、更高的供应者信用能力和适用性。

2. 按消费类型分类

（1）便利品，顾客经常购买或即刻购买，并几乎不做购买比较和购买努力的商品。

（2）选购品，消费者在选购过程中，对产品的适用性、质量、价格和式样等基本方面要做有针对性的比较的产品。

（3）特殊品，具有独有特征和（或）品牌标记的产品。对这些独特性的产品，有相当多的购买者愿意为此付出特别的购买努力。

（4）非渴求品，消费者未曾听说或即便听说过一般也不想购买的产品，如保险等。

三、产品组合

1. 产品组合的含义

产品组合是一个企业所经营的全部产品的有机构成方式，或者说是企业生产和经营的全部产品的结构。产品组合包括产品线和产品项目的组合方式。

2. 产品组合决策

（1）产品组合的宽度是指该公司具有多少条不同的产品线。

（2）产品组合的长度是指产品组合中的产品项目总数。

（3）产品组合的深度是指产品线中的产品项目数量。

（4）产品组合的关联度是指各条产品线在最终用途、生产条件、分销渠道或者其他方面相互关联的程度。表 9-1 给出了产品组合的宽度与产品组合的深度的关系。

表 9-1 产品组合的宽度与产品组合的深度的关系

产　品	产品组合的宽度			
	电冰箱	洗衣机	空调器	彩电
产品组合的深度	冰王子	神童五	小元帅	探路者
	大王子	丽达	金元帅	
	双王子	小神功	小超人	
	帅王子	小丽人	小状元	
		小神童	小公主	
		小神泡		

3. 产品组合策略

（1）横向组合策略，是指同类产品中不同产品间的组合策略，如文具用品中笔记本和笔的组合销售。

（2）纵向组合策略，是指同种商品中不同应用的产品间的组合策略，如笔中的铅笔和水彩笔的组合销售。

（3）关联组合策略，是指不同类但是有关联的产品组合策略，如茶杯与茶叶的组合销售和夹子与核桃的组合销售。

四、产品生命周期的含义及阶段

产品生命周期是指一种产品在市场上出现、发展到最后淘汰的过程。产品生命周期是产品的市场寿命、经济寿命，而不是指产品的使用寿命、自然寿命。它是产品的一种更新换代的经济现象，分为导入期、成长期、成熟期和衰退期四个阶段（见图 9-2）。

产品生命周期的四个阶段的特征分别如下。

（1）导入期：知名度低、成本较高、销售缓慢。

（2）成长期：客户认可度提升、成本下降、销量猛增。

（3）成熟期：竞争加剧、利润渐小、销量平缓。

（4）衰退期：新产品出现、利润更小、销量锐减。

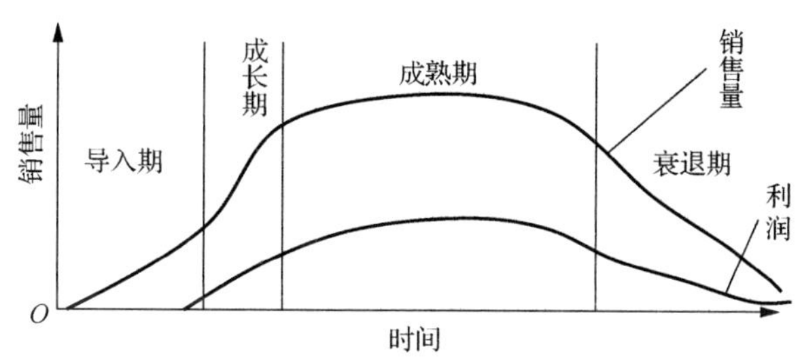

图 9-2　产品生命周期的四个阶段

五、产品生命周期各阶段的营销策略

1. 产品导入期的促销组合策略

产品导入期促销的主要目标是建立产品的知晓度，即让更多的消费者知道新产品的存在。此时的促销组合以广告和人员推销为主。一般有两种促销策略：① 快速促销，即利用各种促销工具及其组合，进行各种促销活动，使消费者在短期内熟知这一产品并产生购买行为，快速地启动市场；② 慢速促销，即不开展或很少开展促销活动，让产品在市场上慢慢渗透，逐步被消费者认知。

2. 产品成长期的促销组合策略

产品成长期的促销目标是要让消费者对该产品产生偏好，即此阶段需要提升产品知名度。这时促销组合策略中的广告宣传仍十分必要，但要调整广告策略的目标，着重宣传企业和品牌，使之由提高产品的知名度逐渐转向建立消费者对产品的信任和提高购买量。另外，这一时期要辅以人员推销。

3. 产品成熟期的促销组合策略

产品成熟期的促销目标是建立产品差异化。此时的促销组合策略是开展各种促销活动，采用富有震撼力的广告，着重宣传产品的新功能、新特点及其与其他产品的差异性，具体可以通过让利销售、折扣销售、有奖销售等营业推广策略吸引其他品牌的使用者。

4. 产品衰退期的促销组合策略

当企业进入衰退期时，宜采用各种营业推广方式刺激消费者购买，同时对消费者熟知的产品配合提示性广告，促使消费者即期购买。

虽然产品生命周期各阶段的促销目标有所不同，促销组合方式也有所不同，但在产品生命周期的整个过程中，促销的目标都离不开建立信任感和增加消费者满意度。因此，促销组合策略要时刻注意变换广告内容，并且始终合理利用公共关系。

任务 2　定价策略

当价格范围划定之后，企业通常还要根据顾客的购买心理和行为习惯，运用适当的定价策略，最终确定产品在市场上的零售价格。定价策略有新产品定价策略、心理定价策略、折扣定价策略和地理定价策略。

一、新产品定价策略

1. 撇脂定价策略

撇脂定价策略是指企业在产品生命周期的投入期就有目的地将新产品价格定得很高，以便在短期内获取尽可能多的利润，尽快收回投资的一种定价策略。这就像从牛奶表面撇取奶油一样，故称撇脂定价。

事实上，采用这种策略应具备以下五个条件。

（1）市场上存在一批购买力很强且对价格不敏感的消费者。

（2）这样的消费者的数量足够多，企业有厚利可图。

（3）暂时没有竞争对手推出同样的产品，本企业的产品具有明显的差别化优势。

（4）当有竞争对手加入时，本企业有能力转换定价方法，通过提高性价比来提高竞争力。

（5）本企业的品牌在市场上有传统的影响力。

2. 渗透定价策略

对于新产品，除了应用撇脂定价策略取得高额利润之外，还可以为了快速吸引大量的购买者，赢得较大的市场份额，以较低的价格迅速且深入地渗透进入市场，即采取渗透定价策略。通常情况下，采用这种策略应具备以下四个条件。

（1）产品需求价格弹性较大，消费者对价格非常敏感。

（2）企业具备大批量生产的能力，且生产和分销成本必须随着销量的增长而下降。

（3）低价格要能阻止竞争，便于企业长期占领市场，否则价格优势只能是短暂的。

（4）产品市场容量大，并能替代市场上已有的同类产品。

3. 中间定价策略

有些情况下撇脂定价策略和渗透定价策略均不一定适合企业的定价目标，如当企业需要建立良好的产品形象时，可以将价格定在适中的水平，即采用中间定价策略（满意定价策略）。这种策略是介于撇脂定价和渗透定价两种策略之间的一种比较平衡的定价策略。虽然中间定价策略最大的优点是“稳”，但在很大程度上将前两种策略的优点抹杀了。因此，在运用中间定价策略时应避免商品没有特色而打不开销路。

二、心理定价策略

1. 尾数定价策略

尾数定价又称为零头定价，是一种具有强烈刺激作用的心理定价策略，是指企业针对消费者的求廉心理，在商品定价时有意定一个与整数有一定差额的价格。心理学家的研究表明，价格尾数的微小差别，能够明显影响消费者的购买行为。例如，以零头结尾，给消费者一种经过精确计算的、最低价格的心理感觉。一般认为，5 元以下的商品，末位数为 9 最受欢迎，如 3.9 元；5 元以上的商品末位数为 95 效果最佳，如 8.95 元；百元以上的商品，末位数为 98、99 最为畅销，如 399 元。同时，尾数定价法常以奇数为尾数，如 0.99、9.95 等，这主要是因为消费者对奇数有好感，容易产生一种价格低廉、价格向下的感觉。尾数定价方法多适用于中低档商品。

2. 整数定价策略

与尾数定价策略相反，整数定价策略利用的是消费者为“一分钱一分货”的心理。该策略适用于高档、名牌产品，或者是消费者不太了解的商品。

3. 声望定价策略

声望定价策略，就是利用公司或产品在消费者中的良好声望和消费者的求名心理，对名牌产品制定比市场同类商品更高的价格。例如，高档的西装、礼服等商品，其目标顾客多为企业高级经理等职业的消费者，他们一般比较享受名牌带来的精神愉悦感，因此，生产此类产品的企业宜采用声望定价策略。

4. 招徕定价策略

招徕定价策略又称特价商品定价，是一种利用消费者的求廉心理，有意将少数商品降价以吸引顾客的定价方式。例如，商家通常以 29 元起或全场 5 元（个别商品除外）等定价策略引起消费者的注意，增大客流量。采用招徕定价策略时，必须注意以下几点。

（1）降价的商品应是消费者常用的，最好是适合每一个家庭使用的物品，否则没有吸引力。

（2）商家经营的品种要多，以便顾客有较多的选购机会。

（3）降价商品的降价幅度要大，一般应接近成本或者低于成本。只有这样，才能引起消费者的注意和兴趣，才能激起消费者的购买欲望。

（4）降价品的数量要适当，降价品太多，则商店亏损太大，而降价品太少则难以吸引消费者的注意力。

（5）降价品应与因是残次品而削价的商品明显区别开来。

三、折扣定价策略

折扣定价策略是通过降低定价或打折等方式来争取顾客购货的一种定价策略，如现金折扣、数量折扣、功能折扣和季节折扣。这种策略在现实生活中应用十分广泛。例如，全球最大的零售企业沃尔玛就提倡低成本、低费用结构、低价格的经营思想，并首创“折价”策略。每家沃尔玛商店都贴有“天天廉价”的大标语，保证同一种商品比其他商店要便宜。每星期六早上，沃尔玛都要举行经理人会议，如果有分店报告其他商店的某商品价格比沃尔玛低，可立即决定降价。沃尔玛以低廉的价格、可靠的质量作为竞争优势，吸引了大批的顾客。

四、地理定价策略

地理定价策略包括产地定价、统一交货定价、区域定价、基点定价和免收运费定价等策略。

任务 3　定价目标与方法

一、定价目标

定价目标是指企业通过制定产品最优价格谋求的经济利益最大化的目标。定价目标是定价决策的基本前提和首要内容，是实现企业总体目标的保证和手段，是定价策略和定价方法的依据。定价依据可以是获取最大利润、获取合理利润、争取产品质量领先、提高市场占有率、应付和防止竞争，以及维持企业生存。

二、定价方法

定价方法是根据定价目标确定产品基本价格范围的技术思路。常见的定价方法有成本导向定价法、需求导向定价法和竞争导向定价法。

1. 成本导向定价法

成本导向定价法是以成本加利润为基础，完全按卖方意图来确定商品价格的方法。其优点是保证企业不亏本、计算简单。成本导向定价法往往需要根据企业特定的目标利润、目标市场的需求状况、竞争格局和政府法令做出相应调整。成本导向定价法主要有成本加成定价法、目标利润定价法、盈亏平衡定价法和边际成本定价法。

生产企业以生产成本为基础，商业零售企业则以进货成本为基础。例如，某零售店经营某种手表，其进货价为120元/只，加成率为50%，则每只手表的零售价格为180元［120×（1+50%）=180］，毛利为60元。

2. 需求导向定价法

需求导向定价法是以消费者的需求为中心的定价方法，即根据消费者对商品的需求强度和对商品价值的认识程度来制定产品价格。在实际运用中，需求导向定价法主要有理解价值定价法和需求差异定价法。

（1）理解价值定价法是企业按照购买者或消费者对商品及其价值的认识程度和感受来定价的。理解价值（又称为感受价值、认知价值）是指买方在观念上所认同的价值。顾客对产品价值的理解，不是由产品的成本决定的。

（2）需求差异定价法是在特定条件下，根据需求中的某些差异而使价格有差别的定价方法。具体差别如下：一是对于同一产品，针对不同的消费者制定不同的价格和采用不同的价格方式；二是同种产品由于外观、款式、花色不同而采用不同的价格；三是同种产品或服务在不同的地点和位置采用不同的价格；四是同种产品或服务在不同的时间提供，采用不同的价格。

采用这种定价方法应具备一定条件：第一，市场应是可以细分的，细分后的市场相对独立；第二，市场中高价与低价竞争者不能并存；第三，采用差别定价以不招致消费者的误解或反感为宜。

3. 竞争导向定价法

竞争导向定价法是以竞争为中心的、以竞争对手的定价为依据的定价方法。竞争导向定价法具体有随行就市定价法、追随定价法、拍卖定价法和密封投标定价法。

（1）随行就市定价法是指企业以行业的平均价格为标准制定本企业的商品价格的方法。在竞争激烈的情况下，随行就市定价法是一种与同行和平共处、比较稳妥的定价方法，可以规避风险。

（2）追随定价法是指企业以同行业主导企业的价格为标准制定本企业的商品价格的方

法。例如，同行业中实力最强、影响最大的企业的单位产品定价为 15 元，则本企业可根据产品、需求的具体情况将商品价格定为略低于 15 元的价格。此方法可避免企业之间的正面价格竞争。

（3）拍卖定价法是在一个卖方和多个买方之间经过拍卖而确定价格的方法。拍卖定价法可以分为英国式拍卖（加价拍卖）和荷兰式拍卖（减价拍卖）两种。英国式拍卖是由卖家出示一件商品，多个买家不断加价竞标，直到一个买家以最高价格购得商品为止，通常适合于不动产、古董等具有一定稀缺性和独特性的产品；荷兰式拍卖是由卖家公布一个最高价格，然后逐渐降低报价，直到有买家愿意购买该产品为止，通常适用于需要快速成交、快速周转的商品。

（4）密封投标定价法是一种被用于企业投标过程中，以竞争为基础的定价方法。这种定价是以对竞争者定价的预测为基础，而不是根据企业自己的成本或者需求来定价的。在实践中，密封投标定价法主要适用于一些对工程进行投标的企业。

任务 4　分销渠道

一、分销渠道的含义、特征与类型

1. 分销渠道的含义

分销渠道是指商品从生产企业流转到消费者手中的全过程中所经历的各个环节和推动力量的总和。

2. 分销渠道的特征

（1）分销渠道的起点是生产者，终点是消费者或用户。

（2）分销渠道是一组线路系统，参与者是中间机构。

（3）产品所有权至少转移一次。

3. 分销渠道的类型

在确定分销渠道时，企业首先要考虑选用多少层中间商及每层中间商的数量，即对分销渠道的长度与宽度进行策划。相应地，分别根据分销渠道的长度和宽度进行分类，可以将分销渠道分为不同的类型。

（1）按分销渠道的长度分类。分销渠道的长度又称为分销层级，是指按照其包含的渠道中间商（购销环节），即渠道层级数量的多少来定义的一种渠道结构。通常情况下，根据包含渠道层级的多少，可以将一条营销渠道分为零级渠道、一级渠道、二级渠道和三级渠道等。

① 零级渠道又称为直接渠道，是指没有渠道中间商参与的一种渠道结构，如图 9-3 所示。零级渠道也可以理解为一种分销渠道结构的特殊情况。在零级渠道中，产品或服务直接由生产者销售给消费者或用户。零级渠道是大型或贵重产品，以及技术复杂、需要提供专门服务的产品所采取的主要渠道。在 IT 产业链中，一些国内外知名 IT 企业，如联想集团、IBM 公司、HP 公司等设立的大客户部或行业客户部就属于零级渠道。另外，戴尔公司的直销模式也是一种典型的零级渠道。

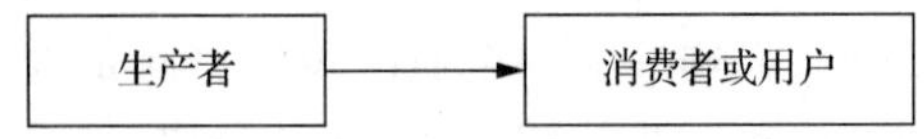

图 9-3　消费品和工业品零级渠道示意图

② 一级渠道即生产者与消费者之间包括一个渠道中间商，如图 9-4 所示。在工业品市场上，这个渠道中间商通常是一个代理商、批发商或经销商；而在消费品市场上，这个渠道中间商通常是零售商。

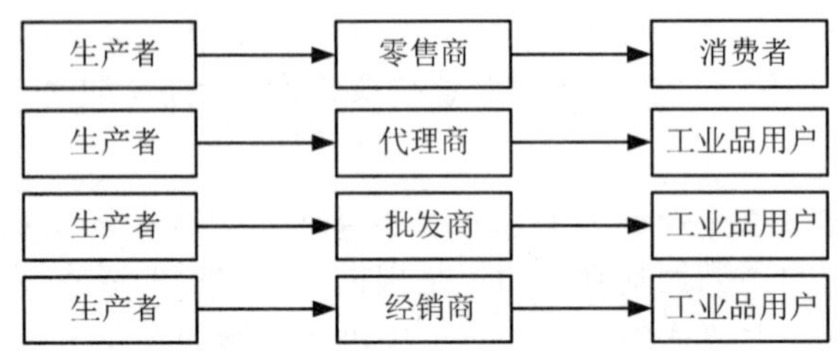

图 9-4　消费品和工业品一级渠道示意图

③ 二级渠道即生产者与消费者之间包括两个渠道中间商，如图 9-5 所示。在工业品市场上，这两个渠道中间商通常是代理商及批发商；而在消费品市场上，这两个渠道中间商通常是批发商和零售商或者代理商和零售商。

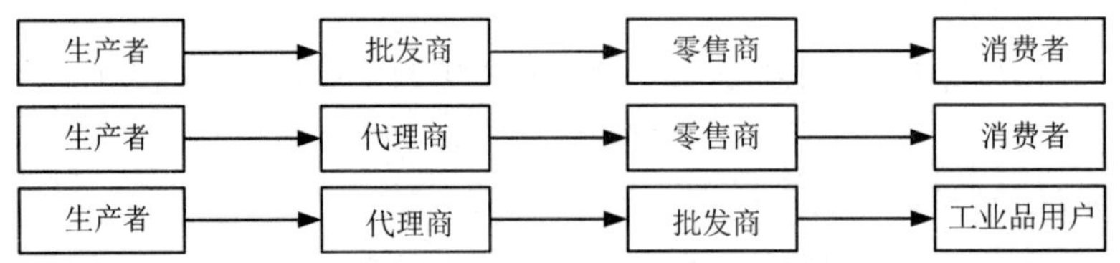

图 9-5　消费品和工业品二级渠道示意图

④ 三级渠道即生产者与消费者之间包括三个渠道中间商，如图 9-6 所示。因为有些小型零售商通常不是大型代理商的服务对象，因此，便在大型代理商和小型零售商之间衍生出一级专业性批发商，从而出现了三级渠道结构。这类渠道主要出现在消费面较宽的日用品中，如食品、服装等行业。

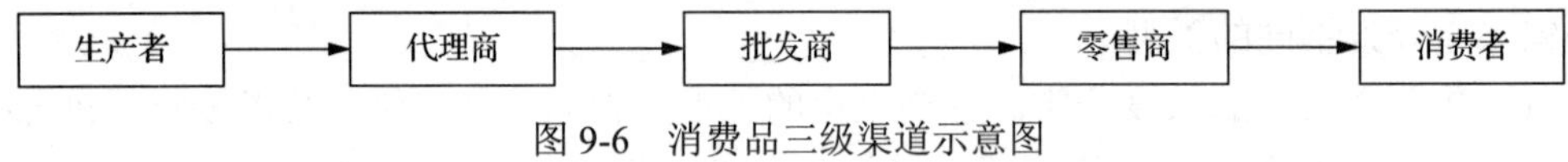

图 9-6　消费品三级渠道示意图

（2）按分销渠道的宽度分类。分销渠道的宽度是指每一层级渠道中间商数量的多少。分销渠道的宽度结构受产品的性质、市场特征、用户分布及企业分销战略等因素的影响。一般地，根据分销渠道的宽度结构，分销渠道可以分成三种类型，即密集型分销渠道（intensive distribution channel）、选择型分销渠道（selective distribution channel）和独家分销渠道（exclusive distribution channel）。

① 密集型分销渠道，又称为广泛型分销渠道，是指制造商在同一渠道层级上选用尽可能多的渠道中间商来经销自己的产品的一种渠道类型。密集型分销渠道常见于消费品领域中的便利品，如牙膏、牙刷、饮料等。例如，宝洁公司就采用过密集型分销策略。宝洁公

司进入中国市场时，努力将产品放进每一家商店。在资料不足的条件下，宝洁公司开始了自己的制图法。宝洁公司找来了人口在 20 万以上的中国 228 个城市的交通图，把小到夫妻店、大到百货店的位置一一标到地图上；然后把推销队伍分成片区，拜访所有店铺，并对数百万城市居民免费送上样品，于是宝洁公司的产品迅速普及开来。

② 选择型分销渠道，又称为特约经销，是指在某一渠道层级上选择少量的渠道中间商来进行商品分销的一种渠道类型。这种策略既能避免企业采用广泛经销时精力过于分散的现象，使企业掌握一定的渠道控制权，又能避免企业采用独家经销时渠道太窄的弊端，使企业能有足够的市场覆盖面。多数制造商特别是在 IT 产业链中的制造企业，多采用选择型分销渠道。例如，TCL 公司在短短的几年时间里从默默无闻一跃成为国内彩电行业三巨头之一，就是因为较好地采用了选择型分销渠道方式。

③ 独家分销渠道又称总经销，是指在一定的市场范围内，制造商只选择一家中间商经销自己的产品。这种策略一般适用于一些购买者较少、单价较高或技术较为复杂的产品。例如，汽车、电器的销售多使用这种策略。

对于渠道宽度的决策，在产品生命周期的不同阶段需要根据客观市场条件进行调整和重新选择。例如，许多新品推出时选择独家分销渠道的模式，而当市场广泛接受该产品之后，就从独家分销渠道模式向选择型分销渠道模式转移。例如，东芝品牌、三星品牌的笔记本产品渠道便是如此。

二、零售与批发的性质及区别

零售是把商品或服务销售给最终消费者。批发是把商品或服务销售给那些为再次出售或商业使用的单位或个人所进行的一切活动。两者的区别在于：一是服务对象不同；二是营业网点的选择不同；三是在流通过程中所处的地位不同；四是交易数量和频率不同。

三、选择中间商的标准

选择中间商的标准主要有以下几个。

（1）中间商对企业和产品的认可度与忠诚度。

（2）中间商的合法经营资质。

（3）中间商的信誉。

（4）中间商的财力。

（5）中间商的管理水平。

（6）中间商对本企业产品的熟悉程度。

（7）中间商的地理辐射范围。

（8）中间商的服务水平。

四、分销渠道选择的影响因素

分销渠道选择的影响因素主要有产品因素、市场因素和企业自身的因素等。

1. 产品因素

产品因素的不同决定了分销渠道的选择不同。影响分销渠道选择的产品因素包括产品单位价值、产品的体积和重量、产品的耐久性、技术性等。

2. 市场因素

影响分销渠道选择的市场因素包括四类：一是市场范围和顾客数量的集中程度；二是市场需求特点，即生活资料还是生产资料；三是消费者购买习惯，包括价格、品牌、购买场所等；四是市场竞争状况，即针锋相对还是避开锋芒，扬长避短。

3. 企业自身的因素

影响分销渠道选择的企业自身的因素包括企业的财力、企业的管理能力与经验、企业信誉、提高服务的能力和企业的控制能力。

五、分销渠道的环境特性

随着市场经济的不断发展和全球经济一体化进程的加快，人们的消费观念与生活方式不断改变，企业面对的分销渠道环境也在不断地发展与变化。分销渠道的环境特性表现在以下几个方面。

1. 复杂性与多样性

影响分销渠道选择的环境因素既包括产品因素、市场因素和企业自身因素，又包括人口、经济、自然、技术、社会文化、政治环境和法律制度环境等诸多因素，而且往往是众多环境因素综合作用于销售活动的，所以分销渠道环境具有复杂性和多样性的特征。

2. 客观性与动态性

影响分销渠道选择的环境因素是不以销售者的主观意志为转移的，它有自己运行的规律和发展趋势。企业的销售活动只能主动适应和利用客观环境，而不能改变或违背它。主观地确定分销渠道环境的发展趋势，必然会导致分销渠道决策的盲目与失误，造成分销渠道实施策略的失败。同时，这些分销渠道环境因素在不断地发展与变化，具有动态的性质。

3. 不可控制性与企业的能动性

对于分销渠道环境这样一个复杂多变的整体，单个企业不能控制它、改变它，只能适应它。对于分销渠道环境因素中的绝大多数单个的因素，企业也不可能控制，只能在基本适应中施加一些影响。

第三节　创业项目的市场营销策略、职能与管理

任务1　市场营销策略

市场营销策略主要在销售者的立场上，针对不同的消费者群体、消费水平、消费时间等制定一个有计划、有组织的经营策略，通过对产品、价格、渠道、促销等进行合理的分析与研究为顾客提供满意的商品销售服务，从而实现企业的销售计划。该营销理论被归结为四个基本策略的组合，即4P理论——产品（product）、价格（price）、渠道（place）和

宣传（promotion）。虽然营销理念已经从传统的 4P 过渡到 4C 甚至 4R[①]，但是 4P 仍然是中国市场营销策略中的核心要素。

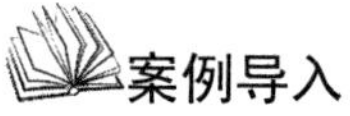案例导入

“优势互补”出奇制胜

联想集团是国内最大的计算机产业集团，于 1984 年年底由中国科学院计算机技术研究所创办。联想集团进军国际市场并取得成功，主要得益于“瞎子背瘸子”式的优势互补策略。1988 年，北京联想集团在香港投资创办了联想电脑公司，由北京联想集团、香港导远电脑系统有限公司和中国（香港）技术转让公司联合组成。联想集团刚刚步入国际市场时，不太熟悉国际市场尤其是其贸易渠道，相对于香港的合作伙伴还缺少资金和技术实力，但技术转让公司可以提供可靠的贷款，于是，一个最佳的优势互补的合作形成了。联想集团将自身科技实力的优势与香港企业熟悉世界市场的优势结合起来，把贸易作为积累资本的手段，解决了科研生产所需资金的问题，然后将产品打入国际市场。在产品定位上，联想集团充分注意到国际市场竞争激烈的特点，利用世界知名电脑厂商把大多数力量集中在电脑整机上的市场机会，出人意料、出奇制胜地将自身的资金、人力全部投入电脑板卡的开发生产上，从而挤入国际市场。联想集团的电脑板卡 1990 年的月销量为 5 000 块，到 1994 年年底，月销量则跃至 50 万块，并最终取得电脑板卡世界市场份额 10%的成绩，成为世界五大电脑板卡供应商之一。联想集团还与美国 AST 公司合作，在国内市场推出符合中国国情和消费者需求的联想品牌电脑，并全力抢占市场份额，开始与世界知名电脑企业竞争，打入国际市场。

资料来源：国际市场营销策划的成功之路[EB/OL].（2006-01-10）. https://www.chinaacc.com/new/287/294/348/2006/3/li378211211101360029534-0.htm.

课堂思考：

联想集团采取了哪种营销策略？

一、产品的定位

从产品的本身来讲，老百姓普遍喜欢追求产品的质量与耐用度，因此，企业在压低成本的同时，应该保持原有的产品质量。与此同时，如果能够适当地增加设计元素来满足消费者的需求，就不仅能得到好的消费反馈，而且在品牌的合作上会有更好的发展。当然，市场上难免会出现一些较强的竞争对手，所以企业家要确定一个具有盈利空间的产品定位和击败对手的方法。根据不同人群的需求，产品主要分为旧产品、新产品和特殊品。旧产品主要用于满足旧的消费群体或者经济稍微薄弱的地区，其价格略低，在市场上会面临新产品带来的冲击和压力。新产品是时代的主流。生产者投入大量的生产成本，用于开发新技术和生产新产品，以满足新的消费群体。因此，新产品的主要销售对象是年轻人。特殊品如古董、文物和限量商品等，在很多时候不仅突破了时间和技术上的限制，还受到一些

① 4C 即消费者（consumers）、成本（costs）、便利（convenience）及沟通（communication）；4R 即关联（relevance）、反应（response）、关系（relation）及回报（return）。

特殊群体的青睐，这主要是价值观和地域文化等因素造成的差异性。

二、定价策略

企业要增大产品销售额度，获取更大的利润，击败竞争对手，不仅要考虑成本、消费者的价格心理，还要考虑竞争对手制定的产品价格。企业要对自身的营销目标、营销组合、产品成本、定价目标等进行考量，同时要考虑外部市场结构、价格弹性、竞争者和国家政策法规等因素。在制定商品价格时，企业要充分地调研市场，选择一种好的定价方案来确定最终价格，可以根据不同地区的不同消费群体和不同客户的购买心理需求，制定不同的产品价格；可以利用一个活动日，通过折扣定价来刺激消费者购买产品；可以同时采取不同产品属性的组合定价，达到营销目的。

三、营销渠道策略

产品的营销渠道是指产品从生产者向最终消费者移动，直接或间接地转移所有权的途径。营销渠道策略的根本特征是：起点为生产者，终点为消费者。在这条途径中，除了生产者、消费者，还包括一系列的中间商，如零售店、代理商、批发商等。在商品的流通过程中，基本的交易途径有商流和物流。商流是指产品所有权从生产商到消费者转移的单向过程。而物流是指物品从生产商经过中间商到消费者流通的多向过程。当然，除了这两个基本的流程以外，还有货币流、信息流和促销流等。这些流程所形成的流线使得营销渠道有长短和宽窄之分。从渠道的定级来看，中间商越少，渠道就越短；中间商越多，渠道就越长。渠道的宽窄取决于每个环节中使用的同类中间商的数目多少，数目越多，渠道就越宽；数目越少，渠道就越窄。企业者应根据产品的生产成本、目标群体、质量、价格、店址和竞争对手的情况等制定出不同的渠道模式，从而为企业谋求利润。例如，在国内，目前的市场销售主要依附于小型商场或大型实体商场，以及现在比较流行的网络平台。网络平台主要提供线上、线下的人工服务和智能服务等；在国外，有一些旗舰店、游击店的销售形式存在。此外，还有自助式购物模式，如服装品牌 H & M 和 ZARA 等采用的购物体验模式。

四、媒体宣传策略

随着时代的变迁，消费者的需求逐渐从物质层面过渡到了精神层面。从某种程度上讲，消费者的消费需求不再仅体现在产品的质量和技术上，而是更多地体现在体验购买产品时获得的愉悦心情上，因此，企业不得不在促销活动上下功夫，同时促进产品的发展和服务也趋向于多样化。企业不仅要根据市场和社会的需求去思考如何定位新产品，还要能够为新产品提供优良的服务平台，促使产品更好地销售和推广。为了满足企业的产品推广和销售需求，市场上出现了各式各样的推广手段，如电视推广、广播推广、杂志推广、报纸推广、手机推广、户外广告推广和现身说法推广等。不过，过多的广告宣传会使消费者产生一定的抵触情绪。因此，企业在制定广告宣传策略时，应充分考虑当下的客户需求和时代背景，以有效的广告形式满足客户的精神需求。

任务 2　市场营销职能

案例导入

运动 App 产品运营攻略

运动 App 刚兴起时，小美负责一款运动 App 的运营工作。

此 App 是一款为用户提供运动记录（轨迹、里程、配速）的产品。作为一款工具型产品，其使用频率不高，竞争门槛较低。于是，该产品的第二版本发布时重点推出了“社交运动圈”（类似朋友圈）功能，而小美运营的重心则是让用户尽可能多地使用社交模块。

新功能发布一段时间后，使用“社交运动圈”的用户寥寥无几。看见不少用户宁愿先截取跑步记录的图片再发到微信朋友圈，也不愿意在该 App 上直接发图，对此小美很纳闷。

小美与一些种子用户进行了沟通，获得的反馈是：微信朋友圈有人点赞。于是，小美与产品经理沟通，计划在下一个改进版本中设置“用户运动后自动将跑步记录上传至自己的运动圈”功能。然后，小美每天通过上百个账号不断地给用户点赞、评论。然而，折腾了几天之后，从后台数据来看，用户依然没有养成发运动圈的习惯，社区氛围根本没有形成。

经此一事，小美认为，运动 App 的用户之间根本不具备社交基础，不应当以朋友圈的方式驱动内容，而爱运动、爱健美的用户其实是非常有“晒”的欲望的。于是，在与产品深度碰撞后，小美决定尝试以内容的形式作为切入点，通过“每天话题”栏目引导用户交流，同时申请少量预算购买奖品，在每次话题交流中进行评选，如“最美跑者”“最佳腹肌”“最快夜跑”等，以奖品形式奖励前几名，从而刺激用户喜好攀比的心理。

然而，改进之后，每天话题的参与者比例依旧很低。莫非“物质+攀比”的双重刺激也无效？小美仔细查看了后台数据，发现不仅参与话题的人数少，话题的阅读量也不高。小美计算了参与人数与阅读人数的比例，结果显示“知道此活动的人”的参与率非常高！于是，小美建议在下一个版本的产品改进中做一个微小调整——每当用户运动完弹出运动轨迹时，即刻询问用户是否参加当天的有奖话题。通过这次调整，整个话题栏目终于活跃起来，而社区内容也逐渐丰富了。

随着新一轮融资的到位，产品逐渐成熟，公司打算加快产品推进的步伐。考虑到爱运动的用户在高校、运动用品店的覆盖率比较高，公司安排小美负责在高校进行试点，另外聘请了一名商务运营的员工负责与运动用品店商家进行合作谈判。

小美考虑到高校大学生群体“活跃、喜好传播、热衷恋爱话题”的特点，结合运动产品的特质，脑洞一开，策划了“追女神”活动。这次活动是利用奖品和“女神”们的攀比心理，让她们在微博、微信朋友圈拉票，从而让更多的男生参与“追女神”的活动。在这个过程中，小美负责招聘高校实习生，协调技术人员、设计人员支持，处理高校公关等诸多事宜。

活动结束一周后，小美盘点了活动的总支出，计算了新增用户留存率，发现高校推进策略是一个性价比非常高的推广策略，于是总结改善了过程中的不足，并招聘了两名新员工，让一名新员工协助在其他高校复制类似活动，让另一名新员工持续制造社区话题使新用户沉淀下来。

资料来源：不仅是入门：运营入门全攻略[EB/OL].（2016-11-22）. http://www.woshipm.com/operate/451088.html.

课堂思考：

案例中应用了哪些市场营销职能?

创业者在营业的过程中，不仅要根据4P原则对现实市场进行研究，制定营销策略，还要更深入地分析市场，在激烈的市场竞争环境中脱颖而出，学会把握市场营销的各项职能。按照现代市场营销环境的要求，现代市场营销职能体系包括商品销售、市场调查与研究、生产与供应、创造市场需求和平衡公共关系五大职能。

一、商品销售

美国市场营销协会于1960年给过这样一个定义："市场营销是引导商品或劳务从生产者流向消费者或其使用者的一种企业活动。"这个定义虽然没有承认市场营销就是销售，但是认为市场营销包含了销售，也包含了对商品销售过程的改进与完善。许多学者认为这个定义过于狭窄，不能充分展示市场营销的功能。然而，不论其是否恰当，这个定义都清楚地揭示了市场营销与商品销售的关系。对于企业和社会来说，商品销售具有两项基本功能：一是将企业生产的商品推向消费领域；二是从消费者那里获得货币，以便对商品生产中的劳动消耗予以补偿。企业是为了提高人们的生活水平而采用先进的生产组织方式进行社会化生产的产物。在资源短缺的现实经济中，它通过在一定程度上实现资源集中和生产专业化，能够利用规模经济规律来提高生产效率，创造和传播新的生活标准。商品销售是生产效率提高的最终完成环节，即通过这个环节可以将企业生产的产品转移到消费者手上，满足其生活需要。另外，社会选择市场和商品交换方式，而企业在转让产品给消费者的同时获得货币，是因为社会需要保持企业生产经营的连续。通过商品销售将商品变为货币，可以为企业补充和追加投入生产要素，从而使企业获得生存和发展的条件。商品销售十分重要，所以企业需要尽最大的努力来加强这一职能。其具体的活动包括寻找与识别潜在消费者、接触与传递商品交换意向信息、谈判、签订合同、交货与收款和提供售后服务。然而，进行商品销售是有条件的。顺利进行商品交换的有关条件包括以下四个。

（1）至少有两个主体，他们分别拥有在自己看来价值相对较低、在对方看来具有更高价值的有价物（商品、服务的货币），并且愿意用自己的所有物来换取对方的所有物。

（2）他们了解彼此所拥有的商品的质量和生产成本。

（3）他们相互之间可以进行有效的沟通，如洽谈买卖合同，达成交易。

（4）交易发生后他们都能如愿地消费和享受所得物。

但是，这些条件不会总是具备的，因此企业经常会面临销售困难的局面。为了有效地组织商品销售，将企业生产的商品更多地销售出去，营销部门就不能只负责销售工作，还必须进行市场调查与研究、组织整体营销、开发市场需求等活动，而且要等到后面这些工作取得一定效果以后，再进行商品销售。

二、市场调查与研究

市场调查与研究又称为市场调研，是指企业在市场营销决策过程中，针对需要系统、客观地收集和分析有关营销活动的信息所做的研究。企业销售商品的必备外部条件之一是该商品存在市场需求。只有存在市场需求，商品才能销售出去。商品的市场需求，是指一定范围的所有潜在消费者在一定时间内对该商品有购买力的欲购数量。如果某种商品的市场需求确实存在，而且企业知道需要的消费者是谁、在哪里，就可以顺利地进行商品销售。生产分工和商品生产本身在不断地创造着市场需求，因此，笼统地讲，潜在市场需求总是存在的。问题在于市场上供应的商品是不是消费者现实需要的商品。经常存在的商品销售困难的根源在于市场上供应的商品不是消费者现实需要的商品，或者说，市场上的商品与消费者的现实需要（期望）之间存在着差异。这个问题一方面造成了商品销售困难，另一方面造成了部分消费者的需要得不到满足。理智的生产者和经营者当然不会生产经营那些没有人需要的商品。然而，问题在于，一定范围的市场对于某种商品的需求量是经常变动的，而且有许多因素会对潜在消费者的需求产生影响。例如，居民收入的增长会使人们逐步放弃对低档、过时商品的消费，随之将购买力转向档次较高、新颖的商品；一种商品价格过高会使许多人认为消费它不合算而很少购买它，但当它的价格下降时，人们就会产生消费合算的念头，愿意多购买、多消费。潜在消费者对于一种商品的购买欲望是不稳定的。购买欲望的变化必然影响购买力的支付方向，导致市场需求的变化。对于这种变化，生产者和经营者可能缺乏信息来源，因而在变化发生以后处于被动状态。为了有效地实现商品销售，企业营销经理需要经常地研究市场需求，明确潜在消费者，以及他们需要什么样的商品、为什么需要、需要多少和何时、何地需要，研究本企业在满足消费者需求方面的合适性，研究可能存在的销售困难和困难来源，并且对应地制定满足每一位消费者需求的市场营销策略。这就是市场调查与研究职能的基本内容。不难发现，市场调查和研究不单纯是组织商品销售的先导职能，实际上是整个企业市场营销的基础职能。

三、生产与供应

如何把握已经来临的市场销售与盈利机会，并将它充分有效地加以利用？如何灵活地适应即将来临的市场需求的变化？关键在于内部进行的生产和销售、内部与外部之间两者协调的管理。企业作为生产经营者需要适应市场需求的变化，经常调整产品生产方向，借以保证生产经营的产品总是适销对路的。这就是说，要争取利用每个时期的市场需求来保持企业销售收入的稳定和增长，争取利用每个所生产经营商品的盈利机会。

在市场需求经常变动的情况下，企业的这种适应性就来自企业对市场的严密监测、对内部的严格管理、对变化的严阵以待和对机会的严实利用。这些职能在企业经营管理上笼统地称为生产与供应职能。这个职能名称实际上是沿用传统的说法。在现代市场营销理论中，这个职能被称作整体营销。它是由企业内部的多项经营职能综合体现的。要让销售部门在每个时期都能向市场销售适销对路的产品，市场调研部门就要提供准确的市场需求信息，而经营管理部门就要将市场需求预测资料转变成生产指令，指挥生产部门生产和协调与其他部门的合作。要让销售部门及时向消费者提供他们需要的产品，就要让生产部门在消费者需要来临之前将相应的产品生产出来；为了让生产部门做到这一点，技术开发部门就要在更早的时候完成产品设计和技术准备工作，能够向生产部门提供生产技术；财务部门就要在更早的时候筹集到资金，提供给生产部门进行生产线或机器设备的调整，提供给采购部门进行原料、材料、零部件的采购和供应；人事部门也要在更早的时候对工人进行技术培训和岗位责任教育，提高职工生产劳动的积极性和主动性。要让销售部门能够迅速打开销路，扩大商品销售数量，公共关系部门就应当在此之前在消费者心目中建立良好的企业形象和企业产品形象，扩大服务消费者的声势和信誉传播范围；广告宣传部门就要在此之前有效地展开广告宣传攻势；促销部门要组织对潜在消费者有吸引力的促销活动；销售渠道和网络管理部门要在此之前争取尽可能多的中间商经销或代销企业的商品。这样，各个部门相互之间协同作战，共同做好市场营销工作，就是整体营销。

实行整体营销需要对传统上各个职能部门各自为政的做法加以改变，甚至需要改变某些职能部门的设置。在市场营销中，要让技术开发部门根据消费者的需要开发人们愿意购买的商品，让财务部门按照市场营销需要筹集资金和供给资金，让生产部门在消费者需要的时间生产出消费者需要的产品，保证销售部门及时拿到合适的产品，采用消费者喜闻乐见的方式向存在需要的消费者进行销售。这样技术开发部门、生产部门、财务部门和销售部门就结合起来，共同为促进商品的销售而运作，从而形成整体营销的效果。

四、创造市场需求

不断提高社会生活水平的社会责任，要求企业努力争取满足消费者更多的需要，仅向消费者销售那些他们当前打算购买的商品是不够的。消费者普遍存在“潜在需求”，即消费者在短期内不打算购买商品予以满足的需求。例如，对市场上某种商品的质量水平不满意的消费者，即使存在需要，也不去购买这种商品；对市场上价格相对较高、人们认为多消费就有些奢侈的非生活必需品，消费者即使存在需要，也不去购买，或者很少购买。有些消费者因为某种后顾之忧，把一部分钱储蓄起来，不用于生活消费，会形成“潜在需求”；另外一些消费者虽然有一定的生活收入来源，但是受手持货币数量的限制，不能购买某种他所需要的商品，也形成了“潜在需求”。当然，还有相当多的消费者因买不到自己所需要的商品而形成“潜在需求”。

潜在需求的客观存在是由消费者生活需要的广泛性和可扩张性决定的。潜在需求实质上就是尚未满足的消费者需求，代表着在提高人们生活水平方面还有不足之处，也是市场中企业可开拓的“新大陆”。企业既要满足已经在市场上出现的现实消费者需求，让每一个愿意购买企业商品的消费者确实买到商品，又要争取那些有潜在需求的消费者，提供他们所需要的商品和服务，创造某些让他们买得起且放心的条件，解除他们的后顾之忧，让他们建立起购买合算、消费合理的信念，从而将其潜在需求转变成为现实需求，前来购买企业的商品。例如，通过适当降价，可以让那些过去买不起这种商品的消费者能够购买和消费这种商品，让那些过去觉得多消费不合算的消费者愿意多购买、多消费，真正满足其需要；通过广告宣传，让那些对某种商品不了解因而没有购买和消费的消费者了解这种商品，从而产生购买和消费的欲望；通过推出新产品，可以让那些难以从过去的商品中获得需要满足的消费者有机会购买到适合其需要、能令其满意的商品；通过提供销售服务，让那些觉得消费某种商品不方便、不如意、不安全，因而很少购买的消费者也能尽可能多地购买和消费这种商品。

创造市场需求，可以使市场的现实需求不断扩大，提高消费者需求的满足程度，也可以使企业开创一方属于自己的新天地，大力发展生产，同时还可以使企业在现有市场上可进可退，大大增强对市场需求变化的适应性。

五、平衡公共关系

公共关系活动早在20世纪初就出现于美国，那时企业管理理论界承认了职工关系、消费者关系的重要性。然而，在存在落后的生产观念、销售观念的条件下，公共关系没有成为市场营销的一个内在职能。20世纪60年代，再次爆发保护消费者权益运动之后，公共关系职能才得到广泛的重视。20世纪80年代，人们不再把公共关系看作企业的额外负担，而是将它当成市场营销的一种职能。1981年，克里斯琴·葛郎儒提出了“内部营销”的理论。1985年，巴巴拉·本德·杰克逊提出要开展“关系营销”。这些新观点综合起来，就是需要在市场营销职能中增加一个新项目——平衡公共关系。企业作为一个社会成员，与消费者和社会其他各个方面都存在着客观的联系。改善和发展这些联系既可改善企业的社会形象，又能够给企业带来市场营销上的好处，即增加市场营销的安全性、容易性。按照巴巴拉·本德·杰克逊的观点，商品销售只是企业与消费者之间营销关系的一部分。事实上，他们之间还可以发展经济的、技术的和社会的联系与交往。通过这些非商品交换型的联系，可以让双方相互增进了解和信任，发展成为相互依赖、相互帮助、同甘共苦的伙伴关系，即让企业获得一个忠实的消费者群，还可以将过去交易中的烦琐谈判改变为惯例型交易，从而节省交易费用。这种“关系营销”的思想同样适合于发展、改善企业与分销商、供应商、运输和仓储商、金融机构、宣传媒体及内部职工的关系，使企业在市场营销过程中找到可以依赖、可予以帮助的战略伙伴。平衡公共关系需要正确处理三种关系，即商品生产经营与企业“社会化”的关系、获取利润与满足消费者需要的关系和满足个别消费者需要与增进社会福利的关系。

任务3　营销团队与管理

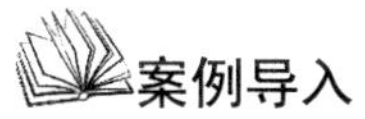案例导入

滴滴打车App创业初期背后的故事

2012年6月，滴滴出行科技有限公司（以下简称“滴滴公司”）创业初期的目标是两个月内安装1 000个司机端。一个月后，滴滴公司的员工拜访了100多家出租车公司，没有敲开任何一家出租车公司的“门”。每家公司都提出同样的问题：贵公司有没有交通委员会的合同文件？没有的话，凭什么调度出租车？所有出租车公司都表示不会合作，也不靠滴滴公司调度挣钱。多次受挫后，滴滴公司的员工受不了了，觉得这个项目可行性低。后来公司创始人对大家讲，“再坚持一下，跑完189家，没有一家愿意跟我们合作，我们就放弃。”这个就是滴滴创始人推动团队的愿力。

资料来源：滴滴打车App创业初期背后的故事[EB/OL].（2017-10-27）. http://www.sohu.com/a/200623106_572127.

课堂思考：

一个创业团队不可或缺的运营角色有哪些？

一、市场营销队伍

1. 企业的人才战略

如今高校内的市场营销专业人才辈出，中小企业应该积极引进具有高学历、高技能的人才，弥补巨大的人才缺失。例如，由中小企业发展起来的联想集团在发展的初期就开展了人才资源国际化、本土化的政策。2004 年，联想集团主席柳传志就表示联想集团需要引进国际化的科技人才来促进本土科学技术的创新与发展。2006 年，联想集团聘请了微软公司前高管肯尼斯·迪·皮埃特罗担任人力资源部门的副总裁。

除了对外引进优秀的市场营销人才，还需积极调动企业内部员工的工作积极性，对企业内部的员工进行专业素养与技能的培训工作，加大与校外培训机构的合作力度，从而进一步提升企业内部的综合专业能力及对外市场的竞争力。例如，为了适应国际化市场，联想集团对员工进行了英语培训，促进其专业素养与技能的提高。人才就是企业内部机构的核心科技，只有激励员工工作的积极性与创造性，才能使企业充满活力。

2. 营销团队的共同愿景

一个优秀的营销团队具有以下特征：企业目标一致；拥有共同的愿景；坚信事情可以成；有非常强的决策力。普通的运营人员，在经历了大量的选择与被选择、决策与被决策，以及成败后，最终会明确自己的目标，并为这个目标努力奋斗。其实，这就是有“愿力”的一种表现。

二、市场营销管理

1. 提高企业的风险识别能力

营销风险预防就是提高企业管理中的风险意识，通过各种手段将企业的营销风险降至最低。第一，要重视风险的客观存在和有效预防，采取有效的行动阻止营销风险的突发和扩大化；第二，明确营销过程中风险的核心，有针对性地制订风险预防方案，将问题解决在爆发之前，有效地控制企业营销风险的扩大，使企业收益最大化；第三，增强企业员工的风险意识，使其能够灵敏地感知风险的存在与发生，及时地做出反应，降低企业可能面临的风险损失；第四，提高企业管理层次的风险预防意识，在营销过程中有效地组织相关人员对营销风险进行科学评估，提高企业的抗风险能力，使企业在竞争激烈的市场环境中能稳定、持续地发展。

2. 完善营销风险管理体制

营销风险管理体制的完善可以使企业人员更加清晰地确定自己的岗位责任，自觉地提升自身的风险意识，在企业运营中对自己的工作正确定位，有效地提高工作效率和工作责任感，使企业营销风险得到全面的控制和预防。同时，完善企业营销风险管理体制可以使企业风险预防措施落到实处，使各部门更加紧密地配合，科学、有效地评估风险发生的可能性、发生时间及发生后果等，提高企业应对风险的能力，也使风险预防的责任落到实处，提升营销风险预防的效果，促进企业持续的生产和发展，同时也有利于企业新产品的开发和企业经营管理的创新。

3. 注重信息风险防范

随着科技的发展，企业营销由传统营销模式逐渐过渡到互联网模式。新的营销模式更重视企业产品信息的交流和共享，而企业信息资源的有效开发利用和保密就成为企业营销过程中必须考虑的问题。信息风险所带来的后果是难以预计的，甚至可能直接导致企业的发展停滞和破产。对于企业营销中信息风险的防范，一方面，要提高员工的企业归属感，使其能够严守企业秘密，在不泄密的情况下做好产品宣传，提高企业产品的知名度；另一方面，对于企业档案管理、网络信息管理等要采取科学的方法，在确保企业资料的完整、安全，以便企业对资源进行开发利用的同时预防窃密、偷盗等行为，有效地保护企业的非物质财产资源，提高企业的风险防范能力。

4. 提高员工素质

在企业营销过程中，企业员工与企业文化、企业形象可以说是一体的，特别是一线销售人员，他们直接负责与消费者面对面地接触和交流，代表的是企业，是社会认识企业的一个窗口。此外，企业售后人员的工作效率对于降低企业营销的服务风险有积极的意义。因此，企业在风险预防中要注重员工素质的不断提升。第一，培养员工的服务精神。企业营销就是企业员工针对企业运营和消费者需求的服务，只有提高企业员工的积极性，才能从根本上改变员工在营销过程中的精神面貌、责任心与积极性，才能使员工在营销活动中发挥更大的作用，把自己的工作做得更好；第二，培养员工的团队精神。在企业营销过程中，任何一个人都不能独立地完成一次营销任务，必须重视与他人的合作，才能将企业营销中可能面临的各种风险降至最低；第三，通过培训、学习等途径不断提高企业员工的综合素质，提高他们的营销能力和营销风险感知、预防意识，从而提升企业的风险预防能力。

课后作业

请根据案例，回答下列问题。

2003 年 3 月，奇瑞资深汽车记者孙勇担任销售公司总经理。孙勇出任奇瑞汽车销售公司总经理后，启动“春雷行动”，将奇瑞汽车大幅度降价，并将奇瑞汽车分为四大系列——“风云”“QQ”“旗云”和“东方之子”，其中“QQ”最令人刮目相看。奇瑞“QQ”的目标市场定位于时尚的年轻人，定位于“年轻人的第一辆车”。在公开的宣传中，奇瑞称“QQ”是“世界上最酷的小车”。作为为年轻人专门设计的轿车，“QQ”以“快乐”为主题，设计极有创意。“QQ”的外观设计让不少人第一次看到它，就莫名其妙地喜欢。奇瑞“QQ”凭借靓丽、动感、充满活力的外观设计、准确的定位和适中的价格，上市以后很快获得消费者的青睐。在北京市场上市两个月，奇瑞“QQ”就取得了销售 3 000 辆的佳绩。

创业基础课程

问题：奇瑞汽车销售公司为何能使奇瑞“QQ”打动消费者？

参考文献

[1] GREENE P G , RICE M P. Entrepreneurship education[M]. Cheltenham, Northampton: Edward Elgar Publishing, 2007.

[2] SHATTOCK M. Entrepreneurialism in universities and the knowledge economy: diversification and organizational change in European higher education[M]. Maidenhead: Open University Press, 2009.

[3] WEST Ⅲ G P, GATEWOOD E J, SHAVER K G. Handbook of university-wide entrepreneurship education[M]. Cheltenham, Northampton: Edward Elgar Publishing, 2009.

[4] 郭必裕．对构建大学生创业评价体系的思考[J]．黑龙江高教研究，2003（4）：135-137．

[5] 黄耀华，徐亮．高校创业教育的新视角[J]．南昌大学学报（人文社会科学版），2003（6）：164-167．

[6] 雷家骕．国内外创新创业教育发展分析[J]．中国青年科技，2007（2）：26-29．

[7] 李炳煌．高校创业教育模式与策略初探[J]．湘潭师范学院学报（社会科学版），2003（6）：129-131．

[8] 连小敏，阮秀庄．大陆香港创业型人才培养模式比较研究[J]．科研管理，2005（z1）：40-45．

[9] 刘振亚．论科学发展观与高校创业素质教育体系的构建[J]．内蒙古师范大学学报（教育科学版），2005（7）：78-79．

[10] 覃永晖，吴晓．服务区域经济发展构建地方高校创新创业人才培养模式[J]．广东农业科学，2011（22）：175-177．

[11] 谢敏，王积建，杨哲旗．大学生创业指数研究：基于《全球创业观察中国报告》[M]．北京：中国社会科学出版社，2013．

[12] 杨哲旗．创业型高技能人才培养之研究[J]．浙江工贸职业技术学院学报，2012（4）：77-80．

[13] 杨哲旗．高校大学生创业导师队伍质量指标的调查与分析[J]．前沿，2015（4）：112-116．

[14] 杨哲旗．浙江高校大学生创业环境条件研究：基于大学生创业高校环境指标的调查与分析[J]．中国经贸导刊，2015（5Z）：25-28．

[15] 杨哲旗．提升高校教师培养创新创业人才能力的问题与对策：以部分高校为例[J]．中国经贸导刊，2018（20）：69-71．

附录 1　创业计划报告书内容及形式

一、公司概况

公司名称______________________________ 成立时间__________

公司宗旨____

____

注册资本____________________ 实际到位资本______________

其中现金____________________无形资产占股份比例__________%

注册地点____

主营业务____

公司性质：包括国有企业、有限公司、股份有限公司、合伙企业、个人独资、外资企业等，并说明其中国有成分比例、私有成分比例和外资比例。

公司沿革：说明自公司成立以来主营业务、股权、注册资本等公司基本情形的变动，并说明这些变动的原因。

____

____

____

目前公司主要股东情况，须列表说明。

股东名称	出资额	出资形式	股份比例	联系人	联系电话

本公司的独资、控股、参股的公司以及非法人机构的情况及比例：以图形方式表示。

公司

控股Ⅰ　控股Ⅱ　参股Ⅰ　参股Ⅱ　全资Ⅰ　全资Ⅱ

公司目前职工情况：拥有员工________人。其中，大专以上文化程度的有________人，占员工总数________%；大学本科以上文化程度的有________人，占员工总数________%；硕士学位（含中级职称）以上文化程度的有________人，占员工总数

________%；博士学位（含高级职称）以上文化程度的有________人，占员工总数________%。目前公司职工情况最好列表说明。

员工人数	大专以上文化程度		大学本科以上文化程度		硕士学位（含中级职称）以上文化程度		博士学位（含高级职称）以上文化程度	
	人　数	比例/%	人　数	比例/%	人　数	比例/%	人　数	比例/%

公司经营财务历史，须列表说明。

单位：万元

项　目	本　年　度	前 1 年	前 2 年	前 3 年
销售收入				
毛利润				
纯利润				
总资产				
总负债				
净资产				
有形净资产				

公司外部公共关系（战略支持、合作伙伴等）：________________________________

____

____

____

二、公司管理层

董事会成员名单，须列表说明。

序　号	职　务	姓　名	工 作 单 位	联 系 电 话
1	董事长			
2	副董事长			
3	董事			
4	董事			
5	董事			
6	董事			
7	董事			
8	董事			
9	董事			

管理团队名单及简介如下。

董事长：姓名__________性别__________年龄__________籍贯__________

学历__________学位__________所学专业__________职称__________

毕业院校＿＿＿＿＿＿＿＿＿户口所在地＿＿＿＿＿＿联系电话＿＿＿＿＿＿＿
主要经历和业绩（着重描述在本行业内的技术与管理经验和成功事例）＿＿＿＿＿＿

总经理：姓名＿＿＿＿＿＿性别＿＿＿＿＿＿年龄＿＿＿＿＿籍贯＿＿＿＿＿＿＿
学历＿＿＿＿＿＿学位＿＿＿＿＿＿所学专业＿＿＿＿＿职称＿＿＿＿＿＿＿＿
毕业院校＿＿＿＿＿＿＿＿＿户口所在地＿＿＿＿＿＿联系电话＿＿＿＿＿＿＿
主要经历和业绩（着重描述在本行业内的技术与管理经验和成功事例）＿＿＿＿＿＿

技术研发负责人：姓名＿＿＿＿＿性别＿＿＿＿＿年龄＿＿＿＿＿籍贯＿＿＿＿＿＿
学历＿＿＿＿＿＿学位＿＿＿＿＿＿所学专业＿＿＿＿＿职称＿＿＿＿＿＿＿＿
毕业院校＿＿＿＿＿＿＿＿＿户口所在地＿＿＿＿＿＿联系电话＿＿＿＿＿＿＿
主要经历和业绩（着重描述在本行业内的技术水平、经验和成功事例）＿＿＿＿＿＿

产品生产负责人：姓名＿＿＿＿＿性别＿＿＿＿＿年龄＿＿＿＿＿籍贯＿＿＿＿＿＿
学历＿＿＿＿＿＿学位＿＿＿＿＿＿所学专业＿＿＿＿＿＿＿＿＿＿＿＿＿＿＿＿＿
毕业院校＿＿＿＿＿＿＿＿＿户口所在地＿＿＿＿＿＿联系电话＿＿＿＿＿＿＿
主要经历和业绩（着重描述在本行业内的产品经验和成功事例）＿＿＿＿＿＿＿

市场营销负责人：姓名＿＿＿＿＿性别＿＿＿＿＿年龄＿＿＿＿＿籍贯＿＿＿＿＿＿
学历＿＿＿＿＿＿学位＿＿＿＿＿＿所学专业＿＿＿＿＿＿＿＿＿＿＿＿＿＿＿＿＿
毕业院校＿＿＿＿＿＿＿＿＿户口所在地＿＿＿＿＿＿联系电话＿＿＿＿＿＿＿
主要经历和业绩（着重描述在本行业内的营销经验和成功事例）＿＿＿＿＿＿＿

财务负责人：姓名＿＿＿＿＿性别＿＿＿＿＿年龄＿＿＿＿＿籍贯＿＿＿＿＿＿＿
学历＿＿＿＿＿＿学位＿＿＿＿＿＿所学专业＿＿＿＿＿＿＿＿＿＿＿＿＿＿＿＿＿
毕业院校＿＿＿＿＿＿＿＿＿户口所在地＿＿＿＿＿＿联系电话＿＿＿＿＿＿＿
主要经历和业绩（着重描述在财务、金融、筹资、投资等方面的背景、经验和业绩）

其他重要人员：姓名__________ 性别__________ 年龄__________ 籍贯__________
学历__________ 学位__________ 所学专业__________
毕业院校__________ 户口所在地__________ 联系电话__________
主要经历和业绩__________

外部支持（包括公司聘请的中介机构及法律顾问、投资顾问、财务顾问简介）：
律师事务所__________

会计师事务所__________

投资咨询机构__________

法律顾问（简介）__________

投资顾问（简介）__________

财务顾问（简介）__________

三、产品/服务

目前公司的所有产品清单及适用领域，简要介绍主导产品__________

产品前期开发与研究的进展情况和现实物质基础，包括：
产品开发所处阶段__________

产品/服务的创新之处，在国内外的领先程度（提供相关证明材料）__________

开发和研究的设备、条件__________

产品的市场优势，包括专利技术和开发队伍。

专利技术说明：

专利技术类型________________________________

专利技术获得情况、保护范围的相关证明文件________________

与国内外的专利技术的关系，是否造成侵权行为________________

产品上市的周期________________________________

产品自身的影响力或依托单位的品牌形象等________________

该产品是否申请过国家有关基金资助，有无最后验收、鉴定的结论、评奖等________

产品/服务的开发资源与条件情况，包括产品开发能力的保障。

资金________________________________

开发队伍：

技术专家________________________________

协作开发人员________________________________

设备场地________________________________

政府许可________________________________

外协外委单位________________________________

外部技术专家________________________________

现在具备的条件与目标的差距________________________

融资到位后，对所需资源的满足程度____________________

四、行业及市场分析

行业情况（行业发展历史及趋势，哪些行业的变化对产品利润、利润率影响较大，进入该行业的技术壁垒、贸易壁垒、政策限制等，行业市场前景分析与预测）。

____

过去3～5年各年全行业销售总额：列明资料来源。

单位：万元

年　　份	前5年	前4年	前3年	前2年	前1年
销售收入					
销售增长率/%					

未来3～5年各年全行业销售收入预测：列明资料来源。

单位：万元

年　　份	第1年	第2年	第3年	第4年	第5年
销售收入					

本公司与行业内5个主要竞争对手的比较：主要描述在主要销售市场中的竞争对手。

竞争对手	市场份额	竞争优势	竞争劣势
本公司			

市场销售有无行业管制，公司产品进入市场的难度分析______

产品/服务的市场分析，包括：

你有哪些类型的顾客______

现在及将来（何时）有多少顾客______

顾客分布的地方______

顾客接受产品/服务的障碍______

顾客购买（使用）标准______

五、技术来源及前景

近年来公司主要研究的技术领域和相关的技术成果及获奖状况______

公司参与制定产品或技术的行业标准和质量检测标准情况______

产品开发所采用的共性技术、专有技术的相关名称，标明其中的关键技术______

风险项目技术团队简介______

请说明，今后为保证产品质量、产品升级换代和保持技术先进水平，公司的开发方向、开发重点及正在开发的技术和产品______

公司现有技术开发资源及技术储备情况______

公司寻求技术开发依托（如大学、研究所等）情况及合作方式______

公司将采取哪些激励机制和措施，保持关键技术人员和技术队伍的稳定______

公司未来 3～5 年研发资金投入和人员投入计划，列表说明。

单位：万元

年　份	第 1 年	第 2 年	第 3 年	第 4 年	第 5 年
资金投入					
人员/个					

六、产品制造

具体画出生产流程图，以及从原材料到中试再到规模生产阶段的工作流程和业务内容：

产品生产制造方式（公司自建厂生产产品，还是委托生产，或其他方式，请说明原因）

公司自建厂情况下，购买厂房还是租用厂房，厂房面积是多少，生产面积是多少，厂房地点在哪里，交通、运输、通信是否方便

现有生产设备情况（专用设备还是通用设备，先进程度如何，价值是多少，是否投保，最大生产能力是多少，能否满足公司产品销售增长的要求）

请说明，如果设备操作需要特殊技能的员工，如何解决这一问题

如何保证主要原材料、元器件、配件及关键零部件等生产必需品的进货渠道的稳定性、可靠性、质量及进货周期，列出三家主要供应商名单及联系电话

正常生产状态下，成品率、返修率、废品率控制在怎样的范围内，描述生产过程中产品的质量保证体系，以及关键质量检测设备

产品成本和生产成本的控制方式及具体措施

产品批量销售价格的制定（产品毛利润率是多少，纯利润率是多少）

七、营销策略

请介绍你公司所针对的市场，有何竞争优势

产品销售成本的构成及销售价格制定的依据

采取什么策略使顾客购买产品

如果产品已经在市场上形成了竞争优势，请说明与哪些因素有关（如成本相同但销售价格低、成本低形成销售价格优势，以及产品性能、品牌、销售渠道优于竞争对手产品等）

在建立销售网络、销售渠道，设立代理商、分销商方面的策略与实施____________

在广告促销、销售价格、建立销售队伍方面的策略与实施____________

产品售后服务方面的策略与实施____________

对销售队伍采取的激励机制____________

八、公司管理

请用图表表示公司的组织结构。

公司经营决策程序____________

员工薪酬、福利及激励制度，员工持股及高管人员期权____________

公司是否为每位员工购买保险？若有，请说明保险险种____________

公司是否与每位员工签订劳动用工合同？若无，请说明情况____________

公司是否与相关员工签订公司技术秘密和商业秘密的保密合同？若无，请说明情况

公司是否与掌握公司关键技术及其他重要信息的人员签订竞业禁止协议？若有，请说明协议主要内容____________

公司对知识产权、技术秘密和商业秘密的保护措施

公司是否通过国内外管理体系认证？若有，请说明具体情况

九、竞争分析

国内主要竞争对手情况分析，列举五家企业（请用文献支持）

同类企业的名称、地域分布情况

目前开发的同类功能产品所处的研发阶段

产品在市场上的销售规模、销售价格等情况

未来可能对本项目产品的威胁分析

列举五家国外主要竞争对手的产品开发情况或销售情况，与其相比本公司的优势或劣势是什么（要以文献支持），包括专利权、技术创新性、工艺水平及领先程度

产品价格及生产成本情况

财务指标

规模大小及营业额情况

____

____

市场促销策略____

____

____

十、财务计划

请提供以下资料：未来 1～3 年项目盈亏平衡表；第 1 年项目资产负债表；未来 1～3 年项目利润表；未来 1～3 年项目现金流量表；未来 1～3 年项目销售计划表；未来 1～3 年项目产品成本表。

第 1 年每个月计算现金流量，共 12 个月；第 2 年每季度计算现金流量，共 4 个季度；第 3～5 年每年计算现金流量，共 3 年。

产品形成规模销售时，毛利润率为____________%，利润率为____________%，预测依据是_____________。

预计未来 1～3 年年均资产回报率为____________%。

十一、融资计划

融资额_______________

其中，投资额______________________，借贷额________________________________

如果有对外借贷，抵押或担保措施是____

____

____

请说明投入资金的用途和使用计划____

____

____

希望投资方参股本公司还是与投资方成立新公司，请说明原因____________________

____

____

拟向投资方出让的权益及其计算依据____

____

____

投资方可享有的监督和管理权力____

____

____

如果公司没有实现项目发展计划，公司管理层向投资方承担的责任包括____________

____

____

投资方收回投资的具体方式和执行时间____

需要对投资方说明的其他情况

十二、风险分析

说明该项目在实施过程中可能遇到的风险及其应对措施。风险分析包括：

技术

市场

生产

财务

管理

政策

其他

十三、发展战略

公司发展战略的拟订

公司发展战略的具体实施步骤

本项目实施计划及进度

____

____

十四、附录

已有的和正在接洽的公司客户名单____

____

____

有关媒体对公司及其产品的介绍、宣传等资料__________________________

____

____

公司需附录的其他文件____

____

____

附录 2　创业个性特征测试

一、在每道题中选择 1 个最能够反映你个人观点的句子（A 或 B），并在后面的表格的对应位置画上“√”。

1．[A]工作一定要完成。
[B]我喜欢与优秀的朋友在一起，这样能够获得他们对我的工作的见解和建议。
2．[A]当我的责任增加时，我会感到更加快乐。
[B]我依靠运气把事情完成。
3．[A]我决不做任何可能使自己受损失的事情。
[B]对于如何赚钱的理解是进入商业的第一步。
4．[A]不管是多好的事情，如果这件事情的失败可能使我遭到嘲笑，我就不会冒险去做。
[B]除了工作之外，我还记挂别人。
5．[A]我会为自己开创的任何事业而努力。
[B]我只会做那些使我开心并有安全感的事。
6．[A]如果我失败了，别人会嘲笑我。
[B]尽管我对自己很有信心，但仍需要别人的建议。
7．[A]在遇到困难时，我要去找到解决的方法。
[B]如果在新开创的事业中失败，我会继续目前的工作。
8．[A]如果我觉得一个想法是好主意，我就会实践这个想法。
[B]我能够比现在做得更好。
9．[A]工作时，我会注意维系良好的人际关系。
[B]不管发生什么事，都是我从中学习的机会。
10．[A]即使我失败了，我也能从中学到东西。
[B]我喜欢舒适的生活。
11．[A]我只会投资比赛或彩票，总有一天幸运会落在我头上。
[B]如果我在工作中失利，我会努力找出原因。
12．[A]我会尊敬我的员工，并对他们一视同仁。
[B]如果能有更好的工作，我就会放弃现在的工作。
13．[A]在实施一个新的想法之前，我会慎重考虑。
[B]如果我的亲人去世，我会立刻奔赴出殡室，即使这会导致公司订单延误好几天。
14．[A]只有当我拥有资本时，才能够发展一个事业。
[B]我希望能够自己做出重要的决定。
15．[A]当别人的好意和信任被背叛时，我不会坐视不理。

[B]如果事情没有按照我的想法发展，我会寻求其他的替代机会。

16. [A]我可以犯错误。
[B]我非常喜欢与朋友聊天。

17. [A]我希望我的钱能够安全地存储在银行里。
[B]我完全信任我的工作，同时我也了解它的优劣。

18. [A]我希望我能够拥有很多钱，从而过上舒适的生活。
[B]如果年长者建议我不要做某事，我将绝对不会去做。

19. [A]人们首先应该照顾好自己的亲人和朋友。
[B]如果我能维持公司场地清洁，这将帮助提高产品的质量。

20. [A]即便可能使自己受伤害，我也不会做让别人不开心的事情。
[B]钱是事业发展的必需品。

21. [A]我希望我的事业能够很快发展起来，这样我就不会遇到经济紧张的困难。
[B]我要清醒地认识到，不能因为不成功就去责备自己。

22. [A]我应该能够独立地按照自己的想法做事。
[B]只有为自己的未来积累了一大笔钱，我才会幸福。

23. [A]如果我失败了，那主要是别人的错。
[B]我只会做那些让我感觉舒服且令我满意的事情。

24. [A]在开始一份工作之前，我会认真考虑它是否会对我的声誉有不利的影响。
[B]我希望自己能和别人一样，也买得起昂贵的东西。

25. [A]我希望我能够有舒适的房子住。
[B]我会从失败中吸取教训。

26. [A]在做任何工作之前，我都要考虑它的长期影响。
[B]我希望每件事情都能按照我的想法进行。

27. [A]金钱能够带来舒适，所以我的主要目标是赚钱。
[B]我喜欢在能够经常见到朋友的地方工作。

28. [A]我了解自己正在做的事，我不怕受到别人的批评。
[B]如果我失败了，我会觉得自己非常差劲。

29. [A]我知道碰到困难是常有的事。
[B]在开始新工作之前，我会采纳有经验的朋友们的建议。

30. [A]我的所有经历都会激励我前进。
[B]我希望我能有很多钱。

31. [A]我喜欢每天从容不迫、万事顺利，没有任何烦恼。
[B]不管遇到多大的障碍，我将努力达到目标。

32. [A]我不喜欢别人无故干涉我做事。
[B]为了赚钱我可以做任何事情。

题　号	A	B	题　号	A	B	题　号	A	B	题　号	A	B
1			9			17			25		
2			10			18			26		
3			11			19			27		
4			12			20			28		
5			13			21			29		
6			14			22			30		
7			15			23			31		
8			16			24			32		

您的总得分为____________________分。

二、创业个性特征测试得分说明

题　号	[A]	[B]	题　号	[A]	[B]	题　号	[A]	[B]	题　号	[A]	[B]
1	1	2	9	1	2	17	0	2	25	1	2
2	2	1	10	2	1	18	1	0	26	1	1
3	0	1	11	0	2	19	0	2	27	1	1
4	0	1	12	1	1	20	1	1	28	2	0
5	2	1	13	2	0	21	1	0	29	0	1
6	0	2	14	1	1	22	1	1	30	2	1
7	2	0	15	1	1	23	0	2	31	1	2
8	1	2	16	2	1	24	1	1	32	1	0

三、结果分析

0～25 分，表示不具有创业性；26～36 分，表示中立；37～47 分，表示具有一定的创业性；48～50 分，表示极具创业性。